Kl. Schwestern Gräfenbonna

Karin Johne

Geistlicher Übungsweg für den Alltag

Angebot eines Lehr- und Übungskurses
- für einzelne, die nach einem geistlichen Weg in ihrem Leben suchen,
- für kleine Gruppen, die eine Strecke ihres geistlichen Weges gemeinsam gehen möchten,
- und für Seelsorger, die andere auf ihrem geistlichen Weg begleiten.

Karin Johne

Geistlicher Übungsweg für den Alltag

Ein Kursangebot

Verlag Styria Graz Wien Köln

Die Bilder zum Meditieren befinden sich am Schluß des Buches; es empfiehlt sich, beim Meditieren das gegenüberstehende Bild abzudecken.

Die Deutsche Bibliothek – CIP-Einheitsaufnahme

Johne, Karin:
Geistlicher Übungsweg für den Alltag:
e. Kursangebot / Karin Johne. – 3. Aufl. –
Graz ; Wien ; Köln : Verlag Styria, 1993.
ISBN 3-222-11693-8

3. Auflage, 1993
1987 Verlag Styria Graz Wien Köln

Einband: Werner Sroka
Printed in Austria
Druck: Druck- und Verlagshaus Styria, Graz
ISBN 3-222-11693-8

INHALT

VORWORT

Mit diesem Buch möchte ich Sie einladen, einen Versuch kennenzulernen: In einem Briefkurs, einer Art Fernunterricht, suchten und probierten wir Möglichkeiten aus, die zu einer Vertiefung unseres geistlichen Lebens führen sollten. Nicht im geschützten Raum von Einkehrtagen (Retraiten, Exerzitien) sollte dieses geschehen, sondern zu Hause, mitten im Alltag. Der Teilnehmerkreis umfaßte etwa 40 Personen aus unterschiedlichsten Altersgruppen, Berufen und Glaubensrichtungen.

Diese Teilnehmer hatten sich verpflichtet, sofern sie nicht durch dringende Umstände verhindert waren, für den Zeitraum von 15 Wochen täglich mindestens 20 Minuten über einem vorgegebenen Stoff – meistens einem Bibeltext – in die Stille des Betens und Meditierens vor Gott zu gehen.

Ob es im Rahmen eines solchen Briefkurses möglich sein würde, eine Gruppe von Menschen zu neuen geistlichen Erfahrungen zu führen – das war die Frage, die im Hintergrund dieses Versuches stand. Würde der eine oder andere vielleicht gewisse geistliche Grunderfahrungen machen, die es ihm ermöglichen könnten, wenigstens im Ansatz gewisse innere Zustände und Bewegungen, die in einem geistlichen Leben nicht selten vorkommen, neu zu verstehen – zuerst bei sich selbst, aber dann auch bei anderen?

Nun darf ich im Rückblick auf unser gemeinsames Tun diese Frage dankbar bejahen. Im Mittun erschlossen sich für fast alle Teilnehmer neue Dimensionen ihres inneren und auch äußeren Glaubensweges. Bei vielen von ihnen erreichten die geistlichen Erfahrungen eine Tiefe, die meine Hoffnungen weit übertraf.

Daß solches, wo es geschieht, nie einfach durch bestimmte Methoden »erreichbar« ist, sondern immer freie Gabe der Gnade Gottes bleibt, braucht nicht hinterfragt zu werden. Auf diesem Wissen basierte das gesamte Kursangebot. Denn auch dann, wenn wir von uns aus alles tun, um – bildlich gesprochen – das Erdreich gut vorzubereiten, in das der Same des Gotteswortes fallen kann, so bleibt es doch immer Gott allein, der das Gedeihen gibt, der wachsen, reifen und Frucht tragen läßt.

Wenn Gott nun auf diesen ersten Versuch so spürbaren, fast greifbaren Segen gelegt hat, so sehe ich darin eine innere Verpflichtung, diesen Weg weiterzugehen und das, was wir in kleinem Kreis versucht haben, einem größeren Kreis zugänglich zu machen. Dazu wurde die unmittelbare Briefform aufgegeben. Dieses Buch wendet sich an Menschen, die auf der Suche nach einer Vertiefung ihres geistlichen Lebens sind, entweder als einzelne oder auch als kleine Gruppe, die ein Stück gemeinsam gehen möchte. Ebenso wendet es sich an Seelsorger, die andere Menschen geistlich begleiten wollen. Wenn auch der Briefcharakter aufgegeben wurde, so sollte doch die Unmittelbarkeit des Bezuges zum Leser nicht wegfallen, weil auch im Formalen deutlich werden soll, daß es sich um ein lebendiges Gespräch mit den Lesern des Buches handelt.

Möge Gott auch darauf seinen Segen legen und diesen Weg selbst mit allen gehen, die ihn aus Sehnsucht und Verlangen nach ihm und nach einer neuen Erfüllung ihres Lebens betreten.

Mir bleibt noch der Wunsch, allen denen zu danken, ohne deren Mithilfe dieses Buch in seiner jetzigen Gestalt nicht hätte entstehen können. Allen voran gebührt der Dank meiner Familie, die mich während dieser Arbeit von so vielen anderen Aufgaben entlastete. Ebenso möchte ich allen Teilnehmern des Briefkurses herzlich danken, daß sie durch ihr engagiertes Mittun, ihre treuen Rückmeldungen und ihre wachsame Kritik wesentlich zur Neugestaltung des Kurses in dieser Buchform beitrugen. Besonders bin ich auch den Rechtsträgern der Zitate und der Bilder zu Dank verpflichtet, die mir in oft großzügiger Weise ihre Erlaubnis zur Veröffentlichung gaben. Dank sagen muß ich auch denjenigen, die mir durch schnelles Abschreiben des Manuskriptes die termingemäße Fertigstellung ermöglichten, und nicht zuletzt dem Verlag für alle Hilfe, besonders meiner Lektorin, Frau Christine Müller, die ihre Kraft so engagiert für eine gute Endgestaltung des Buches einsetzte.

Karin Johne

EINFÜHRUNG IN DEN GESAMTKURS

Überblick:
1. Was war der Anlaß für diesen Kurs?
2. Worauf läßt sich ein Teilnehmer dieses Kurses ein?
a) Aufbau und Inhalt des Kurses
b) Geistliche Väter und Lehrer dieses Kurses
c) Innere Dynamik des geistlichen Weges
3. Welche Voraussetzungen werden von einem Teilnehmer dieses Kurses erwartet?
4. Was muß ich bei den Übungen dieses Kursangebotes beachten?
5. Welche seelsorgerlichen Möglichkeiten eröffnet dieses Kursangebot?
a) Suche nach einem eigenen Seelsorger
b) Suche nach einer geistlichen Basisgruppe
c) Suche nach neuen seelsorgerlichen Möglichkeiten

1. Was war der Anlaß für diesen Kurs?

Der Kurs zur Vertiefung des geistlichen Lebens im Alltag entstand nicht von heute auf morgen. Während vieler Jahre begegneten mir bei Meditationskursen, Retraiten und Exerzitien Menschen, die nach einer Vertiefung ihres geistlichen Lebens suchten. Hieraus ergaben sich Fragen, die nach einer Lösung drängten – drei Fragenkomplexe waren es vor allem, die sich in den Vordergrund schoben und letztlich zum Angebot dieses Kurses führten:

a) Die Mehrzahl der Teilnehmer von *Einkehrtagen* bezeugt dankbar, welche Tiefe und Bereicherung sie für ihr geistliches Leben durch diese Kurse erfährt. Ihr Problem liegt darin, wie sie den punktuellen Vollzug solcher Tage in ihr alltägliches Leben integrieren können. Häufig ist der Kurs für sie ein Anstoß dazu, ihre tägliche Gebetszeit neu zu intensivieren – doch erleben sie meistens schon nach wenigen Wochen, wie der Alltag diesen abgeschirmten Raum der Gebetszeit wieder überflutet. So melden sie sich spätestens nach einem Jahr zu einem neuen Kurs an, um die verlorene innere Kraft wieder auffrischen zu lassen. Und trotzdem spüren sie, daß sie eigentlich viel mehr brauchten als jährlich nur einmal drei Tage solchen Lebens. Wie war da zu helfen?

b) Ein weiterer Anlaß zu diesem Angebot lag für mich darin, daß ich im Rahmen einer Weiterbildung für Exerzitien- und Retraitenleiter *Einzelexerzitien* nach der ignatianischen Form kennenlernte. Hier eröffnete sich für mich einer der fruchtbarsten Wege, die ein Mensch in seinem geistlichen Leben gehen kann. In solchen Tagen können Dinge geschehen, die von innen her das Leben umgreifend verändern und eine Wirkung zeigen, die nicht schon nach wenigen Wochen wieder verblaßt: »Eigentlich müßte jeder Christ in seinem Leben wenigstens einmal solche Einzelexerzitien machen.« – »Jeder Theologiestudent müßte dazu die Möglichkeit haben.« Solche und ähnliche Äußerungen fallen im Nachgespräch, und zwar von evangelischen Teilnehmern.

Wie aber sollte man solche Wünsche auch nur für einen etwas größeren Teilnehmerkreis realisieren, bei dem hohen Aufwand an Zeit und Kraft für den Begleiter und bei den wenigen Begleitern, die es gibt? Was für Möglichkeiten gab es, solch einen Weg – wenigstens im Kleinstformat – einem weiteren Kreis von Menschen anzubieten?

c) Schließlich ergab sich noch ein Anstoß zu diesem Versuch aus der häufig an mich gerichteten Frage, ob ich nicht andere Menschen wisse, die zur Meditation und zum geistlichen Leben anleiten könnten. Weshalb konnte ich hier so wenig nennen? Methodische Mittel kann man sich durch Theorie und Praxis aneignen. Doch die Grundlage geistlichen Lebens ist nicht eine bestimmte erlernbare Methode. Wer Meditationsübungen als Hilfe für das Gebetsleben und für das innere, geistliche Wachstum des Menschen anbieten will, muß *eigene geistliche Erfahrungen* kennen, er muß sie reflektiert und in das Gesamtgefüge seines geistlichen Weges eingeordnet haben – wenigstens anfangsweise; denn geistliches Leben hat eine tiefe innere Dynamik, die ich nicht durch Bücher kennenlerne, sondern durch eigenes Erleben.

Erst mit dieser Voraussetzung werde ich auch die Bücher verstehen, die davon sprechen. Daraus ergab sich die dringende Frage: Was steht in unseren Möglichkeiten, andere Menschen zu eigenen geistlichen Erfahrungen hinzuführen?

Aus diesen Fragen erwuchs das Angebot unseres Kurses.

2. Worauf läßt sich ein Teilnehmer dieses Kurses ein?

a) Aufbau und Inhalt des Kurses

Unter ein neutestamentliches Bild möchte ich dieses Angebot stellen: „Ihr seid (als Hausgenossen Gottes) auf das Fundament der Apostel und Propheten gebaut; der Schlußstein ist Christus Jesus selbst. Durch ihn wird der ganze Bau zusammengehalten und wächst zu einem heiligen Tempel in dem Herrn. Durch ihn werdet auch ihr im Geist zu einer Wohnung Gottes erbaut« (Eph 2,19b–22). Daraus ergibt sich für uns: »Laßt euch als lebendige Steine zu einem geistigen Haus aufbauen« (1Petr 2,5).

»Sei, was du bist« – diese Aufforderung durchzieht das Neue Testament. Darum geht es hier: alles zu tun, damit wir zu diesem geistigen Tempel Gottes erbaut werden können, in welchem der dreieinige Gott in uns und durch uns Wirklichkeit werden kann in dieser Welt. Wir müssen dabei tun, was in unseren Kräften steht, als hinge alles von uns selbst ab. Doch werden wir gerade dadurch immer tiefer in die Erfahrung hineinwachsen, daß alles wahrhaft Entscheidende allein von Gott selbst gegeben werden kann.

Aus diesem Bild ergibt sich der Aufbau des Kurses:

- Im *ersten Hauptteil* geht es um die »Zurüstung des Baumaterials«. (In Anführungszeichen gesetzt werden in diesem Buch bewußt verwendete Bild- und Symbolworte, die der Lesende in ihrer Übertragbarkeit wahrnehmen sollte.) Es geht um die Einübung in menschliche Grundhaltungen, die als Voraussetzungen für ein geistliches Leben unersetzbar sind. Es sind dies Grundhaltungen, die heute bei vielen Menschen zu verkümmern drohen.
- Der *zweite Hauptteil* soll für unser Leben das »Fundament« christlichen Daseins »festigen und vertiefen«: daß sich all

unser Tun gründet auf die unbegreifliche, aber wahrhaftige Liebe Gottes zu uns. Dieses Wissen soll nicht nur unseren »Kopf«, sondern unser »Herz« treffen.

- Als *dritter Hauptteil* ergibt sich die Notwendigkeit, das »Kellergeschoß« des Hauses auszubauen. Dieses ist ein wesentlicher Teil eines Hauses, auch wenn man ihn nicht jedem Gast zeigt. Dort liegen die Vorräte, dort steht die Heizung – aber dort wird auch oft Gerümpel aufbewahrt. Vielleicht sprudelt dort sogar – wie ich es in Adorf sah – eine lebendige Quelle.
- Für den *vierten Hauptteil* ist damit die Voraussetzung geschaffen: Hier geht es darum, das »Haus« meines konkreten, einmaligen Lebens seinem eigentlichen Besitzer zur Verfügung zu stellen, damit er kommen und »Wohnung beziehen« kann (Joh 14,23). Der »Ausbau« und »die Einrichtung des Wohngeschosses« geschehen in innerer Abstimmung zwischen dem »Besitzer« (Gott) und dem »Mieter« (mir). Dieser Hauptteil umgreift nicht, wie die anderen Teile, drei, sondern fünf Übungswochen.
- Der *fünfte und letzte Hauptteil* schließt dann alles zusammen, indem er nach dem »Lebensstil« fragt, der das Leben in diesem Hause bestimmt. Wem ernsthaft daran liegt, daß nicht mehr er lebt, sondern daß Christus in ihm lebt (Gal 2,20), dessen Lebensstil wird mehr und mehr von Christus her bestimmt sein. Sein Leben wird nach und nach in das Mitleben, Mitleiden und Mitsterben mit Christus einbezogen werden – aber auch in das neue Leben und in die Sendung des Herrn.

b) Geistliche Väter und Lehrer dieses Kurses

– Im jahrelangen Umgang mit alten und neuen »Meistern des geistlichen Lebens« ist das Grundanliegen dieses Kurses gewachsen: Möglichkeiten zu suchen, um Menschen auf den Weg eines geistlichen Lebens zu führen, der nichts anderes sein kann als der Weg der Liebe. Das Kursangebot will dazu locken, sich mit seinem ganzen Leben einzulassen auf die unfaßbare Liebe Gottes – um mehr und mehr mit allen Kräften des Daseins Antwort auf diese Liebe zu geben (Mt 22,37). So sind es die großen Liebenden in der Geschichte der Kirche, die im Hintergrund dieses Buches stehen. Sie haben ihre Erfahrungen weitergegeben, damit auch andere den Mut zu einem Weg bekommen möchten, der ahnen läßt, was Jesus meint, wenn er sagt, er sei gekommen, damit wir das Leben in Überfülle haben (Joh 10,10).

– Welche Namen soll ich besonders nennen? Da ist der Meister, dessen Liebe so tief und groß war, daß er manchmal Worte stammelte, die die Kirche – dogmatisch prüfend – ablehnen mußte: *Meister Eckehart*[1]. Bis heute befruchtet sein Einfluß geistliches Leben vieler Richtungen. Da sind die großen Spanier: *Theresia von Avila*[2], diese Meisterin und einzigartige Lehrerin des Gebetes – und ihr junger Beichtvater und Freund: *Johannes vom Kreuz*[3], der so einzigartig die »dunklen Nächte« im geistlichen Leben beschreibt und deutet. Da ist die über eintausendfünfhundert Jahre geübte und gelebte *benediktinische Spiritualität*[4]: Sie gründet auf den geistlichen Erfahrungen der Wüstenväter, die bis heute dem Menschen im Umgang mit seinen Dunkelheiten wegweisend helfen können. Und sie hat uns Wesentliches zu vermitteln von ihren Erfahrungen mit dem »ora et labora«, dem »bete und arbeite«, ebenso wie sie auch den heutigen Menschen zu beschenken vermag mit dem Zentrum geistlichen Lebens im Gottesdienst und im Gotteslob des Psalmengebetes.

Weiterhin fühle ich mich in weiten Teilen dieses Buches getragen durch evangelische und katholische Theologen[5], die ganz neu die entscheidende Wichtigkeit der Symbole für jedes geistliche Leben und Denken wieder in den Blick rücken. Das Wissen um die Unersetzbarkeit der Symbolbilder steht im Hintergrund weiter Teile dieses Kurses. Und schließlich ist mir in der letzten Zeit *das ostkirchliche Denken und Glauben*[6] in der Begegnung mit den Ikonen entscheidend wichtig geworden.

– Besonders nennen muß ich nun allerdings hier noch den Meister der methodischen und pädagogischen Hinführung des Menschen zu eigenen geistlichen Erfahrungen: *Ignatius von Loyola*[7], den Verfasser des Exerzitienbüchleins, heute als »Geistliche Übungen« bekannt. Am Grundaufbau des Exerzitienbuches orientiert sich auch der Aufbau dieses Kurses in seinen Grundzügen.

Denn was wir heutigen Menschen so dringend zur Gesundung unseres inneren Lebens wieder brauchen, das hat Ignatius bereits vor 450 Jahren gewußt:
erstens, daß ich eigene Erfahrungen mit Gott gewöhnlich nur dann mache, wenn ich den Raum und die Zeit für diese Erfahrungen offenhalte;
zweitens, daß Erfahrungen nur dann aus kurzen Augenblickserlebnissen zu bleibenden und mich verwandelnden Erlebnissen werden, wenn ich bei dem, was mich angerührt hat, bleibe, es wiederhole und vertiefe;
drittens, daß die bleibende Verwandlungsmächtigkeit geistlicher Erlebnisse stark davon abhängt, wieweit ich mich als ganzen Menschen, also auch mit meiner leiblichen Dimension, einbringe;
viertens, daß es eine innere Dynamik des Liebesweges gibt, auf die ich mich bewußt einlassen kann. Ignatius hat diese Dynamik, die alle geistlichen Lehrer kennen, seinen »Geistlichen Übungen« zugrunde gelegt.

– Eine Fülle von Anregungen verdanke ich auch heutigen Jesuiten, die sich um die Exerzitienarbeit bemühen, vor allem *Willi Lambert*[8], der vielfältige Wege aufgezeigt hat, wie man das Anliegen des Ignatius für den heutigen Menschen übersetzen kann.

c) Innere Dynamik des geistlichen Weges

Im lebendigen Vollzug geistlichen Lebens wird es immer wieder erfahrbar, wie stark sich die verschiedenen Kirchen und Spiritualitäten gegenseitig befruchten können. Gerade in der Begegnung der unterschiedlichen kirchlichen Traditionen sind es häufig (nicht immer!) nur Sprachverschiedenheiten, die ein Verstehen des anderen erschweren oder gar verhindern. Findet jemand die richtigen »Übersetzungs-Hilfen«, wird das Wort neu lebendig: »Dient einander, ein jeder mit der Gabe, die er empfangen hat, als die guten Haushalter der mancherlei Gnade Gottes« (1 Petr 4,10).

Diese Erfahrung ökumenischer Weite weist uns auf etwas Wichtiges hin: Was in verschiedensten geistlichen Traditionen überliefert wird, muß dort seine Wurzeln haben, wo sich noch keine Trennung im Leibe Christi vollzogen hat. Damit kommen wir zur Quelle, zu Jesus Christus selbst. Letztlich war es weder Ignatius noch ein anderer der geistlichen Lehrer, der die innere Dynamik eines geistlichen Weges erfunden hat – sie ist im *Lebensweg Jesu* selbst bereits vorgezeichnet:

- Sein »Fundament« war die Erfahrung der Liebe in seiner Kindheit, die ihn später dazu veranlaßte, Gott als Vater, als »abba« zu bezeichnen (zweiter Hauptteil).
- Sein öffentliches Wirken begann in der »Wüste«, wo er die Dunkelheiten der Versuchung kennenlernte – und wo er lernte, mit dem Versucher und seinen Taktiken umzugehen (dritter Hauptteil).
- Darauf folgte die Zeit seines Wirkens in Wort und Tat – immer orientiert an dem einzig wichtigen Willen des Vaters: »Meine Speise ist es, den Willen dessen zu tun, der mich gesandt hat« (Joh 4,34) (vierter Hauptteil).
- Und schließlich erfüllte sich sein Leben im Leiden und im Sterben nach dem Willen seines Vaters – und danach in der Fülle des neuen, unvergänglichen Lebens, das er zu Ostern für uns alle erschlossen hat. Diese Botschaft in die ganze Welt zu tragen ist unser aller Aufgabe (fünfter Hauptteil).

Diese Stationen des Weges Jesu liegen dem Aufbau des Kurses zugrunde.

3. Welche Voraussetzungen werden von einem Teilnehmer dieses Kurses erwartet?

a) Wer sich auf das Wagnis dieses Kursangebotes einläßt, sollte es mit einem lauteren, wahrhaftigen Herzen tun. Dabei muß er sich, so offen wie möglich, folgende Fragen stellen:

- Ist in mir eine *echte Sehnsucht* danach, Gott näherzukommen? Wünsche ich mir, Gott nicht nur vom Hörensagen zu kennen, sondern seiner mich umgreifenden Wirklichkeit »innezuwerden«?
- Ist in mir der Wunsch lebendig, mein Christsein nicht nur als Mitläufer mit anderen zu leben, sondern ein Stück *persönliche Nachfolge Christi* in meinem Leben zu versuchen?

- Kann ich ehrlich und wahrhaftig darum bitten, daß mein Leben durch den Heiligen Geist Gottes mehr und mehr durchdrungen, vertieft und verwandelt wird?
- Ist mir das, wonach ich im tiefsten Herzen Sehnsucht verspüre, so wichtig, daß ich bereit bin, es mich etwas kosten zu lassen? Kann ich einen begonnenen Weg auch über *Schwierigkeiten und Durststrecken* hinweg fortsetzen?

Wunsch, Bitte, Sehnsucht des Herzens: das allein sind wichtige Voraussetzungen für das Wagnis. Es geht um keine Vorleistung, die ich Gott anbieten müßte – aber es geht darum, daß ich wirklich ihn suche und nicht nur meine eigene Erfüllung und Befriedigung. Sonst würde ich Gott als Mittel zum Zweck verwenden und dürfte mich nicht wundern, wenn er dieses Spiel nicht mitspielt.

b) Allerdings gibt es auch noch weitere Möglichkeiten, die einen guten Grund legen, um den hier angebotenen Weg zu gehen:
- Wer seit langem an seine *regelmäßige stille Gebetszeit* gewöhnt ist, wird seine Schwierigkeiten und Probleme mit der täglichen Stille kennen, aber auch schon Erfahrungen haben, wie sie zu überwinden sind.
- Wer an *Meditationskursen* teilgenommen hat, kennt schon eigene Wege und Möglichkeiten, um in die Tiefe und die Stille zu gelangen. Er wird freier als andere mit dem hier angebotenen Material umgehen können.
- Wer geübt hat, *sich selbst zu hinterfragen* und von anderen hinterfragen zu lassen, wird eine größere Freiheit im Umgang mit seinen eigenen Dunkelheiten haben als ein anderer. Er kann ihnen leichter und offener begegnen.

Man könnte noch manches zufügen. An diesen Beispielen soll eines deutlich werden: Ein jeder, der sich ernsthaft auf solch einen Weg einläßt, bringt dazu – in dieser oder jener Form – bereits seine eigenen, unersetzlichen Voraussetzungen mit. Und er kann und wird sie einbringen, in dem Maße, in dem er sich selbst einbringt.

Dieser Kurs will dazu helfen, daß ich es immer neu übe, auf die zarten und leisen Impulse zu lauschen, die von Gott her mein Leben berühren und ausrichten möchten. So wirkt der Heilige

Geist in mir als der „innere Meister“. In solchem inneren Lauschen kann ich mein Leben mehr und mehr auf die Pläne Gottes mit mir und der Welt, auf seinen Liebeswillen abstimmen – und damit gleichzeitig auf meine eigene tiefste Lebenserfüllung. Dann kann er mich wahrhaft gebrauchen zum Dienst an dieser Welt, für diese Welt.

4. Was muß ich bei den Übungen dieses Kursangebotes beachten?

a) Wesentliche, unersetzbare Mitte eines geistlichen Weges ist die *tägliche Zeit der Stille vor Gott*. Deshalb sind die Übungen für die tägliche Gebetszeit der Kern dieses Kursangebotes, nicht die Einführungen und Hinführungen. Prinzipiell ist es natürlich möglich, zuerst einmal die Einführungen im Zusammenhang zu lesen, um sich einen Gesamtüberblick zu verschaffen – doch erst wer sich auf die Übungen selbst einläßt, ist beim eigentlichen Anliegen angelangt. Was durch dieses Angebot geschehen soll, kann nicht »von außen« her gelernt werden, sondern es will »von innen« her erfahren werden. Das aber geschieht nur durch eigenes, regelmäßiges Üben in einem betenden Vor-Gott-Verweilen: Nichts anderes meint christliches Meditieren.

b) Für dieses meditierende Beten werden jeweils Stoffe *(biblische Texte, andere Texte und Bilder)* angeboten, die dazu helfen sollen, den Impuls, den das Thema des jeweiligen Tages gibt, in meiner eigenen Weise aufzunehmen, so wie es für mich richtig und wichtig ist. Dabei gliedert sich jeder große Hauptteil in drei (bzw. fünf) Unterthemen. Sie bieten den Übungsstoff an für eine Übungswoche. Für jede dieser Wochen werden dann wieder sechs verschiedene Meditationsinhalte vorgeschlagen, die das Hauptthema der Woche für die einzelnen Tage auffächern. Dabei bleibt der siebente Tag bewußt frei von neuem Stoffangebot, damit hier die Möglichkeit besteht, zu wiederholen und zu vertiefen, was den einzelnen persönlich besonders angerührt hat – oder um überhaupt ohne jeden vorgegebenen Stoff im Gebet zu verweilen, darauf wartend, was »kommt«.

c) Nun ist zu beachten, daß diese *Übungs»wochen«* nicht pedantisch als festliegende Zeiteinheiten zu sehen sind. Wäre das so, müßten sie unter Leistungsdruck erfüllt werden. Jedes Leistungsdenken aber wäre der Tod echten Meditierens. Meditation will frei schwingen und sich entfalten können. Wer es mehr und mehr lernt, auf die Stimme des »inneren Meisters«, des Heiligen Geistes in sich selbst zu horchen, der wird bald spüren, was seinen eigenen Bedürfnissen angemessen ist: ob er etwa eine »Woche« verlängern oder eine andere verkürzen sollte. Auf manche Themen kann man ja auch später wieder zurückkommen, wenn es sich von der Lebenssituation her nahelegt.

d) Die mehr oder weniger ausführlichen *Einführungen und Hinführungen* zu den einzelnen Haupt- und Unterthemen sind freie Angebote: Mancher ist dankbar für eine hilfreiche Wegweisung, einem anderen ist jedes Wort zuviel, das zu den Übungsstoffen gesagt wird. Hier möge sich ein jeder die innere Freiheit nehmen, so vorzugehen, wie es für ihn am sinnvollsten ist. Wer Einführungen als Gängelband empfindet, soll sich getrost davon befreien und sich selbst auf den Weg begeben. Wem es hilft, sich ein wenig führen zu lassen, der soll es in der gleichen Freiheit tun. Doch ist es sicher besser, wenn man die Einführungen nicht erst während der Gebetszeit, sondern möglichst schon am Abend vorher liest. Das gibt einen größeren Freiraum für das eigene innere Geschehen. Und das ist das Entscheidende.

e) Das *Bildangebot* muß sich auf wenige Bilder beschränken. Gewöhnlich ist es so, daß mich ein Bild um so mehr »anspricht«, je länger ich mich ihm verweilend und meditierend aussetze. Oft enthüllt es erst nach langem Warten etwas, das ich beim ersten Hinschauen nicht vermutet hätte. Wenn ich mehrmals erlebt habe, wie Bilder beim Meditieren zu mir zu »sprechen« beginnen, dann werde ich auch aufmerksam dafür, neue Bilder für mich als Meditationsstoff zu entdecken. So können sich jahrelang auf dem Bücherregal verstaubte Bildbände plötzlich als wertvolle Schätze für mein geistliches Leben enthüllen.

5. *Welche seelsorgerlichen Möglichkeiten eröffnet dieses Kursangebot?*

a) Suche nach einem eigenen Seelsorger

Wer sich ernsthaft auf den Weg dieses Kurses einläßt, wird vielleicht bald spüren, daß er sich einen Menschen wünscht, mit dem er über beglückende Erfahrungen oder auftauchende Fragen sprechen möchte. (Bei ignatianischen Einzelexerzitien spricht der Exerzitand täglich mit seinem Begleiter.)

- Nun findet mancher sehr bald einen Menschen, dem er sich anvertrauen kann, sobald er ernsthaft nach ihm sucht und die innere Hemmschwelle überwindet, die ihn hindern möchte, über innere Dinge zu sprechen. Denn oft ist es nur mein Stolz, der mich nicht zu einem anderen gehen und von ihm Hilfe erwarten läßt: »Was kann der mir schon sagen?«
- Allerdings erleben es auch viele Menschen, daß sie lange Zeit, vielleicht über Jahre hin, den ersehnten Seelsorger nicht finden können. Wir sollten darum bitten und zugleich wissen, daß es ein großes Geschenk ist, wenn uns diese Bitte erfüllt wird. Vielleicht läßt Gott auch einen Menschen lange in dieser Weise suchen und sich sehnen, weil er es sich selbst vorbehält, den Menschen durch seinen Heiligen Geist Schritt um Schritt zu führen: »Er führet mich auf rechter Straße um seines Namens willen« (Ps 23,3).
- Noch ein weiterer Gesichtspunkt muß an dieser Stelle in den Blick kommen: Wer psychisch labil ist, sollte sich von dem Angebot dieses Kurses nicht sogleich die Lösung aller seiner Probleme erhoffen. Für ihn ist es in besonderer Weise wichtig, sich nach einem guten Begleiter umzusehen. Findet er einen solchen nicht, aus welchen Gründen auch immer, dann sollte er selbst sehr wach sein für seine inneren Vorgänge. Er prüfe sie, ob sich da etwas Gutes oder Ungutes anbahnt. Alle angebotenen Übungen sollen Hilfen sein. »Wenn ›Hilfen‹ keine Hilfen sind, werfen Sie sie weg«, sagt Willi Lambert.[9] Das gilt für alle Angebote und für jeden, der sich an diesem Kursangebot beteiligt.

b) Suche nach einer geistlichen Basisgruppe

Wegbegleiter auf einem geistlichen Weg kann auch eine kleine Gruppe sein. Vielleicht könnte dieser Kurs ein Anlaß dazu werden, daß sich an der einen oder der anderen Stelle kleine Gruppen zusammenfinden, die den Weg gemeinsam zu gehen versuchen – oder daß sich schon bestehende Gruppen auf diesen Weg gemeinsam einlassen. Damit hätten wir einen wichtigen Schritt getan: denn Basisgruppen innerhalb der Kirche sind heute dringend erforderlich.

Wo sich solche Gruppen zusammentun, braucht das nicht zu bedeuten, daß ihre Teilnehmer nun täglich miteinander meditieren und beten müßten. Zwei Frauen aus unserem Kurs haben sich einmal in der Woche getroffen und dabei ihre Erfahrungen bei den einzelnen Meditationen ausgetauscht. Diese Gespräche haben sie als beglückende Möglichkeit erlebt. Über solchem Tun liegt die Verheißung Jesu, daß er unter denen ist, die sich in seinem Namen zusammenfinden (Mt 18,20), das wird manchmal spürbar deutlich. Und noch etwas anderes wird oft nach anfänglichen Hemmungen beglückend erfahren: Wir, die wir nicht mehr gewöhnt sind, über innere Dinge zu sprechen, haben oft kaum mehr eine Sprache für solches Geschehen. Wo wir sie wiederzufinden versuchen – das kann zuerst sehr unbeholfen und stammelnd geschehen –, dort erfahren wir in aller Vorläufigkeit etwas von einer Gemeinsamkeit, die aus innerer Isolierung erlösen kann. Denn Einsamkeit wird nicht in der »Masse« der Menschen überwunden, sondern allein dort, wo ich einen Menschen neben mir erlebe, der wie ich seine inneren Erlebnisse, seine Gefühle, seine Wünsche und Sehnsüchte mit allen Freuden und Schmerzen hat und zeigt.

Allerdings muß hier auf der anderen Seite davor gewarnt werden, von sich selbst oder von einem anderen eine totale innerliche Selbstentblößung zu erwarten. Es gibt auch eine »geistliche Keuschheit«, es gibt in jedem Leben Erfahrungen, Gedanken, Gefühle, die niemanden etwas angehen als Gott allein.

c) Suche nach neuen seelsorgerlichen Möglichkeiten

In den letzten Jahren lagen die Akzente der Seelsorge entweder auf dem beratenden Gespräch: der Ratsuchende sollte im Verlauf seines Sich-Aussprechens selbst eine Lösung seiner Probleme finden und zur Klarheit kommen. Oder es lag der Akzent – in althergebrachter Weise – auf dem verkündigenden oder auch ermahnenden Zuspruch: der Seelsorger hat als Beauftragter Gottes dem Menschen eine konkrete Botschaft zu sagen. Vielleicht könnte nun das Material dieses Kurses Hilfe und Anregung zu einem dritten Weg anbieten: der Seelsorger kann demjenigen, der mit einer Frage oder einer Not zu ihm kommt, sagen: Versuch doch einmal, eine Woche lang deine Frage unter den hier angebotenen Texten und Stoffen zu meditieren. Und sei sehr aufmerksam dafür, ob dir dabei von Gott eine Antwort gezeigt wird.

Zum Schluß noch ein Hinweis:
Wer sich auf die Übungen dieses Kursangebotes einläßt, wird erleben, daß er sich für manche Stoffe viel mehr Zeit nehmen möchte, als der Alltag mit seinen Pflichten hergibt. Wer das erfährt, sollte nach Möglichkeiten suchen, die es erlauben, sich einmal ganz intensiv auf ein bestimmtes Thema einzulassen, das für ihn existentiell wichtig ist. Solche Möglichkeiten gibt es mehr, als wir meinen, es gilt nur, sie zu sehen und zu nutzen:

- Gewisse *Krankheiten* können Wege sein, durch die mich Gott selbst für einige Zeit in die Stille schickt. Ich denke an Krankheiten, die mich zur Ruhe zwingen, ohne mich am Denken zu hindern. Eine Freundin bezeichnete vor kurzem ihren gebrochenen Fuß in diesem Sinne als »ein Geschenk des lieben Gottes, der mir einmal Ruhe schenkt«. Ich brauche diese mir gegebene Zeit nicht »totzuschlagen« durch stundenlanges Fernsehen oder das Lesen von Kriminalromanen, sondern kann sie nutzen als ein persönliches Angebot Gottes für mich.
- Es braucht nicht erst zur Krankheit zu kommen: Als unsere fünf Kinder noch klein waren, bekam ich jährlich einmal für drei bis fünf Tage *»Urlaub von der Familie«*. Ein kleines Zimmer für mich, einen Wald zum Wandern, eine Kirche zum Beten – mehr brauchte ich nicht, um mich in dieser kurzen Zeit spürbar zu erholen.
- Kirchliche Mitarbeiter lernen mehr und mehr den Wert eines monatlichen *»Wüstentages«* zu schätzen – eines Tages, an

dem sie einmal alle Aufgaben und Pflichten zurücklassen, sich von ihrem Alltag frei machen, um mit Gott allein zu sein und Zeit für ihn zu haben.

- Auch ganze *Lebensabschnitte* oder Lebensperioden nutzt mancher bewußt für sein geistliches Leben: Mehr als ein Mensch ist mir bekannt, der die ersten Monate seines Rentnerdaseins bewußt dazu verwendete, sein Leben vor Gott neu zu bedenken, zu ordnen und auf ihn hin auszurichten. Damit stellten sich die entscheidenden Weichen für den letzten Teil des Lebens mit seinen neuen Chancen und Aufgaben.

Noch einmal: Alle Angebote dieses Buches sollen Anregungen, Hilfen sein, sie sollen Möglichkeiten aufzeigen, die jeder für sich selbst neu finden und gestalten kann. Ignatius würde hier wie an vielen anderen Stellen sagen: Beobachte dich selbst – und was dir gut und hilfreich ist, das tue. Sieh auf das, was dir hilft, Gott näherzukommen, und darauf laß dich ein.

Lassen Sie mich an den Schluß dieser Einführung ein Wort von Johannes Tauler[10] stellen:

»Der Mensch, der je nach seinen Kräften nicht zum mindesten einmal am Tag sich in den Grund kehrt, der lebt nicht wie ein rechter Christ.«

ERSTER HAUPTTEIL

»Bereitung des Baumaterials und Ausschachtungsarbeiten für das Fundament« – Einüben in Grundhaltungen und Grundvollzüge geistlichen Lebens

Überblick:

EINFÜHRUNG IN DEN ERSTEN HAUPTTEIL

Wer bei seinem Beten entdeckt, wie wenig er seine Gedanken sammeln kann, der wird vielleicht durch diese Entdeckung darauf aufmerksam, wie »zerstreut« sein Leben überhaupt ist, ja, daß seine Fähigkeit zur Konzentration und »Sammlung« bereits in beängstigendem Maße verkümmert ist. Verkümmerte, verschüttete oder auch nur gefährdete Dimensionen unseres menschlichen Lebens wieder zu erwecken und zu vertiefen, darum geht es in diesem ersten Hauptteil. Im Blick sind menschliche Grundhaltungen dem Leben gegenüber, die auch für jedes geistliche

Leben Voraussetzungen sind. Für ein gesundes Wachstum dieses Lebens und seine Entfaltung haben sie entscheidende Bedeutung. Wie ich lesen können muß, um aus dem Umgang mit der Bibel zu leben, so muß ich die Fähigkeit haben, innerlich still und gesammelt zu sein, um die leisen Impulse zu vernehmen, durch die Gott mein Leben berührt. Ich muß mich darin üben, empfangsfähig zu werden, innezuhalten und immer neu auf das Wesentliche zu schauen. Dazu kann die Meditation helfen.

Das vielschichtig verstandene Wort Meditation wird in diesem Kurs verstanden als eine jedem Menschen gegebene Fähigkeit, das, was ihm begegnet, mit seinem ganzen Sein wahrzunehmen und in die Mitte seines Wesens einzulassen. Nicht als ein Beherrschender, der alles »in den Griff bekommen« will, begegnet der Meditierende dem Leben, sondern als ein Empfangender, Aufnehmender, Teilnehmender.[1] In der Meditation öffne ich mich der Wirklichkeit in ähnlicher Weise, in der ein kleines Kind ein gut erzähltes Märchen in sich aufnimmt: »Gebannt« lauscht es, hockt auf dem Boden, und seine Augen »hängen« am Mund des Erzählenden. Dabei verrät das kleine Gesicht, wie tief es das Gehörte »in sich einläßt« und an dem Schicksal der Märchengestalten »teilnimmt« – wenn Tränen in den Augen aufsteigen, wenn über das Gesicht ein helles Aufleuchten gleitet, oder wenn ein tiefes, erleichtertes Aufatmen zeigt, daß alles seinen guten und rechten Weg gegangen ist.

Diese Fähigkeit, die Welt auf solche meditative Weise empfangend wahrzunehmen, ist heute bei vielen Menschen gefährdet – und damit eine wesentliche Dimension des Menschseins überhaupt. Das zeigt sich in verschiedenen Weisen, und das Anliegen, diese Dimensionen wiederzugewinnen, bestimmt das Übungsangebot dieses ersten Hauptteils.

1. Vom Einüben in die Empfangsbereitschaft

Nicht selten spricht man heute von der »Kopflastigkeit« des Menschen. Sind wir doch alle von Kindheit an daran gewöhnt, Fragen und Ansprüche des Lebens zuerst vom Verstand her anzugehen. Nun sind der Verstand und der Geist des Menschen wahrhaftig ein hoher Wert, so einzigartig, daß die Bibel den menschlichen Geist als Symbol benutzt, wenn sie vom »Heiligen Geist« spricht. Wo jedoch der Geist als ratio einseitig überbetont wird, dort verkümmern mehr und mehr andere wesentliche Dimensionen menschlichen Daseins: etwa die Phantasie, die Spontaneität, die emotionalen Kräfte, die Fähigkeit intuitiven Erfassens – und damit die *Möglichkeit und Bereitschaft, sich dem Leben gegenüber als Empfangender, Beschenkter zu fühlen.* Haben wir in unserem Lebensgefühl von der Technik so tief geprägten Menschen doch weithin vergessen, daß entscheidende Dinge im Leben niemals »gemacht«, sondern immer nur »empfangen« werden können: Wir brauchen nur daran zu denken, daß echte Liebe immer ein nie zu verdienendes Geschenk bleibt oder daß sich der Schlaf demjenigen sofort entzieht, der ihn erzwingen will.

So bietet die erste Woche verschiedene Hilfen an, die dazu dienen können, die Grundhaltung der Empfangsbereitschaft zu vertiefen oder neu zu gewinnen. Für manchen bedeutet das eine innere Umpolung, die nicht in einem Anlauf gewonnen werden kann. Wer nicht auf solche Hilfen angewiesen ist, sei dafür von Herzen dankbar.

2. Vom Einüben des Innehaltens und Verweilens

Ein weiteres, das eng damit verbunden ist, bestimmt den Inhalt der zweiten Übungswoche: In einer Zeit, in welcher D-Züge mit einer Geschwindigkeit von einigen hundert Stundenkilometern an uns vorüberrasen, in der in allen Lebensbereichen versucht wird, soviel wie möglich in kürzester Zeit unterzubringen, ist der Wert des Innehaltens und des Verweilens oft ganz aus dem Blickfeld verschwunden. Das echte Ausruhen, das Auspendelnlassen und das Träumen, das Genießen und Auskosten kommen viel zu kurz. Der Mensch aber braucht zu seiner inneren (und auch äußeren!) Gesundheit einen echten *Rhythmus zwischen Bewegung und Ruhe*, Nach-außen-Streben und Zu-sich-Zurückfinden, Aufnehmen von Neuem und Verarbeiten des Aufgenommenen. Wo dieser Rhythmus gestört ist, ist das Leben gestört.[2]

Deshalb muß ich es bewußt wieder üben, bei einer Sache zu verweilen: Im Schauen, im Horchen, im Mich-Einfühlen, im »Verkosten« – ungeachtet dessen, was ich anscheinend an Wichtigem in dieser Zeit verpassen könnte. Die ständige Angst, etwas zu verpassen, macht es uns oft auch so schwer, eine zusammenhängende Zeit am Tage für Gott frei zu halten, in der andere Arbeit liegenbleibt. Meister Eckehart sagt: »Mit Gott kann man nichts versäumen« – aber das muß ich im Glauben wagen, um zu erfahren, daß es stimmt: daß Meditationszeit nicht verlorene, sondern im Gegenteil gewonnene Lebenszeit ist.

3. Vom Einüben des Schauens auf das Wesentliche

Und schließlich muß ich immer wieder üben, mich auf das Wesentliche einzulassen. Dazu muß ich dieses unterscheiden können von dem, was unwesentlich ist. Unterscheidungsfähigkeit ist Voraussetzung für Entscheidungsfähigkeit, die ein Grundpfeiler geistlichen Lebensvollzuges ist. Wo ich meine Symbolfähigkeit bewußt übend vertiefe, lerne ich es wieder, allmählich immer müheloser alles mir Begegnende auf seinen wesentlichen Kern zurückzuführen. Solche Symbolfähigkeit macht jedes menschliche Leben reicher. Doch für mich als Christ ist sie Voraussetzung zum neuen Verstehen der Bibel, des Gottesdienstes, ja meines Lebens vor Gott überhaupt.

Wie ich durch den regelmäßigen Umgang mit der Bibel zur echten Begegnung mit dem persönlichen Gott kommen kann, ist das Anliegen der dritten Übungswoche. Dabei sind *Symbolfähigkeit und Entscheidungsfähigkeit* eng miteinander verwoben: Die Entscheidungsfähigkeit ist bestimmt durch die Wertmaßstäbe, die ich für mein Leben annehme – diese bekommen aber im christlichen Daseinsvollzug eine personale Dimension: mit meinen großen und kleinen Entscheidungen weiß ich mich unter den Augen Gottes, unter seinem Liebeswillen, wie er mir im Zeugnis der Bibel begegnet. Es ist wichtig, diesen Liebeswillen Gottes immer besser kennenzulernen, um mich für ihn entscheiden zu können – und gleichzeitig ist meine Entscheidung dafür unersetzlich, um ihn immer tiefer zu erkennen.

ÜBUNGSANGEBOT FÜR DEN ERSTEN HAUPTTEIL

Anliegen der ersten Übungswoche: Meine Empfangsfähigkeit vertiefen in der ganzheitlichen Öffnung vor Gott

Überblick:

Einführung in die erste Übungswoche

1. Vom Sinn der Übungsangebote

– *»Es heißt: Vom Kennen zum Können führt nur eines: die Übung«*[3].
Das wissen wir aus den verschiedensten Lebensbereichen; für unser geistliches Leben wurde es bisher oft zuwenig bedacht. In den Übungsangeboten werden Möglichkeiten aufgezeigt, die dem einzelnen helfen können, seinen eigenen Weg zu finden. Das bedeutet konkret, daß ich mich auf die Übungen einlasse und im eigenen Tun ausprobiere und Erfahrungen sammle, was mir guttut und was für mich weniger Nutzen verspricht. So muß ich das Wagnis des Mich-Einlassens zuerst auf mich nehmen, um mich dann wieder zu distanzieren mit der Frage,

was mir mehr hilft auf meinem geistlichen Weg. Das »mehr«, das »magis«, das uns im Exerzitienbuch des Ignatius so oft begegnet, ist das »mehr« der Liebe – es bestimmt den Weg dieses ganzen Buches.

- *Die Wiederentdeckung der leiblichen Dimension des Menschen ist eine wichtige Erkenntnis der Kirche in unseren Tagen.*[4] Es geht darum, daß wir wieder begreifen, daß der Mensch in seiner Ganzheit von Gott gewollt und gemeint ist – und daß er Gott lieben soll mit allen Kräften seines Wesens (Mk 12,30). Christus ist Mensch geworden. Damit ist alles leibfeindliche Denken in seiner Wurzel überwunden – und doch nimmt es oft noch einen breiten Raum ein in unserem Glaubensvollzug. Die gnostische Leibfeindlichkeit, die im Leiblichen des Menschen immer das Böse wittert, wurde seit dem ersten Jahrhundert von der Kirche bekämpft, und dennoch hat sich dieses Denken bis heute lebendig erhalten. Wo Übungen angeboten werden, die die leibliche Dimension einbeziehen, sollte man folgendes beachten: In manchen Christen rufen solche Angebote eine innere Sperre hervor. Wer diese Sperre in sich wahrnimmt, sollte sie beachten und sie nicht gewaltsam beseitigen wollen. Doch möge er wissen, daß andere Menschen anders reagieren und gerade solche Übungen als besonders hilfreich und fruchtbar für die Vertiefung ihres Gebetslebens erfahren. Es wäre gut, wenn wir es immer besser lernten, unseren eigenen Weg zu finden und dem anderen dieselbe Freiheit zu gewähren, das zu tun, was ihm guttut.
- »Es ist sinnvoll, Vorbereitungen zu treffen für das Kommen eines Gastes, der sich angesagt hat, aber weder das Herrichten des Bettes noch das Backen des Kuchens noch das Warten unter der Haustür können den Gast herbeizwingen.«[5] Das muß vor allen Übungsangeboten klar und deutlich sein: *Nicht im entferntesten soll hier ein Weg der Selbsterlösung angeboten werden!* Was wir tun und worum wir uns mühen, ist »Vor-Bereitung«, Bereitschaft für die Begegnung mit Gott, soweit es in unseren Kräften steht. Ob, wann und wie die Begegnung stattfinden wird, das steht allein in Gottes Freiheit. Oder gebrauchen wir ein anderes, ein biblisches Bild: An uns ist es, den

Acker unseres Seins aufzulockern und vorzubereiten – an Gott ist es, den Samen hineinzulegen und wachsen zu lassen. Die Vorbereitung des Ackers – das geschieht von uns aus, wenn wir uns in der regelmäßigen Meditationszeit auf die Übungen einlassen. Wir sagten es schon: Mitte jedes geistlichen Lebens ist die tägliche Zeit der Stille vor Gott. Für den rechten Umgang mit dieser Meditationszeit sind einige Fragen zu klären.

2. *Vom Umgang mit den Übungsangeboten*

- *Wie lange soll die tägliche Zeit der Stille vor Gott* in Gebet und Meditation *dauern*? Hier gibt es keine allgemeingültigen Gesetze, jedoch ist folgendes wichtig: Um eigene Erfahrungen mit Gott zu machen, braucht der Mensch gewöhnlich eine zusammenhängende Zeit, die mindestens fünfzehn bis zwanzig Minuten dauern sollte. Erst dann läßt die innere Unruhe nach, erst dann kann etwas aufwachen, was sich gewöhnlich tief verbirgt. Und wenn ich mir hin und wieder einmal eine Zeit von sechzig Minuten nehme für solches Gebet, dann zeigen sich oft ganz neue Dimensionen des Betens: Hatte ich vor der Gebetszeit gemeint, ich könne mir kaum zwanzig Minuten »leisten«, so entdecke ich nach diesen zwanzig Minuten plötzlich, daß alles andere, was ich tun wollte, doch eigentlich gar nicht so wichtig ist wie das Dasein vor Gott. Und nun kann ich mit Freude eine volle Stunde vor Gott verweilen.
- *Wie kann ich* für mich *diese Zeit der täglichen Stille absichern*? Hilfreich ist ein klarer, fester Vorsatz, den ich im Blick auf die Frage fassen kann: Wieviel ist Gott mir eigentlich wert? Wieviel Zeit am Tage möchte ich ihm schenken, um bei ihm zu sein? (Besondere Ausnahmen wird es hin und wieder geben müssen, aber sie sollten wirklich Ausnahmen bleiben!)

  Dann sollte ich mir eine störunanfällige Zeit wählen (der frühe Morgen oder der späte Abend bietet sich dazu an) – und diese Zeit mit meiner Familie oder den Mitbewohnern meiner Wohnung absprechen. Das kann eine echte Hilfe sein. Einem anderen hilft vielleicht auch eine kleine Tafel an der Tür:

»Bitte jetzt möglichst nicht stören.« Der feste, gleichbleibende Platz und die gleichbleibende Zeit am Tage sind als Hilfen nicht zu unterschätzen: Es ist so, als könnten der Raum und die Zeit etwas von der Atmosphäre des Betens in sich aufnehmen und mir dann am nächsten Tag wieder hilfreich vermitteln.

- *Welche Chancen und welche Gefahren liegen im regelmäßigen Meditieren zu Hause*, im Gegensatz zu den Erfahrungen in einem Meditationskurs und anderen Tagen der Stille? Was im abgeschirmten Raum eines Kurses geschieht, getragen durch die gemeinsame Atmosphäre der Stille, geht oft in sehr große Tiefen. Doch bleibt es häufig an dieses Umfeld gebunden; die Rückkehr in den normalen Arbeitsalltag erscheint nach solchen Tagen manchmal fast unerträglich hart.

  Was dagegen mitten in diesem Alltag geschieht, in meinem konkreten Lebensraum, in den ich hineingestellt bin, mag vielleicht etwas weniger in die Tiefe gehen. Doch kann es eine stärkere Wirkung in das alltägliche Leben hinein haben. Erfahrungsgemäß wird nach und nach die eigentliche, für die Meditation ausgesparte Zeit des Tages mehr und mehr zu einem »Sauerteig«, der den übrigen Tag mit seinen Aufgaben, Freuden und Schmerzen mit einbezieht und durchdringt. »Das Gebet geht eigentlich den ganzen Tag mit mir«, stellten mehrere Teilnehmer des Briefkurses nach einigen Wochen fest.
- *Wie gehe ich* während meiner Gebetszeit *mit unerwarteten Störungen um*? Diese Frage stellt sich beim Meditieren zu Hause oft mit besonderer Schärfe. Trotz aller Abschirmversuche lassen sich nicht alle Störungen ausschalten. Sie gehören zum »Meditieren im Alltag« dazu, und je mehr ich sie absolut fliehen will, desto aufdringlicher melden sie sich. Hier gibt es nur einen hilfreichen Weg: »Gelassenheit bewahren!« Wenn wir selbst in unseren Kursen immer neu den »Meditationsteufel« erleben, der es mit aller Kraft versucht, die Stille in uns zu stören, so versucht er es mit allen möglichen Taktiken, uns zu Hause vom Beten abzuhalten. Und er tut das bei jedem an der Stelle und in der Weise, wo der Betende am empfindlichsten ist und seinen schwächsten Punkt hat. Das Wichtigste ist, um diese Tatsache zu wissen und sich wachsam

darauf einzustellen. Oft heißt es hier, einen echten Kampf aufzunehmen: den Kampf gegen meinen Ärger über die Störung (der Ärger stört mehr als die Störung selbst!) und den Kampf gegen den Gedanken: »Es hat ja doch keinen Sinn, ich gebe mein Beten auf!«

Störungen können aber auch aus mir selbst kommen: Wie gehe ich um mit negativen Meditationsinhalten? Diese Frage taucht immer wieder auf. Daß Dunkelheiten ans Licht kommen, ist eine große Chance christlichen Meditierens, denn nur so können sie geheilt werden. Aber es gibt auch negative Inhalte, die bei jeder Meditation wiederkehren und alles andere verdrängen möchten. Diese negativen Bilder wollen nicht meditiert, sondern im Gespräch verarbeitet werden. Nur so werde ich frei von ihnen und damit frei für die echte Meditation. Im dritten Hauptteil wird es darum gehen, daß ich Schulderkenntnissen überhaupt nur dann echt begegnen kann, wenn ich mich geborgen weiß in der Liebe und in der Vergebung Gottes.

- *Was kann ich tun, um Gebet und Alltag miteinander zu verbinden?* Im Gegensatz zu Tagen der Stille muß ich mir zu Hause den rechten »Rahmen« für meine Gebetszeit selbst schaffen. Dieser Rahmen soll einerseits diese Zeit von dem übrigen Tag abheben, und andererseits soll er die Gebetszeit in den übrigen Tag sinnvoll einfügen.

Dazu ist es wichtig, mir vor der Gebetszeit ein paar Minuten zu nehmen, um mich auf die Begegnung mit dem lebendigen Gott »einzustellen«, wie man einen Sender im Radio einstellt. Möglichkeiten dazu werden besonders in der ersten Übungswoche angeboten; ein jeder muß für sich herausfinden, was für ihn hilfreich ist.

Nach der Gebetszeit brauche ich noch einige Zeit zum Ausschwingenlassen. Wenn ich mir mit wenigen Worten notiere, wie es mir ergangen ist (innere Vorgänge) und was mir wichtig geworden ist (wesentliche Erkenntnisse), so können mir diese Notizen eine große Hilfe sein, um mich bei der folgenden Gebetszeit schneller wieder in den meditativen Zustand hineinziehen zu lassen. Wer eine lange Anlaufzeit braucht, um in die

Stille zu kommen, sollte diese Möglichkeit unbedingt wahrnehmen. Solche Notizen können mir auch dazu helfen, die Gesamtrichtung meines Wesens in größeren Abständen immer wieder einmal anzuschauen und wahrzunehmen, wie der Maler eines Ölgemäldes in Abständen immer wieder zurücktritt, um das Ganze in den Blick zu bekommen. (Das ist wichtig für die »Unterscheidung der Geister« – wovon im dritten Hauptteil die Rede sein wird.)

Für manchen kann ein Vorblick aus der abklingenden Stille heraus auf die vor ihm liegende Arbeit eine wichtige Hilfe zu einem organischen Übergang sein. Die Vorausmeditation von Aufgaben wird im vierten Hauptteil einen wichtigen Platz einnehmen.

Und schließlich ist eine kleine Übung, die nur wenig Zeit braucht, kaum zu unterschätzen: Ganz wesentlich zur Vertiefung trägt es bei, wenn ich mir abends vor dem Einschlafen kurz das wichtigste Geschehen während der Gebetszeit des Tages in Erinnerung rufe, indem ich mich noch einmal in diese Erfahrungen hineinversetze. Denn gerade das, was mit mir in den Schlaf geht, übt entscheidende Wirkung auf mein Dasein aus.

Versuchen wir nun, »vom Kennen zum Können« zu gelangen, indem wir im eigenen Üben persönliche Erfahrungen sammeln, damit wir jeder den Weg finden, der uns »angemessen« ist.

Übungsangebot für die erste Übungswoche

1. Durch Einstimmen empfangsfähig werden

Hinführung

Eine Form des Betens ist den meisten von uns seit ihrer Kindheit vertraut: Ich bete ein bekanntes, vorgeformtes Gebet mit, gebe mich in die Worte des Gebetes hinein. Damit »lasse ich mich ein« (in) auf dieses Gebet im wahrsten Sinne des Wortes. Wo ich das nicht tue, kann mein Beten zum leeren Plappern werden – wie schnell das geht, wissen wir. Deshalb ist es so wichtig, dieses Mich-Einlassen, solches Mich-Einstimmen auf ein vorgegebenes Gebet wieder zu üben.

Mit solchem *Beten vorgeformter Gebete*, die viele Generationen vor uns schon gebetet haben, die vielleicht auf dem ganzen Erdkreis von Christen aller Konfessionen gebetet werden, lasse ich mich in diese große Gebetsgemeinschaft hineinnehmen. Mein eigenes Beten stimme ich ein auf das Beten der weltweiten Christenheit, wie ein Geigenspieler sein Instrument auf die Stimmlage des Orchesters einstimmt und – indem er seine Stimme spielt – seinen Beitrag zum Ganzen leistet.

Solches Mich-Einschwingen in das Beten der Kirche aller Zeiten, aller Kontinente und aller Konfessionen bewahrt mein Beten vor jedem falschen Individualismus und gehört als Ergänzung des freien Betens zur inneren Gesundheit eines geistlichen Lebens. Hier liegt der tiefe Sinn des Stundengebetes mit seinen Psalmen, in denen alle Menschheitsnöte und -sehnsüchte vor Gott gebracht werden.

Wir wollen uns in unserer ersten Übung einstimmen auf das Gebet, das die Christenheit über alle Grenzen hinweg verbindet: das Vaterunser.

Übung

Vaterunser *(Gebetsmeditation)*

1. Möglichkeit: Ganz langsam und ganz einfach bete ich Wort für Wort dieses Gebetes und lasse jedes Wort in mir nachschwingen, wartend, was mir dazu einfällt. Dabei versuche ich, mein »Herz« wachsam daraufhin abzuhorchen, wie es in diesem Wort mitschwingen kann.

Je langsamer das Ganze geschieht, desto besser ist es. Beim Meditieren gilt der Grundsatz: »Weniger ist mehr als viel.« Ignatius[6] sagt: »Nicht das Vielwissen sättigt die Seele, sondern das innere Schauen und Verkosten der Dinge.«

2. Möglichkeit: Ich wähle mir eine einzige Bitte des Gebetes aus zur Meditation.

- Innerlich sehe ich vor mir die Generationen, die diese Bitte seit fast zweitausend Jahren gebetet haben . . . Wie unterschiedlich mag sie erfahren worden sein ... Ich lasse mich einbeziehen in diese Gemeinschaft der Betenden, gebe mein eigenes Anliegen hinein und empfange Anteil an diesem gemeinsamen Beten ...

– In gleicher Weise sehe ich die Christen der verschiedenen Kontinente vor mir und lasse mich ebenso in die Gemeinschaft ihres Betens einbeziehen ... und das gleiche kann ich tun im Blick auf die Christen verschiedener Kirchen und Konfessionen ...

Variante

Wem es lieber ist, der kann auch ein anderes Grundgebet der Christenheit in dieser Weise neu für sich fruchtbar werden lassen, etwa das Glaubensbekenntnis oder das Gloria. Auch das Beten der über tausend Jahre alten Pfingstsequenz (EKG 97 – GL 239–244) ist für diese erste Übungseinheit fruchtbar und sinnvoll.

2. Durch neues Hören empfangsfähig werden

Hinführung

In seinem Jugendbuch »Momo« erzählt Michael Ende[7] von einem kleinen Mädchen, das eine einzigartige Fähigkeit besitzt: Momo kann zuhören, wie kein anderer Mensch zuhören kann. Sie kann so zuhören, daß Traurige wieder froh, Verzweifelte wieder ganz getrost werden, wenn sie vor dem Kind ihr Herz ausgeschüttet haben. Sie kann so zuhören, daß Verstrittene plötzlich begreifen, wie nichtig doch eigentlich der Anlaß ihres Streits gewesen war. Ja, Momo bringt durch ihr Zuhören sogar einen Kanarienvogel, der seit Jahren verstummt ist, wieder zum Singen. Und das alles geschieht nicht dadurch, daß Momo etwas sagt, sondern einzig und allein dadurch, daß sie mit ihren großen, dunklen Augen den Redenden anschaut und so aufmerksam hört, daß ihm einfach beim Reden Gedanken kommen, auf die er allein nie gekommen wäre.

In verschiedenen Meditationsgruppen trugen wir im Anschluß an dieses Bild zusammen, *was uns* eigentlich daran *hindert*, so *zuhören zu können*, wie es von diesem Kind geschildert wird. Jeder mag sich zuerst einmal selbst überlegen, was ihm einfällt. Das Wichtigste von dem, was wir gemeinsam zusammengetragen haben, möchte ich Ihnen hier anbieten als Grundlage für Ihre eigene Meditation.

Die eigentliche Meditationsübung kann dann darin bestehen, daß Sie die verschiedenen Möglichkeiten in sich einlassen mit der Frage: Wo liegen meine besonderen Hörsperren? Was mich aber hindert, auf Menschen zu hören, hindert mich in noch höherem Maße, die leisen, feinen Impulse zu erlauschen, durch die Gottes Heiliger Geist mich in meinem Leben führen und leiten möchte, Schritt um Schritt. So kann das hier zusammengetragene »Material« zum Stoff werden, über den ich ins persönliche Gebet um bessere und tiefere Hörfähigkeit komme. Daß solch ein Beten immer wieder auch in konkrete Vorsätze einmünden möchte, liegt in der Natur der Sache. Es ist günstig, wenn ich solche Vorsätze aufschreibe – dabei immer beachtend, daß ich im Rahmen des mir Möglichen bleiben muß. Es ist wie bei der Kindererziehung, wo die alte Regel gilt: Fordere nicht zuviel, aber sieh darauf, daß das, was du forderst, auch wirklich eingehalten wird.

Noch etwas anderes übe ich an dieser Stelle ein: Ich erkenne die Entsprechungen, die zwischen ganz alltäglichen Erfahrungen im menschlichen Bereich und meinem geistlichen Lebensvollzug liegen. Ich übe mich bereits hier ein wenig in der Symbolfähigkeit, um *Dinge des Alltags für mein geistliches Leben fruchtbar werden zu lassen*, indem ich sie übertrage. Und vor allem: Ich übe das ein, was grundlegend für diesen Kurs und für mein ganzes geistliches Leben ist: alltägliche Erfahrungen und Erkenntnisse zum Gebet werden zu lassen, ins Beten zu »transponieren«.

Und noch eine letzte Vorbemerkung, die für alle Übungen gilt, sich aber hier bei der Fülle des Stoffes besonders nahelegt: *Ich muß nicht alles* Punkt für Punkt *schaffen*! In der Meditation gibt es weder ein Vollkommenheitsstreben noch einen Leistungszwang. Damit würde ich jede Meditation zerstören. Lieber an einer Stelle in die Tiefe gehen und erst weitergehen, wenn diese ausgeschöpft ist, als vielerlei anmeditieren, ohne es auszuschöpfen. Deshalb sollte ich bei dem beginnen, was mir besonders wichtig erscheint, und dabei bleiben, vielleicht ein klein wenig länger, als ich meine, daß es noch etwas hergibt. Erst dann gehe ich langsam und ruhig zum nächsten Punkt weiter. Das gilt für alle Meditationen.

Übung

Ich kann nicht wirklich zuhören,

- wenn um mich herum zuviel Unruhe ist ...
- wenn sich kein ruhiger Platz zum Gespräch findet ...
- wenn die Atmosphäre des Raumes dem Hören nicht dienlich ist ...
- wenn ich in Eile bin und mir keine Zeit für den anderen nehme ...
- wenn ich mich nicht ganz auf den anderen »einstelle« (Symbolwort!) ...
- wenn ich mich dem anderen nicht öffne ...
- wenn ich den anderen nicht ernst nehme oder das, was er mir sagen will, nicht für wichtig halte ...
- wenn der andere mich langweilt ...
- wenn ich nebenbei eine andere Arbeit tue, die meine Aufmerksamkeit fordert ...
- wenn ich selbst zuviel rede ...
- wenn ich gleichzeitig auf ein anderes Gespräch höre ...
- wenn ich mit mir selbst im Gespräch oder in meine Gedanken versunken bin ...
- wenn meine Gedanken herumschweifen ...
- wenn ich daran denke, was alles noch zu tun ist ...
- wenn ich selbst nicht im seelischen Gleichgewicht bin ...
- wenn ich nicht im inneren Frieden bin ...
- wenn ich Sturm in mir fühle und fliehen möchte ...
- wenn ich Angst vor dem anderen habe ...
- wenn ich Vorurteile gegenüber dem anderen habe ...
- wenn ich meine, ich könnte überfordert werden von dem, was er mir sagen will ...
- wenn ich mich angegriffen oder verletzt fühle ...
- wenn ...

3. Durch Entspannen empfangsfähig werden

Hinführung

Wenn mir deutlich geworden ist, wie entscheidend wichtig das äußere und auch das innere Stillwerden ist, damit ich hören kann, stellt sich die Frage, ob es Hilfen zu solchem inneren Stillwerden gibt. Es gibt solche Hilfen, und ich biete sie hier an, weil es sich über Jahre hindurch immer wieder herausstellte, wie dankbar gerade aus der Hektik kommende Teilnehmer für diese Stilleübungen sind. Dazu muß ich aber gleichzeitig sagen, daß es auch immer wieder Teilnehmer gibt, für die solche Übungsangebote wie ein Umweg wirken; ihnen fällt es nicht schwer, sofort mitten in die Stille des Gebetes zu kommen, wenn sie über der Bibel sitzen. Solchen Teilnehmern möchte ich sagen, daß sie nicht genug danken können für diese Fähigkeit, daß es aber auch bei ihnen vielleicht Tage oder Zeiten geben wird, in denen dieses In-die-Stille-Gehen nicht so mühelos gelingt. Dann kann es auch für sie hilfreich sein, sich solcher angebotenen Hilfen zu bedienen.

Als wichtige Hilfe, zu einer inneren Ruhe zu gelangen, in der auch leise Töne und Impulse vernehmbar werden, bewährt sich bei vielen Menschen immer neu das bewußte *Sich-Lösen, Sich-Entspannen* (s. dazu die Vorbemerkung über die inneren »Sperren« S. 30). Hier wird der unlösliche Zusammenhang zwischen Leib und Seele des Menschen oft in überraschender Weise deutlich: Wer »halsstarrig« oder sehr »hartnäckig« ist, dessen Hals- und Nackenmuskulatur verkrampft und verspannt sich bald spürbar. Wer ständig seine Angst mit sich herumträgt, wird bald mit hochgezogenen, verspannten Schultern umhergehen. Wer aber so verspannt herumläuft, den wird kaum jemand gern ansprechen, während ein Mensch, der locker und gelöst dasteht, sich gleichsam als Gesprächspartner anbietet. So ist die Haltung des Gelöstseins eine Haltung offener Empfangsbereitschaft. Wer es übt, sich zu entspannen, übt damit gleichzeitig, ein Empfangender werden zu können. Doch hat dieses Anliegen noch eine tiefere Dimension: Indem ich mich leiblich entspanne, lockere, löse, hole ich mich bis ins Leibliche hinein in eine Wirklichkeit zurück, die mir vorgegeben und angeboten ist: Ich darf ja gelöst sein, weil ich erlöst bin. Dadurch, daß ich mich entspanne und löse, nehme ich die Wirklichkeit meines Erlöstseins an (und spüre dabei vom Körper her oft, wie schwer es mir fällt!). Willi Lambert gebraucht in anderem Zusammenhang ein Bild, das auch hierfür gilt: Gottes Erlösung ist geschehen, sie steht unverbrüchlich fest wie ein unterzeichneter Vertrag. Aber erst durch meine »Gegenzeichnung« (mein Mich-Lösen, das alle Abwehr und allen Selbstschutz losläßt) wird er für mich gültig.

Übung

Indem ich still sitze oder, noch besser, mit meinem Rücken flach auf dem Boden liege, nehme ich ganz bewußt einige der Hauptverspannungszentren meines Körpers wahr, eines nach dem anderen: Dabei lenke ich meine gesammelte Aufmerksamkeit jeweils auf einen Körperteil, indem ich dabei still denke und es gleichzeitig vollziehe:

Ich lockere (physisch und auch psychisch)

- meine Stirn (und meinen Eigenwillen, daß ich »mit dem Kopf durch die Wand« will) . . .
- meine Augen (daß ich meine, alles »einsehen« zu müssen) . . .
- mein Gehirn (daß ich alles verstehen will) . . .
- meinen Unterkiefer, die Zunge, die Zähne (alles, was mich »die Zähne zusammenbeißen« oder »mit den Zähnen knirschen« läßt) . . .
- meine Zunge (daß ich meine, alles sagen zu müssen) . . .
- meinen Hals (meine »Halsstarrigkeit«) . . .
- meinen Nacken (alle ungute »Hartnäckigkeit«) . . .
- meinen Schultergürtel (alle offene und verdrängte Angst) . . .
- meinen linken, dann meinen rechten Arm – bis hinunter in die Hand (daß ich meine, alles »begreifen« oder »in den Griff bekommen« zu müssen) . . .
- meinen Magen (alles, was mir »im Magen liegt«) . . .

In einem zweiten Gang kann ich das gleiche tun mit der Vorstellung: ich entspanne . . ., in einem dritten Gang: ich löse . . .[8]

Achtung: Nach jeder Meditation, die mich stark in die Tiefe zieht, muß ich ganz langsam wieder zurückkommen; nie plötzlich aufspringen, sondern: die Augen öffnen und auf einen Punkt schauen, bis ich klar sehe; tief durchatmen – die Hände in einer Handwaschbewegung öffnen – wieder tief durchatmen – und mich räkeln wie nach einem tiefen Schlaf. (Wer niedrigen Blutdruck hat, muß darauf besonders achten; denn in der Meditation kann der Blutdruck absinken wie im Schlaf, und es können Kreislaufstörungen und Schwindelgefühl auftreten, wenn man eine Meditation zu plötzlich abbricht.)

Varianten

Wer gegen die angebotene Übung eine Sperre in sich fühlt, kann eine der folgenden Übungen wählen:

- Gerhard Tersteegen[9] *(Liedmeditation)*:
  »Du durchdringest alles;
  laß dein schönstes Lichte,
  Herr, berühren mein Gesichte.
  Wie die zarten Blumen
  willig sich entfalten
  und der Sonne stille halten,
  laß mich so
  still und froh
  deine Strahlen fassen
  und dich wirken lassen!«
- Lukas 1,26–38 *(»Du wirst schwanger werden«)*
  Ich fühle mich ganz ein in Maria, den Menschen, der sich in einzigartiger Weise für Gott öffnet und Gott in sich empfängt ...
- Ich meditiere als Symbol des Sich-Öffnens, um zu empfangen, die Blüte einer weißen Lilie (»Madonnenlilie«) ...

4. Durch Anwendung der inneren Sinne empfangsfähig werden

Hinführung

Sinne sind Empfangsorgane des Menschen schlechthin. Über sie nehmen wir die Umwelt wahr und können das, was uns begegnet, empfangend in uns aufnehmen. Und diese leibliche Möglichkeit hat eine innere, geistige Entsprechung: Auch in meiner Vorstellung vermag ich (innerlich) zu sehen, zu hören, zu schmecken, zu fühlen, zu riechen.

Was bedeutet das für unser geistliches Leben? Ignatius[10] weist immer neu darauf hin, daß derjenige, der sich in den Exerzitien auf die Berichte der Evangelien einläßt, versuchen soll, das, was er liest, *mit allen inneren Sinnen* so lebendig als möglich wahrzunehmen:

- mit der inneren Vorstellungskraft sehen, was geschieht ...
- mit den inneren Ohren die Stimmen hören ...
- mit dem inneren »Geruch« das Geschehen einatmen ...
- mit dem inneren Tastsinn sich so tief wie möglich einfühlen ...
- mit dem inneren Geschmackssinn das Geschehen (ver)kosten und schmecken ...

Wer jahrelang auf diese Weise die Evangelienberichte in sich aufgenommen hat, der vermag davon in einer Weise zu erzählen, als sei er wirklich dabeigewesen. Als ich einmal von einem Jesuitenpater geleitete Exerzitien mitmachte, wurde mir bewußt: Hier ist ein Mensch so tief vertraut mit den Geschehnissen der Bibel, daß man meinen könnte, er habe das alles selbst miterlebt. Als Schüler des Ignatius hatte dieser Priester das Miterleben der biblischen Geschichten seit vielen Jahren bewußt geübt. Und nun kann er sprechen wie jemand, der »mit den Augen gesehen und mit den Händen betastet hat« (1 Joh 1,1).

Es ist gut, wenn ich das, was ich dann in der biblischen Meditation anwenden möchte, zuerst einmal im Blick auf ganz einfache, vertraute Situationen übe. Deshalb lade ich Sie ein, dieses innere Miterleben zu üben, indem Sie sich einmal auf eines der angebotenen Bilder einlassen.

Übung

Ich liege (in meiner Vorstellung) an einem warmen Frühsommertag in der Sonne auf einer blühenden Wiese. Dabei »trinke« ich mit allen Sinnen die Schönheit um mich her in mich hinein: Ich sehe die Farben und Formen – ich horche auf die Geräusche – erlebe den Duft – die Wärme der Erde – und »verkoste« diese »kostbaren« Minuten, so tief ich vermag ...

Varianten

- Ich sitze im Winter im warmen Zimmer, der Tag neigt sich dem Ende zu, und ich schaue hinaus in den dicht fallenden Schnee...
- In einem Taucheranzug lasse ich mich in einen tiefen, stillen See hinunter und finde mich unten wieder auf einer blühenden Wiese (Märchenmotiv)...
- Der Urlaub hat begonnen – ich sitze im Zug, der sich ganz langsam, dann schneller in Bewegung setzt – so lasse ich für eine Zeit meinen Alltag zurück, er verschwindet mehr und mehr in der Ferne – mit allen Sinnen »verkoste« ich dieses Geschehen...

5. Durch atmendes Wiederholen empfangsfähig werden

Hinführung

Das Wiederholungsgebet ist eine alte und zugleich weltweit bekannte christliche Meditationsform. Bei dieser Art des Betens geht es darum, daß mich die Botschaft nicht nur in meinem »Kopf« erreicht, sondern daß sie mehr und mehr bis in die Tiefe meines Wesens eindringt. Meditation lebt von der Wiederholung, denn der Mensch gleicht in seinem Inneren oft dem »trockenen, dürren Land, wo kein Wasser ist« (Ps 63,2). Solches Land braucht keinen einmaligen heftigen Regenguß, sondern warmen, durchdringenden Sommerregen.

Auch die evangelische Kirche kennt das Wiederholungsgebet noch in der Form der Litanei. Solches Beten besteht in einem rhythmischen Wechsel von sich wiederholenden, gleichbleibenden Stücken mit anderen Teilen, die wechseln und sich doch in das Ganze einfügen. In der katholischen Kirche kennt man seit vielen Jahrhunderten das Rosenkranzgebet – und aus der Ostkirche lernen wir mehr und mehr, den Sinn und Segen des »Jesusgebetes«, des »Herzensgebetes«, auch für unser Gebetsleben fruchtbar zu machen.

Viele Generationen haben erfahren, daß es sich bei dieser Gebetsform nicht um ein »Plappern« handelt, vor dem Jesus so eindringlich warnt, sondern daß hier ein Weg gezeigt wird, der ganz tief ins innere Beten hineinzuziehen vermag. Denn die gleichbleibenden Gebetsworte sinken nach mehrmaliger Wiederholung gewissermaßen ins Unterbewußte ab, »es betet« in mir weiter, ohne daß ich meinen Verstand anstrengen muß. Gleichzeitig wird ein Teil der inneren Unruhe dadurch gebunden und in gute Bahnen gelenkt. Das befreit meine anderen inneren Fähigkeiten dazu, ein wesentliches Glaubensgeheimnis zu umkreisen; Gedanken und Gefühle können sich in diesem vorgegebenen Rahmen frei bewegen und das Geheimnis »umspielen« (im guten Sinne des Wortes). So erlebe ich das gleiche von einer immer neuen Sicht aus und gelange dabei immer mehr in die Tiefe.

Beim Jesusgebet der Ostkirche liegt dabei zugleich das ganze geistliche Gewicht auf der Anrufung des Namens Jesu.[11] Der Name[12] ist »Symbol« im dichtesten Sinne (s. S. 64). Wer den Namen nennt, bekommt damit wahrhaft und wirklich Anteil an der Person (eine Unterschrift steht für den Menschen!). Atmend nimmt der Beter die Wirklichkeit in sich hinein. Wir werden im Laufe des Kurses oft auf diese christliche Meditationsform zurückgreifen, deshalb möchte ich diejenigen, denen diese Gebetsweise ungewohnt ist, bitten, sich einmal darauf einzulassen, um eigene Erfahrungen damit zu sammeln. Viele evangelische Teilnehmer des Briefkurses haben gerade mit dem Wiederholungsgebet eine entscheidende »Neuentdeckung« für ihr Gebetsleben gemacht.

Wie geht dieses Beten praktisch vor sich? Der Anfangs- und Endvers bieten das Rahmengebet, sie schließen jeweils einen Glaubensgedanken ein, das »Gesätz«. Das Ganze wird zehnmal wiederholt: Eingangsgebet, »Gesätz«, Schlußgebet. Dann wird das zweite »Gesätz« eingesetzt, und das Ganze wieder zehnmal gebetet. Als ersten Versuch zum Kennenlernen möchte ich Ihnen das Gebet in der Form anbieten, wie ich es selbst kennen und lieben gelernt habe – in einer Form, die von Romano Guardini[13] stammt.

Übung (Wiederholungsgebet)

Gepriesen sei der Herr, der Sohn des lebendigen Gottes (Rahmen)
1. der um meine Not weiß ... (1. Gesätz)
2. vor dem meine Sünden offen sind ... (2. Gesätz)
3. der mir Kraft gibt zum Guten ... (3. Gesätz)
4. der die Meinen mehr liebt, als ich es vermag ... (4. Gesätz)
5. dem alle Gewalt gegeben ist im Himmel und auf Erden ... (5. Gesätz)

Jesus Christus, Erlöser der Welt, unser Heiland und Bruder, erbarme dich unser (meiner, ihrer ...) (Rahmen)

Varianten

– In dieser Weise ist es auch möglich, die durch Jahrhunderte hin gewachsenen Gesätze des Rosenkranzgebetes (des bekanntesten und verbreitetsten Meditationsgebetes in der katholischen Volksfrömmigkeit) neu zu entdecken. Hier haben sich die wesentlichen Heilsaussagen in kurzen Sätzen formuliert, die ich betend meditiere, bis sie in mir und in meinem Leben etwas zum Mitschwingen bringen:

1. der für uns Blut geschwitzt hat ...
2. der für uns gegeißelt worden ist ...
3. der für uns mit Dornen gekrönt worden ist ...
4. der für uns das schwere Kreuz getragen hat ...
5. der für uns gekreuzigt worden ist ...

(Gesätze des »schmerzhaften« Rosenkranzes)

– Wer sich zum *ganz einfachen Beten* (s. S. 222) hingezogen fühlt, kann eine noch einfachere Form wählen. Johannes Bours[14] schlägt vor, nur den Namen Jesu – in der Weise der Ostkirche – zu beten, diesen Namen aber jeweils vor einen besonderen »Hintergrund« zu stellen. Zu Weihnachten nehme ich z. B. mit diesem Namen das Geheimnis der Menschwerdung in mich hinein, zu Ostern mit diesem Namen den Sieg über Leid und Tod. Die ganze Fülle des Heilsgeschehens kann ich in solcher Weise in mich hineinatmen; denn solches Beten ist atmendes Beten. Das »atmende Denken«, solches atmende Mich-Öffnen, erreicht Bezirke meines Seins, die dem rationalen Denken verschlossen bleiben.[15]

Und gleichzeitig ist das gleichmäßige Atmen eine einzigartige Hilfe, um die Unruhe des Denkens und Fühlens zur Ruhe zu bringen. Wir kennen die volkstümliche Regel: »Atme erst zehnmal tief durch – dann gib deine Antwort!«

Die Übung kann in drei Schritten erfolgen – jeder soll erspüren, was ihm wohltut, und dabei so lange verweilen, wie er mag.

- Ich atme den Namen Jesu in mich ein, indem ich diesen Namen bei jedem Einatmen innerlich denke oder still spreche. Wenn ich mag, kann ich dies vor dem Hintergrund einer bestimmten Heilswahrheit tun (im Namen ist die Wirklichkeit). Beim Ausatmen dazwischen versuche ich, nichts zu denken, mich ganz zu entleeren für das nächste Einatmen ...
- Ich atme den Namen (und wieder die Wirklichkeit) Jesu in mich ein, indem ich bei jedem Ausatmen still »Jesus« denke und in die Mitte meines Seins hineinatme. Nun versuche ich, beim Einatmen leer zu sein von jedem Denken ...
- Ich lasse mich ein- und ausatmend von dem Namen und der Wirklichkeit Jesu Christi ganz durchdringen – und damit von einem Geheimnis seines Wesens, das mir heute besonders wichtig werden soll ...

Bemerkung: Diese Übung eignet sich auch für lange, einsame Wege oder während der Verrichtung gleichmäßiger, eintöniger Arbeiten (s. S. 201)

6. Durch bewußte Gebetshaltungen empfangsfähig werden

Hinführung

Wie wichtig die leibliche Dimension unseres geistlichen Lebens ist, davon war schon die Rede. Doch nur im eigenen Tun erschließt sich diese Erkenntnis mehr und mehr. Das soll heute das Anliegen der Übung sein.

Kann ich in echter Weise meinen Leib in mein Beten einbeziehen? Wer beim Beten in die spürbare Nähe Gottes geführt wird, dessen ganzes Sein strahlt oft tiefe Stille und Ruhe aus, ohne daß der Betende dies selbst gewahr wird. Er verharrt auch körperlich in tiefer Ruhe.

Nun kann ich die Nähe Gottes niemals durch bewegungslose Haltung »erreichen« – sie ist und bleibt immer freies Geschenk der Gnade. Aber ich kann mich diesem Angebot verschließen, indem ich durch körperliche Unruhe, durch ständiges Wechseln meiner Haltung unbewußt vor dieser Stille ausreiße. Ignatius[16] rät dazu, eine Gebetshaltung bewußt einzunehmen und in dieser Haltung zu verharren, solange »ich das finde, was ich begehre«. Gerade absolute körperliche Bewegungslosigkeit während der Gebetszeit hat sich für viele Menschen als Hilfe erwiesen, innerlich zur Ruhe zu kommen. Andere erfahren wiederum genau das Gegenteil: Ihre innere Unruhe ist so stark, daß sie leichter während einer gleichmäßigen Bewegung, etwa im langsamen Gehen, meditieren können als in völliger Stille. Wieder andere können sich gut sammeln, wenn sie schreibend beten. Ein jeder wähle das, was ihm am hilfreichsten ist.

Auf keinen Fall ist es für mein Beten unwesentlich, welche Gebetshaltung ich wähle. (Das gilt natürlich nur für die ausdrückliche Zeit des Betens – während des Tages kann ich in jeder Haltung mein Gebet weitergehen lassen.) In der Christenheit waren und sind viel mehr Gebetshaltungen gebräuchlich, als es der Durchschnittschrist heute vermutet.

Wenn ich mich bewußt in eine – mir vielleicht ungewohnte – Gebetshaltung hineingebe und hineinfühle, dann ist der Sinn solchen Übens, daß ich spüre, wie auch mein Leib selbst beten kann. Wenn ich in eine solche Haltung gewissermaßen hineinlausche, dann vermag ich vielleicht, diese eingenommene Haltung in einem kurzen Gebetssatz auszudrücken. Aber dazu braucht es Zeit, bis ich mich in die Besonderheit der jeweiligen Haltung so eingefühlt habe, daß sich daraus ein Gebetssatz formt.

Achtung: Bei dieser Übung sollte ich wirklich allein im Zimmer sein – allein mit Gott und vor Gott, um mich geben zu können, wie ich wirklich bin.

Übung

Gebetshaltungen, in die ich mich nacheinander einzufühlen versuche:

- Ich stehe aufrecht mit erhobenen Händen und nach oben gewandtem Blick ...
- Ich stehe aufrecht mit nach der Seite ausgestreckten Armen, die Handflächen sind nach oben geöffnet ...
- Ich sitze aufrecht auf der vorderen Kante eines einigermaßen harten Stuhles, die Beine stehen mit etwas Abstand nebeneinander fest auf dem Boden – die Hände sind geöffnet wie eine Schale (linke Hand auf der rechten) vor den Leib gelegt, die Daumen berühren sich ...
- Ich sitze mit gefalteten Händen und gebeugtem Oberkörper auf dem Stuhl ...
- Ich knie aufrecht auf dem Boden, die Hände vor der Brust zusammengelegt, der Kopf ist aufrecht, ruht auf dem Hals ...
- Ich knie und stütze die Ellenbogen auf eine Unterlage (etwa in Brusthöhe) und lege das Gesicht in die offenen Handflächen ...
- Ich knie auf dem Boden, lege meinen Kopf mit der Stirn auf den Boden ...
- Ich liege flach mit dem Bauch auf dem Boden, die Hände locker neben dem Körper ...
- Ich liege flach mit dem Bauch auf dem Boden, die Arme sind seitwärts ausgestreckt ...
- Ich liege flach mit dem Rücken auf dem Boden, locker, aber gerade (ohne Kopfkissen!), die Hände ganz gelockert sich selbst überlassen ...

Variante

Ich lese betend Psalm 84 Vers um Vers – und suche zu einzelnen Versen jeweils eine entsprechende Körperhaltung, die ich einnehme. So lasse ich meinen Leib mit seinen Gesten und Ausdrucksmöglichkeiten den Psalm beten (hier liegt der Ursprung des sakralen Tanzes).

7. Durch ganzheitliches Mich-Öffnen empfangsfähig werden

Im Rückblick auf die vergangene Übungswoche wiederhole ich die Übung, die am meisten in mir in Bewegung gebracht hat, oder ich verweile im stillen, geöffneten Dasein vor Gott.

Anliegen der zweiten Übungswoche: Die Transparenz der Welt neu erspüren im Verweilen vor dem Geheimnis

Überblick:
Einführung in die zweite Übungswoche
1. *Von der Wichtigkeit des Verweilens*
2. *Vom Umgang mit Ikonen*

Übungsangebot für die zweite Übungswoche
1. *Schauend mich vom Bild ansprechen lassen*
2. *Schauend die Botschaft des Bildes in mich einlassen*
3. *Schauend mich der im Bild gegenwärtigen Wirklichkeit aussetzen*
4. *Schauend mich in das Geschehen einbeziehen lassen*
5. *Schauend mich anschauen und durchschauen lassen*
6. *Schauend das Unfaßbare berühren*
7. *Schauend vor dem Geheimnis verweilen*

Einführung in die zweite Übungswoche

1. Von der Wichtigkeit des Verweilens

Mehr als Generationen vor uns werden wir heute nach der prägenden Kraft unseres christlichen Glaubens gefragt. Man nimmt uns keinen nur gesprochenen, sondern allein einen gelebten Glauben ab. Und auch wir selbst möchten keine »halben«, sondern »ganze« Christen sein und als solche leben. Wie aber kommen wir dazu, daß unserem Leben eine christliche Prägung von innen her abzuspüren ist? Wir wissen viel, wir lesen und hören immer wieder Neues, auch in der Kirche. Doch kann es geschehen, daß all dieses Wissen im Verstand bleibt und keine *prägende Kraft* auf unser Leben ausübt.

Die urchristliche Meditation lebt davon, daß der Glaubende betend und meditierend immer neu das Bild Jesu Christi anschaut – dieses Bild, wie es uns die Evangelien in so vielfältiger Weise »vor Augen stellen« und »ins Herz malen«. Je mehr ich mich diesem Bild meditierend aussetze und davor verweile, desto tiefer prägt es sich mir ein. Es prägt mich dadurch von innen her, bis es sich mehr und mehr auch in meinem ganzen Sein ausprägt. Das griechische Wort »typos« – wir kennen es aus dem Fremdwort »typisch« – wird im Neuen Testament an vielen Stellen gebraucht. Es meint ursprünglich sowohl das Prägende als auch das Geprägte, wie es im Siegel und im Siegelbild anschaulich wird. Unsere deutsche Übersetzung »Bild« läßt wenig erkennen von der prägenden Kraft eines Bildes. In der christlichen Meditation geht es darum, daß ich mich bewußt dem aussetze, wovon ich mich prägen lassen möchte, damit ich dadurch selbst wiederum zum prägenden Vorbild für andere werden kann (1Thess 1,7; 2Thess 3,9).[17]

Das aber ist ein Prozeß, der langsam vor sich geht, weil hier etwas wachsen und reifen möchte. Dazu muß ich neu das Innehalten (lassen Sie dieses aussterbende Wort einmal ganz in sich ein!) und das Verweilen lernen und üben. Verweilend setze ich mich Gott aus, halte ich mich Gott hin, in der Zuversicht, daß er etwas mit mir tun wird; aber ohne zu wissen, was er tun will und wie und wann dieses geschehen wird.

Solches Stillehalten und Verweilen gilt für das ganze Tun dieses Kurses. Ich muß es immer neu durchhalten gegen innere und äußere Widerstände. Vielleicht fühle ich in den ersten zehn Minuten der Gebetszeit überhaupt nichts anderes als erschreckende innere Leere. Doch wenn ich diese Zeit durchhalte, kann es geschehen, daß sich plötzlich ein neuer Blick für mich öffnet oder eine wesentliche Erkenntnis von mir Besitz nimmt (die passiven Ausdrucksformen sind hier bewußt gewählt). Ähnliches kann auch erst nach einer Zeit scheinbarer innerer

Leere von dreißig bis vierzig Minuten geschehen – ja, manchmal erschließt sich mir ein Wort oder ein Bild überhaupt erst nach vielen Meditationen, die mich ganz leer zu lassen scheinen. Mich beschämt oft, wenn ich lese, wie manche Wüstenväter monate-, ja jahrelang um das Verständnis eines einzigen Bibelverses gerungen haben, bis er sich ihnen endlich erschloß.

Für uns ist es entscheidend wichtig, daß wir die Zeit anscheinend »ergebnisloser« Meditationen nie als verlorene Zeit ansehen. Gerade in solchen *Zeiten scheinbarer Leere* geschieht oft viel mehr, als wir meinen. Hier wächst und reift häufig ganz im verborgenen eine Frucht, die wir erst viel später erkennen und ernten können. »Herr, dasein vor Dir, das ist alles«[18] – das ist das Entscheidende, nicht das, was für mich spürbar dabei herauskommt.

So geht es in der zweiten Woche darum, daß ich mich einmal ganz auf das *Wagnis des Verweilens* einlasse. Es ist ein Wagnis, weil ich in dieser Zeit vielleicht etwas anderes verpassen könnte. Aber nur, wer dieses Wagnis auf sich nimmt, kann erleben, daß ihm die Welt wieder in neuer Weise transparent wird und sich ihm das in ihr verborgene Geheimnis enthüllt. Und dann wird er spüren, daß er gar nichts verpaßt hat. Im Gegenteil: Die ganze Fülle und der ganze Reichtum des Lebens eröffnen sich dort, wo ich auf das Vielerlei verzichte, um an einer Stelle in die Tiefe zu gehen. Paul Tillich[19] kann sagen: Dort begegnet mir Gott.

Das wollen wir nun in dieser Woche an einem einzigen Bild üben, das man als eines der tiefsten Meditationsbilder der Christenheit bezeichnet hat. Es ist die Ikone »Heilige Dreifaltigkeit« von Andrei Rubljow (Bild Nr. 1).

Wenn wir uns hier für eine ganze Woche auf das Meditieren einer Ikone einlassen, wird es für manchen hilfreich sein, eine kurze Einführung in die Welt der Ikonen überhaupt zu bekommen.

Hinweis: Wer etwa nach zwei oder drei Meditationen der Rubljow-Ikone feststellt, daß er keinerlei Zugang zu dieser Art von Bildern oder zu diesem besonderen Bild findet, der sollte sich die Freiheit nehmen, ein ihn ansprechendes Bild statt dieser

Ikone zu meditieren – in den angebotenen Schritten. Doch ist es gut, nicht zu schnell zu diesem Ersatzangebot zu greifen, weil sich die Rubljowsche Ikone erst nach langer, intensiver Betrachtung erschließt.

2. Vom Umgang mit Ikonen

Manchem wird es mit Ikonen ähnlich ergehen, wie es mir persönlich über Jahre hin ergangen ist: Hin und wieder begegnete mir eine Ikone, manchmal empfand ich sie sofort als ansprechend, meistens aber als sehr fremdartig. Dennoch wuchs in mir das Verlangen, mich einmal tiefer mit diesem Gebiet christlicher Frömmigkeit zu befassen. Eine Kur bot mir Gelegenheit dazu: Ich borgte mir drei Ikonenbände aus der Kurbibliothek aus, schaute mir ein Bild nach dem anderen an und las den dazugehörigen Kurztext. Das Bild, das mich am meisten angesprochen hatte, stellte ich mir dann am Abend auf meinen Nachttisch mit einer brennenden Kerze davor (Ikonen brauchen das Kerzenlicht, um das Geheimnis ihrer Farbwirkung voll zu entfalten). So verweilte ich meditierend mindestens eine halbe Stunde vor dem Bild. Ich hatte wohl verborgene Schätze geahnt, aber nicht im entferntesten für möglich gehalten, welch ein Reichtum hier zu heben ist. Erst im verweilenden Meditieren erschloß sich mir etwas vom Geheimnis der Ikonen und lockte mich, immer tiefer in diese Welt einzudringen.

Nach einiger Zeit stellte ich fest, daß ich immer wieder zu einer einzigen Ikone zurückkehrte – der Dreifaltigkeits-Ikone von Rubljow. Sie wurde mir von Abend zu Abend wertvoller.

Und weiter merkte ich, daß wir in unserer so anders geprägten Kultur einige Grundkenntnisse brauchen, wenn wir diese Bilder so verstehen wollen, wie sie vom Künstler gemeint sind: als Gebets- und Meditationsbilder, die den Meditierenden näher zu Gott ziehen wollen. Was muß ich wissen, um eine Ikone in ihrem wesentlichen Anliegen zu verstehen?

– Ikonen sind *Gebetsbilder* schlechthin. Nichts anderes wollen sie sein. Fastend und betend bereitete sich ursprünglich der

Ikonenmaler – manchmal monatelang – auf das Malen einer einzigen Ikone vor.[20] In dieser meditativen Stille versucht er, innerlich das Urbild zu schauen, das er in seinem Bild darstellen will (»Ikone« kommt von griechisch: eikonos – das Abbild). Dabei fühlt sich dann der Künstler in seinem Malen von dessen Hand geführt und geleitet, dessen Bild er malt.[21] Ist solch ein Bild einmal in dieser Weise gültig gestaltet worden, können spätere Ikonenmaler das Bild übernehmen. Das erklärt die Ähnlichkeit vieler Ikonen, die das gleiche Thema darstellen. Und gerade in dieser formalen Ähnlichkeit kann sich dann die künstlerische – und damit auch die geistliche – Tiefe eines großen Künstlers wie Rubljow voll entfalten. Alle Kräfte sind frei für die Durchgeistigung der Darstellung.

Weil diese Bilder nun aus Gebet und Meditieren erwachsen sind, deshalb tragen sie in einzigartiger Weise die Möglichkeit in sich, den Betenden in die Meditation, den Meditierenden ins Gebet hineinzuziehen.

– Ikonen sind *Verkündigungsbilder*, gemalte Botschaft der Heilsgeheimnisse. Während der orthodoxe Christ stundenlang der »göttlichen Liturgie« beiwohnt, hat er die Ikonen vor Augen. Sie lassen die wesentlichen Offenbarungsinhalte der christlichen Botschaft in sein Herz hineinströmen. Wie Jesus Christus sichtbares Abbild des unsichtbaren Gottes (Kol 1,15) geworden ist, so weiß der orthodoxe Christ im Abbild der Ikone deren Urbild geheimnisvoll wirklich gegenwärtig. In der Ikone Jesu kann er diesem selbst begegnen. »Wirklich« ist hier im Wortsinn gemeint: Wirkend, mich berührend, mir begegnend – und mich dadurch mehr und mehr von innen her verwandelnd. Diese Erfahrung ist so intensiv, daß sich der Gebrauch der Ikonen als Gebetsbilder in den letzten Jahren auch in geistlichen Gemeinschaften der katholischen und der evangelischen Kirche weit verbreitet hat.
– Dem Verkündigungscharakter der Ikonen dient ihre ganze *Gestaltung*, nichts ist davon ausgenommen:

Zuerst fällt wohl am meisten ins Auge, wie anders der Ikonenmaler mit der *Perspektive* umgeht, als wir es zumeist gewöhnt sind. Die Perspektive der abendländischen Kunst zieht den Betrachter eines Bildes in eine unendliche Ferne hinein: Gott ist dadurch erfahrbar als der Ferne, Jenseitige, Transzendente. Eine Ikone dagegen läßt das Bild gewissermaßen auf den Schauenden zukommen. Man hat darum von der »umgekehrten Perspektive« der Ikonen gesprochen: »Der östliche Mensch versteht sich als vom Heiligen eingehüllt, vom Göttlichen überschattet ... Er braucht diesem nicht nachzueilen, es ist bereits gegenwärtig.«[22] Und in [diesem] auf den Betenden zukommenden Bild kommt die Botschaft der Offenbarung auf ihn zu.

Die *Lichtquelle* kommt bei vielen Ikonen nicht von außen – die Gestalten selbst scheinen das Licht auszustrahlen. Diesem Licht setzt sich der Betende aus.

Die *Farben* haben ihren bestimmten Symbolwert, wie wir es auch aus der mittelalterlichen abendländischen Kunst kennen: Gold ist eigentlich keine Farbe, sondern unmittelbarer Ausdruck der ewigen Herrlichkeit Gottes. Weiß ist die Farbe des Lichtes, der Verklärung, der Auferstehung – ähnlich wie Gelb, das dem Weiß sehr nahe steht. Blau meint die göttliche Jenseitigkeit, zieht den Blick über das Sichtbare hinaus in ein nicht mehr erkennbares Unsichtbares. Rot weist hin auf das Blut Christi, seine Herrschaft über den Tod, und Grün ist die Farbe des Lebens überhaupt. Dagegen ist Dunkelbraun bis hin zum Schwarz die Farbe der Askese, der Trauer, ja oft des Dunklen und Bösen schlechthin.

Auf vielen Ikonen stehen die Farben rein und unvermischt nebeneinander, während andere Ikonenmaler die verschiedenen Farben in ihrer Abtönung und Mischung als eine eigene Form ihrer künstlerischen Sprache benutzen. Viktor Lasarew, der die Dreifaltigkeits-Ikone Rubljows in einzigartig tiefer Weise erschlossen hat, spricht von der »Musik der Farben«. Auch die Farben stehen im Dienst der Verkündigung und wollen etwas vom Geheimnis Gottes in uns zum Mitklingen bringen.

Die gleiche »gemalte Verkündigung« spricht aus der *Mimik* und den *Gesten* der Gestalten sowie aus der Gesamtposition des Bildes.

Damit keine Unklarheiten über den Verkündigungscharakter der Ikone möglich sind, ist dem Bild auch häufig ein Wort beigefügt. Bild und Wort stehen in unlöslichem Zusammenhang. Und immer bin ich gemeint, der sich in Gebet und Meditation der Verkündigung des Bildes aussetzt.

Vielleicht mag diese erste, kurze Einführung in den Sinn der Ikonen genügen, um den Mut zu finden, sich einmal meditierend ganz auf eine dieser Ikonen einzulassen und dabei eigene Erfahrungen zu sammeln.

Hinweis: Die verschiedenen Ausgangspunkte zur Meditation des gleiches Bildes, wie sie jeder Tag anbietet, sind als Möglichkeit des Einstiegs gemeint. Diese Einstiegsmöglichkeiten können Sie später bei jeder Bildmeditation benutzen, ja auch bei vielen Textmeditationen. Es soll ja nicht bei einer einfachen Betrachtung bleiben, sondern die Betrachtung möchte zur Meditation werden – das aber braucht das lange Verweilen, Umkreisen und Wiederholen des gleichen Inhalts. Dabei kann es natürlich geschehen, daß Sie schon spontan innerlich einen Schritt vollziehen, der »offiziell« erst später angeboten wird. Dann sollten Sie sich darüber freuen, das Erlebte wiederholen und vertiefen – und sich im übrigen dem inneren Geschehen mehr und mehr überlassen.

Übungsangebot für die zweite Übungswoche

1. Schauend mich vom Bild ansprechen lassen

Hinführung

Wir kennen den Ausdruck »Ein Bild spricht mich an.« Das kann spontan beim ersten Anschauen geschehen, aber es kann auch erst nach langer, intensiver Betrachtung eines Bildes wachsen.

Um mich von einem Bild ansprechen zu lassen, muß ich vor ihm verweilen, innehalten, mich ihm aussetzen, damit es etwas mit mir machen möge[23], und ich muß die inneren Vorgänge wahrnehmen, die durch das Schauen des Bildes in mir ausgelöst werden. Dabei lasse ich das Bild einfach auf mich »wirken«, ohne sogleich nach einer bestimmten Deutung zu fragen. Erst wenn dieses über eine längere Zeit hin geschehen ist, kann ich meine innere Aufmerksamkeit auf wichtige Gestaltungsformen des Bildes lenken:

- Die Gesamtkomposition des Bildes lasse ich in mich ein – gehe von »außen« nach »innen« . . . nehme die großen Linien wahr und die Formen, die sie bilden . . . verweile bei der Mitte des Bildes . . .
- Die Farben lasse ich auf mich wirken, versuche, ihren »Klang« zu erspüren und das, was sie in mir »zum Klingen bringen« . . .
- Die Symbole sprechen in allen mittelalterlichen Bildern ihre eigene Sprache, ich öffne mich ihnen . . . (Kelch, Kreis, Dreieck, Baum . . .)
- Die Haltung, die Mimik und die Gesten der Gestalten lassen etwas erkennen von dem, was in ihnen vor sich geht, ich versuche mich in sie einzufühlen . . . (die Hand mit zwei ausgestreckten Fingern ist der Segensgestus des Priesters)

Übung
Andrei Rubljow – »Heilige Dreifaltigkeit« *(Bildmeditation, Bild Nr. 1)*
In einem geöffneten Dasein vor Gott verweile ich schauend vor diesem Bild – lasse mich von Gott ansprechen, indem ich mich von dem Bild ansprechen lasse, damit das Schauen mehr und mehr zum Beten wird . . .

2. Schauend die Botschaft des Bildes in mich einlassen

Hinführung
Wohl kaum ein anderes Geheimnis Gottes entzieht sich so der »Begreifbarkeit« wie die Offenbarung der Dreifaltigkeit. Sie versagt sich der Möglichkeit bildlicher Darstellung. Deshalb wurden in der Kirche immer wieder Symbole zur Darstellung dieses Geheimnisses verwendet, das gleichseitige Dreieck und auch der

Kreis. Bildhaft stellte man die Trinität auch als »Gnadenstuhl« dar.

Die Ostkirche benutzt nun eine biblische Erzählung als prophetisches Symbol dieses Geheimnisses: Abrahams Gastmahl im Hain Mamre, bei dem er drei unbekannte Gäste bewirtet, die ihm die Geburt Isaaks prophezeien. Der Wechsel zwischen »wir« und »ich« in der Rede der Gäste war für die alte Kirche einer der Gründe, hier an eine erste zeichenhaft-symbolische Offenbarung der Dreieinigkeit Gottes zu glauben.

- Der Darstellung liegt die biblische Erzählung 1. Mose – Genesis 18,1–15 zugrunde. Wort und Bild sind in den Ikonen eng verbunden ...
- Der Künstler Rubljow hat die breit angelegte Erzählung auf ganz sparsame, wesentliche Grundelemente reduziert ...
- Rubljow wollte mit seinem Bild den Augenblick darstellen, in welchem im innergöttlichen Gespräch die Entscheidung fiel, den Sohn als Mensch zu den Menschen zu senden, um die Erlösung zu vollbringen. (Lasarew deutet, für mich überzeugend, die linke Gestalt als Vater-Engel, die mittlere Gestalt als Sohn-Engel und die rechte als Heiligen-Geist-Engel.) ...
- In der Mitte des Bildes steht die Schale des eucharistischen Mahles, durch welches diese Entscheidung Gottes den Menschen, also auch mir, zugute kommt (die Kelchform erscheint mehrere Male im Bild) ...
- Die verschlossene Öffnung an der Vorderseite des Tisches ist im Altar der Ort, wo die Reliquien der Märtyrer aufbewahrt werden: Die Eucharistie vereint uns mit den vollendeten Gerechten ...

Übung
Andrei Rubljow – »Heilige Dreifaltigkeit« *(Bildmeditation, Bild Nr. 1)*
Ich lasse die Botschaft in mich ein, die der Künstler mir durch sein Bild nahebringen will, damit sie mich mehr und mehr durchdringt ...

3. Schauend mich der im Bild gegenwärtigen Wirklichkeit aussetzen

Hinführung

Wir kennen den Ausdruck, daß ich mich »satt sehen« möchte, sowie die bekannten Gedichtzeilen von Gottfried Keller: »Trinkt, ihr Augen, was die Wimper hält, von dem goldnen Überfluß der Welt.« Daß meine geöffneten Augen ein Empfangsorgan für meine Seele sind, daß ich schauend empfangen kann, ist für viele Menschen ein fremder Gedanke. Wir beten häufig mit geschlossenen Augen und vergessen dabei, daß geöffnete Augen ein kostbares Empfangsorgan für die Seele sind. Verkündigungsbilder können die Heilswirklichkeit einer Botschaft tief in das Innere des Menschen eindringen lassen – wenn sie echte Verkündigung vermitteln. Dabei darf das Wort das Bild deuten und ergänzen. Hier soll deshalb als Ergänzung zu dem, was jedem einzelnen schon beim Meditieren der Dreifaltigkeits-Ikone eingefallen ist, der schon genannte Kunsthistoriker zu Wort kommen, dessen ganze Liebe dieser Rubljow-Ikone gilt, Viktor Lasarew[24]: »In der Blüte seiner Schaffenskraft stehend, malte Rubljow sein bekanntestes Werk, die ›Dreieinigkeit‹ ... Mit großer Wahrscheinlichkeit ist als Datum der Ausführung das Jahr 1411 zu nennen ...

Die Rubljowsche ›Dreieinigkeit‹, gedacht für eine lange, intensive Betrachtung, zeigt weder Bewegung noch Handlung. In tiefem Schweigen sitzen die drei Engel auf niedrigen Sitzen. Ihre Köpfe sind leicht geneigt, ihre Blicke in die Ferne gerichtet ... Zentrum der Ikone ist die Schale mit dem Kopf des Opfertieres ..., die Schale (ist) als Vorbild der Eucharistie zu betrachten. Die Hände des mittleren und des linken Engels segnen die Schale. Diese Gesten liefern den Schlüssel, um die ... Symbolik ... aufzudecken. Der mittlere Engel ist Christus. In nachdenklicher Haltung, den Kopf nach links geneigt, segnet er die Schale und drückt damit seine Bereitschaft aus, sich zu opfern. Gott-Vater (der linke Engel), dessen Gesicht tiefe Trauer ausdrückt, ermuntert ihn dazu. Der Heilige Geist (der rechte Engel) wohnt der Szene ... als ›Tröster‹ bei. So ist hier ... das größte Opfer der Liebe ... dargestellt ... (und) der Sohn erklärt sich bereit, die

Leiden auf sich zu nehmen, um die menschlichen Sünden zu sühnen ... Beginnt man bei der Betrachtung der ›Dreieinigkeit‹ in sie einzudringen, ist man vor allem von der ungewöhnlichen Vergeistigung der Engel überrascht ... [Jedoch] das Wundervollste in der Ikone Rubljows ist wohl ihr Kolorit. Sie wirkt auf den Betrachter vor allem durch den unvergleichlichen Klang ihrer Farben ... Man möchte die Farbskala der ›Dreieinigkeit‹ freundschaftlich nennen, denn sie bringt mit seltener Überzeugungskraft das freundschaftliche Übereinstimmen der drei Engel zum Ausdruck ... Rubljow hat seine Ikone in einem jener glücklichen Momente der Inspiration gemalt, die nur dem Genie beschert sind. Und es gelang ihm, ein Werk zu schaffen, das wir zu Recht als schönste russische Ikone und als eine der vollkommensten Schöpfungen der gesamten mittelalterlichen Malerei betrachten.«

Übung
Andrei Rubljow – »Heilige Dreifaltigkeit« *(Bildmeditation, Bild Nr. 1)*
Ich warte, welche im Bild anschaubare Wirklichkeit mich besonders »anspricht«, und atme diese Wirklichkeit schauend in mich hinein – verweile schauend und atmend, um mich mehr und mehr durchdringen zu lassen ...

4. Schauend mich in das Geschehen einbeziehen lassen

Hinführung
Wahre Meditation geschieht niemals »objektiv«. Ich kann nicht gewissermaßen als Zuschauer meinem eigenen Meditieren zusehen, sondern Meditation beginnt erst dort, wo ich selbst »betroffen«, »berührt« und damit selbst »ins Bild gekommen« bin.

Das gilt für jede Meditation. Bei solch einer Bildmeditation kann ich bewußt üben, mich in das Bild einbeziehen zu lassen, damit ich es dann auch bei anderen Stoffen (z. B. bei biblischen Erzählungen) an mir geschehen lassen kann.

Was ist damit gemeint, wenn ich sage: »mich einbeziehen lassen«? Es geht um ein passives Geschehen, das mir persönlich bewußt wurde, als ich vom selben Künstler die Ikone »Erzengel Michael« meditierte. Der Engel schaut sinnend nach unten, ich spürte, wie er innerlich die Menschen im Blick hat, denen er seine Botschaft bringen soll. Und mit einem Mal fühlte ich selbst mich von ihm angeschaut, ich spürte, wie sein Blick auf mir ruhte. Dabei verweilte ich.

Ich muß mir also meinen Platz im Bild geben lassen, muß erspüren, wo ich in diesem Bilde bin oder sein möchte, und werde dort verweilen. Bei manchen Bildern kann ich mich mit einer der dargestellten Personen identifizieren (»du bist der Mann«, s. S. 72), bei anderen Bildern werde ich meinen Platz zwischen, vor oder neben den dargestellten Personen finden.

Übung

Andrei Rubljow – »Heilige Dreifaltigkeit« *(Bildmeditation, Bild Nr. 1)*

Ich lasse mir meinen Platz in dem Bilde »zuweisen«, lasse mich einbeziehen ...

5. *Schauend mich anschauen und durchschauen lassen*

Hinführung

Um etwas ganz Einfaches geht es hier, was jedoch zugleich zum Schwersten im christlichen Dasein gehört: mich unter den Augen Gottes zu erleben – das Wissen auszuhalten, von ihm angeschaut zu werden. Das ist nur da möglich, wo ich diesen »Blick« (Symbolwort!) als einen Blick der Liebe und Güte spüre.

Wichtig ist, daß ich mir dessen bewußt bleibe, daß das Bild eine Wirklichkeit in sich trägt, daß ich mich nicht von dem Bild, sondern von dem lebendigen Herrn angeschaut weiß, der mir durch das Bild hindurch begegnet. So kann ich mich im Blick der drei »Personen« erleben, die bei ihrer »Beratung« mich »im Auge« haben. (Vergessen wir nicht, daß fast alle diese Bilder Symbolbilder sind! Im nächsten Abschnitt werden wir ausführlich darauf eingehen.)

Übung
Andrei Rubljow – »Heilige Dreifaltigkeit« *(Bildmeditation, Bild Nr. 1)*
Ich schaue und lasse mich anschauen – nichts anderes ...

Variante
Andrei Rubljow – »Der Erlöser« *(Bildmeditation, Bild Nr. 2)*
Ich schaue – und lasse mich anschauen ... Ich weiche dem Blick nicht aus, halte ihm stand ... Ich halte der Wirklichkeit stand, die sich hier kundtut: »Du, Gott, siehst mich« ... Ich horche dabei in mich hinein: Welche Gefühle löst dieses Schauen und Angeschautwerden in mir aus? ... Wie empfinde ich mich unter diesen Augen?. .. Ändert sich mein Empfinden im Verlauf der Meditation? ... Kann ich vor diesen Augen beten? ...

6. Schauend das Unfaßbare berühren

Hinführung
Was hier gemeint ist, läßt sich in Worten kaum ausdrücken. Auch das allerbeste Bild kann nur ein ganz schwacher Hinweis sein auf etwas, was im Geheimnis Gottes jenseits jedes Bildes beheimatet ist. Und dennoch sagt der ostkirchliche Christ, daß die Ikone für ihn wie ein »Korridor« ist, der uns den Zugang zu diesem Unzugänglichen gewährt.

Übung
Andrei Rubljow – »Heilige Dreifaltigkeit« *(Bildmeditation, Bild Nr. 1)*
Ich versuche, im Schauen auf dieses Bild durch dieses Bild »hindurchzubrechen«, wie Meister Eckehart sagt, und mich der Wirklichkeit auszusetzen, die dieses Bild – darauf hinweisend – gegenwärtig setzt ...

Hier kann Meditation zum Gebet werden, zum Gebet ohne Worte, zur Anbetung des unergründlichen Geheimnisses Gottes ...

7. Schauend vor dem Geheimnis verweilen

Noch einmal kann ich mich – bereichert durch das Erleben dieser ganzen Woche – der Dreifaltigkeits-Ikone aussetzen und einfach warten, was das Bild mit mir macht...

Oder ich wiederhole und vertiefe eine Übung der Woche, die mich besonders »bewegt« (etwas in Bewegung gebracht) hat...

Anliegen der dritten Übungswoche: Dem Du Gottes neu begegnen im betenden Umgang mit dem Wort der Bibel

Überblick:

Einführung in die dritte Übungswoche

1. *Vom Sinn des Symbolbildes*
2. *Vom Wesen des geistlichen Symbols*
3. *Von der Wichtigkeit der Symbolfähigkeit im Umgang mit der Bibel*

Übungsangebot für die dritte Übungswoche

1. *In der Bibel Gott begegnen, der mich anspricht*
2. *In der Bibel Gott begegnen, der auf meine Antwort wartet*
3. *In der Bibel Gott begegnen, der sich ausspricht*
4. *In der Bibel Gott begegnen, der mich mit seinem Wort durchdringen will*
5. *In der Bibel Gott begegnen, dessen Wort in Jesus Christus Fleisch wurde*
6. *In der Bibel Gott begegnen, der mich zu seinem Wort für diese Welt machen will*
7. *In der Bibel dem Du Gottes begegnen*

Einführung in die dritte Übungswoche

Geistliches Leben des Christen wird gespeist vom Wort Gottes in der Schrift. Darüber sind sich Christen aller Zeiten und aller Glaubensrichtungen einig. Doch kann mir das Wort der Bibel nur dann zur Nahrung meines inneren Menschen werden, wenn ich es aufnehme als das *»Wort Gottes«*, das mich persönlich *anspricht*, das meine *Antwort erwartet* und durch das Gott *sich* wirklich und wahrhaft *ausspricht*. Wir leben als Christen von der Offenbarung Gottes, die sich in der Bibel im menschlichen Wort festgelegt hat.

Generationen von Christen wußten das mit einer Selbstverständlichkeit, die keiner Erklärung und keiner Übung bedurfte. Denken wir nur an die Zeit der alten Mönche oder an den Siegeszug der Bibel in der Reformationszeit. Das hat sich in den letzten Jahrzehnten grundlegend geändert. Da stand die notwendige Begegnung der Wissenschaft mit den Schriften des Alten und Neuen Testaments so im Vordergrund des Interesses, daß darüber vielen Christen die innere Fähigkeit verlorenging, in diesen Schriften das Wort Gottes an sich persönlich zu vernehmen. Das ist eine Not, der wir allenthalben begegnen, nicht nur bei Theologen. Oft wird sie nicht einmal mehr als Not empfunden, weil viele Menschen gar nicht mehr wissen, was ihnen damit eigentlich verlorenging. Manche Kreise innerhalb der Kirche helfen sich, indem sie sich großzügig über alle exegetisch-wissenschaftlichen Erkenntnisse hinwegsetzen. Haben sie doch oft genug erfahren, wie schnell eine als ganz sicher dargestellte Erkenntnis schon nach wenigen Jahren als überholt galt. Anderen verbietet jedoch eine innere Wahrhaftigkeit, diesen vereinfachten Weg in solcher Weise zu gehen. Das ruft die Frage hervor: *Wie können* auch diese *Christen durch die von Menschen geschriebenen Schriften der Bibel noch das persönliche Wort Gottes vernehmen?*

Eine zweite Frage ergibt sich aus dem, was wir bisher getan haben: In der ersten Woche suchten wir nach Möglichkeiten, unsere Empfangsfähigkeit zu vertiefen, um der Welt wieder als Empfangende begegnen zu können. In der zweiten Woche übten wir das Innehalten und Verweilen neu ein, um uns von innen her prägen zu lassen. Was aber will ich empfangen? Wovon will ich mich in dieser intensiven Weise prägen lassen? Das darf ich keinesfalls dem Zufall überlassen. Als reifer Mensch bin ich selbst dafür verantwortlich, daß ich mich nicht mit Zufälligem und Unwichtigem begnüge, sondern mich bewußt auf das Wesentliche ausrichte. »Das Wesentliche« ist ein Wort, das die Mystiker – das sind die großen Liebenden im Reiche Gottes – immer wieder gebrauchen:

„Mensch, werde wesentlich;
denn wenn die Welt vergeht,
so fällt der Zufall fort,
das Wesen, das besteht.« (Angelus Silesius)[25]

Wie aber *finde ich zu dem Wesentlichen?*

Vielleicht kann uns auf diese beiden wichtigen Fragen eine Antwort gegeben werden durch das, was wir schon mehrmals erwähnten, was aber nun grundlegend in den Blick kommen muß: Ich meine das symbolische Denken, das sich vom wissenschaftlichen unterscheidet. Jedes hat seinen eigenen Wert und auch seinen eigenen Platz im Leben.

1. Vom Sinn des Symbolbildes

Nach ersten Stille- und Entspannungsübungen beginnen wir unsere Meditationskurse meistens mit irgendeiner Form der Symbolmeditation. Dabei ist *»Symbol«* alles, was als sinnenhaft erlebbare Wirklichkeit auf eine entsprechende geistige Ebene übertragen werden kann. Dinge, Tätigkeiten, Eigenschaften, Situationen können auf diese Weise zu Symbolen werden: »Weg«, »Schwert«, »säen«, »Kontakt herstellen«, »bitter«, »weich«, »vor einer Weiche stehen«, »eine Brücke bauen« – das sind Beispiele solcher ins Symbolbild gefaßten typischen, wesentlichen Grunderfahrungen des Menschen, die man fast unendlich weiterführen könnte. Und umgekehrt ist alles Erlebbare auf solch ein wesentliches Grundelement zurückzuführen. Ein Beispiel: Als wir in einer kleinen Meditationsgruppe über diese Dinge sprachen, sagte eine Frau, die ein Molkereigeschäft leitet: »Das Symbol meines Berufes wäre dann also der ›Händler‹. Genau so war es gemeint.

Es ist das »Symbol« in diesem weiten Sinne, das uns immer wieder zum Wesentlichen zurückführt. Wer im Zufällig-Einzelnen das wesentliche Grundelement, die symbolische Grundform erkennt, für den bekommt alles Sein eine neue Tiefe und überhaupt eine neue Dimension. Denn alles, was symbolisch, was wesentlich ist, ist auch übertragbar auf andere Bereiche des Lebens. Doch nur dem Verweilenden erschließt sich das Geheimnis des Symbols. Wo ich meditierend vor einem Symbol verweile, dort beginnt das Entsprechende in mir mitzuschwingen, wie die A-Saite einer Violine mitschwingt, wenn eine schwingende Stimmgabel auf ihren Klangkörper aufgesetzt wird.

In ähnlicher Weise kann jedes echte Symbol etwas zum Mitschwingen bringen

- im Inneren meines Herzens,
- im Erleben meiner zwischenmenschlichen Beziehungen,
- im Schauen auf das Geheimnis Gottes.

Verdeutlichen wir das Gemeinte am Symbol des Schlüssels: Im Meditieren dieses Symbols kann mir vielleicht bewußt werden,

- wie »verschlossen« mein Herz oft ist (menschliche Ebene),
- wie »aufgeschlossen« gestern mein Mitarbeiter war (soziale Ebene),
- daß Gott seine Geheimnisse manchem Menschen »erschließt« (geistliche Ebene).

Die Übertragungsmöglichkeiten sind nicht festgelegt. Dadurch birgt jede Symbolmeditation eine unerschöpfliche Fülle von Chancen neuer Erkenntnisse in sich.

Das gilt nun nicht nur von natürlichen Symbolen, sondern ebenso, ja in noch tieferem Maße, von den vielgestaltigen Symbolbildern der Bibel: Im meditierenden Verweilen vor den Bildern der Schrift warte ich, wo in mir etwas mitzuschwingen beginnt.

So enthüllt mir fast jeder Abschnitt der Bibel etwas von mir selbst, kann mich auf eine mitmenschliche Situation »ansprechen« und läßt mich ein kleines Stück Offenbarung Gottes erleben. Das alles geschieht aber nur, wenn ich mit dem Herzen zu hören vermag und wenn ich lange genug verweile. Deshalb mußten die Übungen der ersten beiden Wochen vorausgehen.

2. Vom Wesen des geistlichen Symbols

Wenn in unserer Zeit unter verschiedenartigsten Theologen ein neues Nachdenken über die entscheidende Funktion der Symbolbilder erwacht ist, so wird damit wieder eine alte christliche Tradition aufgenommen, die über Augustin zurückreicht. Sie weiß darum, daß der Mensch immer auf die Symbolsprache angewiesen ist, wenn er von religiösen Wirklichkeiten spricht. Das ist in der ganzen Menschheitsgeschichte nachweisbar. Für uns am deutlichsten zeigt es die Bibel. Sie spricht von Anfang bis Ende in Bildern und Symbolen, nicht nur deshalb, weil im damaligen Palästina die Menschen bildhafter dachten und sprachen als wir heute in Europa, sondern deshalb, weil *die Symbolsprache die einzig angemessene Aussagemöglichkeit für geistliche Wahrheiten* ist.

Symbolworte und Symbolbilder benutzen eine sinnenhaft erfahrbare Wirklichkeit, um damit auf etwas hinzuweisen, was sonst für unser menschliches Denken im wahren Sinne des Wortes »unbegreiflich« wäre.

Meistens registrieren wir kaum mehr, wieviel Worte in der biblischen Sprache Symbolbilder sind. Fast jedes wichtige Wort des Vaterunsers zum Beispiel ist in diesem Sinne Symbol: »Vater«, »Himmel«, »Name«, »Reich«, »Wille«, »Brot«, »Schuld«. Auch wenn Jesus vom »Reich Gottes« spricht, tut er es nicht anders als in Gleichnissen und Metaphern: in Symbolbildern, weil davon anders zu reden letztlich gar nicht möglich ist.

Damit aber wird die *Symbolfähigkeit des Menschen* zur wichtigen Voraussetzung, die Bibel in dem Sinne zu verstehen, wie sie ursprünglich gemeint war. Wie jedoch werde ich als rational gespräger Mensch des zwanzigsten Jahrhunderts wieder symbolfähig? Wie gehe ich um mit der Symbolsprache der Bibel?

Die Antwort ist eigentlich sehr einfach: Wie sich eine Mathematikaufgabe dem Denken erschließt, so erschließt sich ein Symbol dem Meditieren. Die Meditation ist die angemessene Form des Umgangs mit dem Symbol. Das braucht nicht einmal durch bewußte Meditationsübungen zu geschehen. Das Symbol spricht beim unverbildeten Menschen die meditative Schicht seines Wesens an und bringt sie zum Klingen. So schließt sich der Kreis: Was im geistlichen Leben an Erfahrungen wächst, verdichtet sich im Symbolbild. So kann es weitergegeben werden. Aber nur derjenige, der es meditativ aufnimmt, versteht, was gemeint ist.

Dabei sind es *fünf wesentliche Aspekte, die ein echtes geistliches Symbol kennzeichnen*[26]:

Erstens – ein geistliches Symbol *erschließt im Meditierenden Dimensionen* seines Wesens, die sich dadurch für die Erfüllung durch Gott öffnen.

Zweitens – ein geistliches Symbol *hat wahren und echten Anteil* an dem, worauf es symbolisch hinweist, und vermittelt dem, der sich meditierend darauf einläßt, Anteil an dieser Wirklichkeit.

Drittens – ein geistliches Symbol *weist weit über sich selbst hinaus*: Die Wirklichkeit, auf die es zeichenhaft hinweist, übersteigt jedes Symbol unendlich.

Viertens – jedes Symbol steht in der *Gefahr, zum dämonischen Zerrbild zu werden*, wo man es seines Hinweischarakters entkleidet und absolut setzt.

Fünftens – die geistliche Wirklichkeit dagegen ist immer in *Gefahr, zum abstrakten Prinzip zu verblassen*, wo der Mensch meint, ohne Symbolbilder auskommen zu können.

Lassen Sie mich diese Aspekte – auf die wir im Verlauf unseres Kursangebotes immer wieder treffen werden – an einer Geschichte des Neuen Testaments verdeutlichen. In der Geschichte von der wunderbaren Brotvermehrung nach Johannes 6 finden wir alle Aspekte eines geistlichen Symbols wieder – das ganze Kapitel umkreist meditierend diese Wundererzählung.

Erstens:

Ein geistliches Symbol erschließt im Meditierenden Dimensionen, die ihn für die Fülle Gottes öffnen. Eine archetypische menschliche Symbolsituation wird hier angesprochen: der menschliche Hunger. Wonach hungert der Mensch? Wonach hungere ich ganz besonders? Wenn ich diesen Begriff meditiere, dann erlebe ich, wie er die verschiedensten Bereiche menschlichen Lebens durchleuchtet. Was braucht der Mensch alles, um wahrhaft menschlich leben zu können, wie groß ist heute der »Hunger« vieler Menschen, ja der Menschheit überhaupt – bei weitem nicht nur nach Brot! Je tiefer ich in solcher Meditation meinen eigenen »Hunger«, meine eigene tiefste Sehnsucht zugelassen und vor Gott offen hingelegt habe, desto tiefer werde ich für seine Verheißung empfänglich sein: »Ich bin das Brot des Lebens« (Vers 35).

Zweitens:

Ein geistliches Symbol hat und vermittelt wahren Anteil an dem, worauf es hinweist. Im Schauen auf Jesus kann ich die im Wort wahre und wirkliche »Realpräsenz« in mich aufnehmen: »Ich bin das Brot des Lebens. Wer an mich glaubt, der hat das ewige Leben« (Vers 48; 47).

Drittens:

Ein geistliches Symbol weist weit über sich hinaus, es bleibt zeichenhafter Hinweis auf etwas, das es unendlich übersteigt: Daß dieses »Brot« weit mehr ist als leibliche Nahrung, darum kreist das Meditieren dieses ganzen Kapitels. Das wird hier auf drei Ebenen deutlich:

- Auf der ersten Ebene hat Jesus das *»prophetische Symbol«* des alttestamentlichen Manna-Wunders in der Wüste im Blick: Das »Brot vom Himmel«, das »Manna in der Wüste« war das heilsgeschichtliche »Vor-Bild«, das schon auf seine Erfüllung durch Jesus als wahres »Brot des Lebens« hinweist. Solche alttestamentlichen »prophetischen Symbole« malen uns heilsgeschichtliche Botschaften oft in einer unüberbietbar anschaulichen und damit »begreifbaren« Weise vor Augen und helfen zum tieferen »Erfahren« dessen, was gemeint ist (V. 31; 32).
- Auf der zweiten Ebene hat Jesus das *»sakramentale Symbol«* des eucharistischen Brotes vor Augen. Darin sieht er die ganze Erfüllung und zugleich Überschreitung des Brotsymbols. Hier

ist beides vereint: der wahre Anteil, der im Symbol enthalten ist und vermittelt wird, und die Wirklichkeit, die gleichzeitig jedes sinnenhafte Zeichen weit übersteigt.

- Auf der dritten Ebene wird schließlich im *»eschatologischen Symbol«* selbst diese – immer noch sinnenhaft-leiblich erfahrbare – Erfüllung noch einmal weit überschritten: »Wer von diesem Brot ißt, der wird leben in Ewigkeit« (V. 51). Diese letzte, endzeitliche Erfüllung ist nicht mehr sinnenhaft greifbar. Das Tiefste, worauf das Symbol hinweist, steht noch immer aus. Das Bild vom »himmlischen Hochzeitsmahl« ist nur noch Zeichen für etwas, von dem wir nicht anders reden können als im Symbol.

Bemerkung: Wir erleben hier die große Linie der Heilsgeschichte Gottes, der durch die Jahrhunderte seinen Weg mit seinem Volk geht. Da ist tiefe Einheit, Kontinuität. Und doch wird das gleiche auf immer neuer Ebene, in einer immer wieder neuen, das Alte qualitativ zurücklassenden Weise angeboten. Diese Kontinuität der Heilsgeschichte, die sich immer zwischen dem »Alten«, dem »Neuen« in Christus und dem noch ausstehenden gänzlich »Neuen« der letzten Erfüllung bei Gott abspielt, bestimmt das ganze biblische Denken in einer oft übersehenen Weise[27].

Viertens:

Ein Symbol kann zum dämonischen Zerrbild werden, wo man es seines Hinweischarakters entkleidet und absolut setzt. Hier liegt die Wurzel alles dessen, was man in der Bibel als »Abgötterei« geißelt. Die Menschen waren gesättigt und wollten Jesus zum Brotkönig machen. Aber davor weicht er weit zurück. »Der Mensch lebt nicht vom Brot allein, sondern von einem jeden Wort, das aus dem Mund Gottes geht« (Mt 4,4).

Fünftens:

Damit die geistliche Wirklichkeit, die Fülle, die Gott uns Menschen anbietet, nicht zum abstrakten Prinzip verblaßt, setzt Jesus das sakramentale Zeichen des Brotes der Eucharistie ein – und tut dies mit Worten, die Ärgernis erregen müssen: »Wenn ihr das

Fleisch des Menschensohnes nicht eßt (wörtlich übersetzt: zerkaut) und sein Blut nicht trinkt, habt ihr das Leben nicht in euch«, heißt es in Vers 53.

Geistlichen Symbolen in dem Sinne, wie wir sie hier in den Blick bekommen haben, werden wir im Verlauf unseres Kurses immer neu begegnen. Deshalb war diese ausführliche Einführung in das Wesen eines geistlichen Symbols an dieser Stelle wichtig.

3. Von der Wichtigkeit der Symbolfähigkeit im Umgang mit der Bibel

- Nicht jede Geschichte der Bibel, nicht jedes biblische Symbolbild wird uns alle möglichen Dimensionen eines geistlichen Symbols in gleicher Weise sichtbar machen, wie es in der Erzählung von der Brotvermehrung geschieht. Hier wird der Akzent mehr auf einer, dort auf einer anderen Seite liegen. Das wird aber nicht nur von dem betreffenden biblischen Stoff abhängen, sondern ebenso von meiner konkreten Lebenssituation. Da kann mir heute beim Meditieren einer biblischen Geschichte das Geschenk der Zuwendung Gottes tief bewußt werden, während dieser gleiche Text vielleicht schon kurze Zeit später eine innere Glaubensnot ans Licht ruft, die mir vorher nicht deutlich bewußt war. Das ist ja gerade das Geheimnis des Symbols, daß es in jedem Meditierenden das bewirkt, was für ihn im Augenblick wichtig und wesentlich ist. Deshalb kommt der Christ mit der Bibel nie an ein Ende, auch wenn er sich den gleichen Texten immer neu meditierend aussetzt.
- Weiter: Wer sich auf die symbolische Denkweise der biblischen Bücher einläßt, wird eine neue innere Einstellung der wissenschaftlichen Exegese gegenüber gewinnen.

  Die Frage nach den historisch sicher geklärten Sachverhalten darf und soll von den Wissenschaftlern gestellt und so beantwortet werden, wie es dem jeweiligen Stand der Forschung entspricht. Wo ich aber eine biblische Erzählung in ihrer symbolischen Aussage meditiere – in dem, was sie mir persönlich über das Geheimnis der Heilsgeschichte Gottes mit den Menschen zu sagen hat –, da kann ich das sowohl mit der inneren Voraussetzung tun, daß ich das Berichtete als historisch sichere Wahrheit annehme, als auch mit der Voraussetzung, hier habe das Glaubensbewußtsein der ersten Christenheit eine bildhafte Form gefunden, in der sie ihre Erfahrungen mit der Wirklichkeit Gottes begreifbar machen wollte.

– Schließlich ist es wichtig, daß ich mich der Bibel nicht nur mit meinem Verstand, sondern mit meinen meditativen Schichten öffne, die durch die Symbole angerührt werden. So spricht mich das Wort Gottes nicht nur im »Kopf« an, sondern es berührt die tiefen Bereiche meines Seins, die Bereiche, die in der Bibel schlicht mit dem Wort »Herz« bezeichnet werden: »Maria aber behielt alle diese Worte und bewegte sie in ihrem Herzen«, übersetzt Luther Lukas 2,19, während die »Gute Nachricht« so übersetzt: »Maria aber merkte es sich genau und dachte immer wieder darüber nach.« Hier begegnen uns verschiedene Welten!

Versuchen wir, das Wort der Schrift in unserem Herzen zu bewegen.

In dieser dritten Übungswoche, in der wir auch »das Baumaterial zurüsten und das Fundament ausschachten«, wollen wir verschiedene Möglichkeiten, das Wort der Schrift zu meditieren und zum Gebet werden zu lassen, wieder an einer einzigen Geschichte des Evangeliums einüben: der Blindenheilung des Bartimäus in Jericho.

Übungsangebot für die dritte Übungswoche

1. In der Bibel Gott begegnen, der mich anspricht

Hinführung

Immer ist das in der Heilsgeschichte Gottes mit seinem Volk und dem einzelnen Menschen der Beginn: daß da ein »Wort Gottes« (Symbolbegriff beachten!) einen Menschen trifft – und daß damit die Heilsgeschichte dieses Lebens beginnt. An diejenigen, die Gott in besonderer Weise für eine bestimmte Aufgabe beruft, ergeht solch ein Wort oft unmittelbar, unüberhörbar. Meistens jedoch trifft dieses Wort den Menschen verhüllt, vermittelt durch menschliches Wort, menschliche Tat oder irgendein besonderes Geschehen im Leben.

Solch ein Wort stellt den Menschen immer vor eine Entscheidung – er kann sich ihm öffnen oder auch verschließen. Wer aber zugestimmt hat, wird erfahren, wie ihn dieses »Wort« durch sein Leben weiter begleitet. Am spürbarsten geschieht dies dort, wo ein Mensch diesem Wort reichlich Gelegenheit bietet, an ihm zu wirken, indem er sich ihm täglich aussetzt im regelmäßigen Hören, Lesen oder Meditieren der biblischen Botschaft, durch die Gott seit mehreren tausend Jahren Menschen immer neu anspricht.

Als der Prophet Natan dem König David die Gleichnisgeschichte vom reichen Mann mit seinen hundert und von dem armen Mann mit seinem einen Schaf erzählt, sagt er dem König das lapidare Wort: *»Du bist der Mann«* (2Sam 12,7). Und David vermag sofort diese Geschichte in sein Leben zu übertragen. Er weiß, was gemeint ist. Um dieses Übertragen-Können geht es, wenn mir die Bibel wieder zum Wort Gottes für mich und mein Leben werden soll.

In fast jedem Abschnitt der Bibel geht es um wesentliche, »typische« Grunderfahrungen, die Menschen mit dem lebendigen Gott machen. Diese symbolischen Grunderfahrungen muß ich herausfinden, um sie auf mein Leben übertragen zu können. In dieser Weise spricht Gott mich heute durch das Wort der Schrift an. So stellt uns die Bibel zum Beispiel eine Reihe von Symbolgestalten vor Augen. Jede dieser Gestalten symbolisiert eine bestimmte Lebensweise so anschaulich, daß sie, weit über den Raum des biblischen Denkens hinaus, als Symbolfiguren in unsere Sprache eingegangen sind. Denken wir an Ausdrücke wie »Hiobspost« oder »Judaslohn«. Irgend etwas Entsprechendes klingt in unserer Vorstellung mit, wenn wir solche Symbolgestalten meditieren, wenn wir sie anschauen und uns so lange in sie hineinversetzen, bis wir die Stelle in uns entdecken, wo sie einen verborgenen Winkel unserer Seele ansprechen, aufdecken, zum Mitschwingen bringen. Wer von uns hat nicht in sich ein Stücklein eines verborgenen »Pharisäers« – wer erkennt sich nicht in seiner »Marta«-Gestalt? So kann ich mich in fast jedem Menschen wiederfinden, von dem die Bibel erzählt. Allerdings muß ich dazu das, was mir an einer konkreten Gestalt begegnet, auf mein Leben übertragen. Kann ich mich aber auch in einem Aussätzigen wiederfinden? Gewiß, wenn ich mich im Blick auf ihn dort angesprochen fühle, wo ich »unrein« bin, wo ich etwas Ungutes in mir weiß, durch das ich andere Menschen »anstecken« könnte, wo ich mich aus der Gemeinschaft anderer Menschen »ausgestoßen« erlebe ... Je länger ich mich meditierend in die Gestalt des Aussätzigen einfühle, desto mehr entdecke ich in meinem Dasein, was seiner Not in meinem Leben entspricht. So wird er mir zur Symbolgestalt.

Aber noch eine andere Möglichkeit bietet mir die gleiche Erzählung an: Ich kann mich persönlich angesprochen wissen durch das, was Jesus selbst tut, als er dem Aussätzigen begegnet. Nachfolge Jesu meint doch: schauen, was er tut, wie er redet, wie er lebt – um mich dadurch von Gott selbst ansprechen zu lassen: So habe ich den Menschen ursprünglich gemeint, als ich ihn geschaffen habe »zu meinem Bilde«, so habe ich auch dich gemeint. Und dann kann ich fragen, wo mir die »Aussätzigen« unserer heutigen Zeit und Gesellschaft begegnen und wie ich ihnen gegenüber denke und handle.

Diese ausführliche Hinführung zur ersten Übung dieser Woche mag für manchen nichts Neues sagen. Dennoch konnte nach meiner Erfahrung nicht auf sie verzichtet werden, weil es gerade bei dieser Übung um die entscheidende Grundlage allen biblischen Meditierens geht: Wenn es mir nicht gelingt, das Wort der Bibel als das mich ansprechende Wort Gottes zu erfahren, über dem ich ins Gespräch mit Gott komme, ins persönliche Gebet, dann fehlt allem weiterem, was wir tun wollen, die grundlegende Voraussetzung.

So soll jeder in dieser ersten Übung versuchen, sich durch die biblische Geschichte der Blindenheilung persönlich von Gott ansprechen zu lassen: »Du bist der Mann.« Diese Geschichte meint mich, Gott meint in dieser Geschichte mich – ich muß das Blindsein des Bartimäus symbolisch-gleichnishaft auf mich, auf mein »Blindsein«, auf meine Sehnsucht nach dem »Licht« übertragen.

Übung

Markus 10,46–52 *(Blindenheilung)*

Ich lese die Erzählung ganz langsam, Wort um Wort, und versuche, innerlich ganz dabeizusein, zu sehen, die Stimmen zu hören, mich in die Personen einzufühlen (vgl. S. 41f.) ... Als wen spricht Gott mich durch diese Geschichte an?

- In welcher Beziehung war oder bin ich oft »blind«? ...
- Wie bin ich bisher mit meiner »Blindheit« umgegangen? ...
- Wann habe ich es erlebt, daß mir plötzlich »die Augen aufgingen« oder daß es mir »wie Schuppen von den Augen fiel«? ...

Bemerkung: Wo bei den Übungen Anregungen zum Meditieren gegeben werden, sollen sie Hilfen sein. Besser ist es, wenn jemand solche Hilfen nicht braucht und seinen eigenen Weg findet.

2. In der Bibel Gott begegnen, der auf meine Antwort wartet

Hinführung

Auch das ist in der Geschichte Gottes mit den Menschen nicht zu übersehen: *Gottes Wort, wo immer es einen Menschen anspricht, erwartet eine echte, freie Antwort dieses Menschen.* Die Antwort kann im Wort des Glaubens bestehen (Maria, Lk 1,38); sie kann im Gehorsam gegenüber einem klaren Befehl geschehen (Abram, 1 Mose – Genesis 12,4); sie kann als eine unsichere Frage kommen (Samuel, 1Sam 3,4–10); ja, sie kann sogar zuerst einen starken Widerstand ausdrücken (Mose, 2 Mose – Exodus 4,1; Jeremia, Jer 9,6). Aber ebenso kann diese Antwort des Menschen ein einziges leidenschaftliches »Ja« sein wie bei Jesaja, der als Mensch in das Gespräch der himmlischen Scharen hineinruft: »Hier bin ich, sende mich!« (Jes 6,8) Doch wollen wir nicht nur die ganz großen Gestalten der Heilsgeschichte ins Auge fassen. An ihnen wird deutlich, wie Gott überhaupt mit dem Menschen umgeht, auch mit jedem einzelnen von uns: Immer ist er ein Gott, der – indem er mich anspricht – auf meine Antwort wartet. Und es soll meine ganz eigene Antwort sein.

Bleiben wir bei unserer Blindenheilung – und meditieren wir sie heute im Blick darauf, wie dieser Blinde antwortet auf das, was mit ihm geschieht.

Übung

Markus 10,46–52 *(Blindenheilung)*

Anregungen zum eigenen Meditieren:

- Ich höre das Rufen des Blinden, schon dieses Rufen ist Antwort auf Vorhergegangenes ... ich schaue auf mich ...
- Ich erlebe die Erfahrungen des Blinden mit seinen Mitmenschen, und wie er darauf antwortet ... ich schaue auf mich ...
- Der Blinde vernimmt den Ruf Jesu, und er antwortet darauf ... ich schaue auf mich ...
- Er vernimmt die Frage Jesu und antwortet ihr ... ich schaue auf mich ...
- Er erlebt das Tun Jesu und antwortet ... ich schaue auf mich ...

So verweile ich im Schauen auf diesen antwortenden Menschen, wartend auf das, was in mir aufwacht und mitschwingt als meine Antwort ...

3. In der Bibel Gott begegnen, der sich ausspricht

Hinführung

Es ist etwas anderes, ob ich jemandem etwas mitteile oder ihn etwas frage, oder ob ich mich einmal einem Menschen gegenüber wirklich »ausspreche«. Wo das geschieht, lasse ich ihn teilnehmen an einem Teil meines Wesens, das anderen Menschen verborgen ist. *Das Geheimnis des sich offenbarenden Gottes*, an den wir Christen glauben, ist es, daß er nicht nur spricht, sondern *daß er sich selbst »ausspricht«, »offenbart«,* daß er dem Menschen Einblick gewährt in das innerste Geheimnis seiner Liebe, in das »Herzgeheimnis« seines Wesens.

Nun wird es kaum einen Menschen geben, der seine innersten Geheimnisse in aller Öffentlichkeit preisgibt. Jeder wird sich einen vertrauten Menschen suchen und eine ruhige Stunde, wenn er sich aussprechen will. So ähnlich ist es auch bei Gott. Hier spüren wir die begrenzte Möglichkeit, mit menschlichen Worten etwas vom Geheimnis Gottes auszusagen. Sein Sich-Offenbaren, sein immer tieferes Einblick-Gewähren in das Geheimnis seiner Liebe bindet er an die Antwort des Menschen: Erst indem Abraham aufbricht und alle Sicherheiten zurückläßt, erst indem er sich Schritt um Schritt den Weg zeigen läßt, den Gott ihn führt, lernt er diesen seinen Gott wirklich und wahrhaft kennen; jetzt erst darf er ihm mehr und mehr ins Herz schauen. Das gleiche erlebt das Gottesvolk als Ganzes auf seiner Wüstenwanderung, als es die Fleischtöpfe Ägyptens hinter sich gelassen hat. Und ebenso erfahren es die Jünger, denen Jesus nicht erst sein Programm vorlegt, ehe er sie in die Nachfolge ruft. Sondern indem sie mit ihm gehen, Tag um Tag, indem sie ihr ganzes Leben zur Antwort auf seinen Ruf werden lassen, erkennen sie ihn Tag für Tag besser. Und dann erleben sie, daß sie in ihm und durch ihn dem Vater ins Herz schauen dürfen.

Offenbarung Gottes, sein Sich-Aussprechen, geschieht auch für uns nicht anders als auf diesem Wege, daß wir uns immer neu ansprechen lassen, daß wir unsere Antwort geben in Wort und Tat, in Glauben, Hoffnung und Liebe – und daß wir auf diesem Wege immer mehr erfahren, daß Gott auch uns in sein Herz hineinschauen läßt, so wie es ein jeder ertragen kann und wie Gott es für gut hält. Erst durch meine Antwort – wie sie auch aussehen mag – stelle ich, im Bilde gesprochen, den »Sender meines Lebens« auf die »Wellenlänge« Gottes ein. Aber wann und wie er sendet, das bleibt dennoch ganz seiner Freiheit überlassen.

Übung

Markus 10,46–52 *(Blindenheilung)*

Jesus sagt: »Wer mich sieht, der sieht den Vater!« (Joh 14,9)

Wieder lasse ich mich auf die gleiche Erzählung ein, indem ich heute ganz bewußt nur auf Jesus schaue. Genau und sorgfältig beachte ich jede Einzelheit seines Tuns, wie es die Geschichte berichtet. Und ich verweile bei den einzelnen Bildern, wie sie im Verlauf des Geschehens vor meine Augen treten, schaue auf Jesus und versuche, in ihm und durch ihn den Vater zu erkennen.

So verweile ich davor, wie sich Gott selbst durch Jesus Christus in dieser Situation seines Lebens im Geheimnis seiner Liebe ausspricht, offenbart ...

Schön wäre es, wenn diese Meditation in die Anbetung dieser Liebe einmünden könnte.

4. In der Bibel Gott begegnen, der mich mit seinem Wort durchdringen will

Hinführung

In Meditationskursen erleben wir häufig, wieviel leichter es vielen Teilnehmern fällt, ein naturales Symbol zu meditieren als einen biblischen Text. Vielleicht ist es oft die jahrelange Kenntnis, vielleicht ist es aber auch die Fülle des Stoffes, die das Eindringen in die Tiefe blockiert. Was ist dazu zu sagen?

- Wem der Text so bekannt ist, daß er ihn fast auswendig kann, der kann seine Blockade überwinden, indem er sich bewußtmacht, daß gerade das »Auswendig-Können« eine große Hilfe ist, *die Botschaft »inwendig« in sich aufzunehmen.* Wieder muß ich hier die verschiedenen Ebenen beachten: Erklärt mir jemand das Gesetz der Schwerkraft, dann kenne ich es und brauche es mir nicht wieder neu sagen zu lassen. Sagt mir dagegen ein Mensch, daß er mich liebhat, dann werde ich ihm kaum antworten: »Das weiß ich doch schon!« Wort Gottes ist Zuspruch, den ich immer neu brauche, auch wenn ich ihn verstandesmäßig »kenne«.
- Meditieren kann ich nur das, was einfach und wesentlich ist. Das heißt, es muß »typisch«, »symbolisch«, also wiederholbar und übertragbar sein. Deshalb ist eine wesentliche Voraussetzung für das Meditieren einer biblischen Erzählung, daß ich fähig bin, die Fülle des Stoffes *auf ihre wesentlichen sym-*

bolischen Grundelemente zu reduzieren. Gerade dadurch hat Andrei Rubljow mit seiner Dreifaltigkeits-Ikone ein so großes Kunstwerk und gleichzeitig dieses einzigartige Meditationsbild geschaffen, daß er die breit angelegte epische Erzählung des Alten Testaments auf so wenige, wesentliche Grundelemente beschränkte.

Die Übungsaufgabe des heutigen Tages baut sich auf der Übung des Wiederholungsgebetes auf. Nachdem Sie nun schon drei Tage von verschiedenen Ansätzen her die Geschichte der Blindenheilung des Bartimäus meditiert haben, sollten Sie heute einmal versuchen, aus dieser Erzählung einige ganz kurze, wesentliche Sätze zu formulieren, die sich als »Gesätze« für ein Wiederholungsgebet eignen (s. S. 43ff.). Dabei beachten Sie bitte folgendes:

- Die Formulierung solcher kurzen, ganz einfachen und wesentlichen Sätze hilft dazu, einen biblischen Text meditationsfähig zu machen.
- Die Formulierung der Sätze ist noch nicht Meditation; sie ist Frucht der Meditation und Vorarbeit für weitere Meditation.
- Die Sätze sollen so kurz und einfach wie möglich sein, ohne doch so allgemein zu bleiben, daß sie auf jeden anderen biblischen Text ebenso anwendbar sind.
- In jedem der Sätze sollte neben dem Wort »du« (dir, dich, o. ä.) das Wort »ich« (mir, mich, mein o. ä.) vorkommen, damit deutlich wird, daß es ein persönlicher Gebetssatz ist.
- Erfahrungsgemäß verändern und vereinfachen sich diese Sätze dann noch, wenn ich sie in der Form des Wiederholungsgebetes bete.

Übung

Markus 10,46–52 *(Blindenheilung)*

Gepriesen sei der Herr, der Sohn des lebendigen Gottes,

1. (der) du ...
2. (der) du ...
3. (der) du ...
4. (der) du ...
5. (der) du ...

Herr Jesus Christus, Erlöser der Welt, unser Heiland und Bruder, erbarme dich unser (meiner).

Bemerkung: In dieser Form läßt sich jede Geschichte der Evangelien als Gebet umformen. Von Kursteilnehmern wurde mir häufig bestätigt, wie wichtig ihnen gerade diese Übung für ihre tägliche biblische Meditation geworden sei. Erfahrungsgemäß ist dabei die schriftliche Formulierung solcher Sätze eine große Hilfe. Dazu kommt noch ein Weiteres: Wenn ich morgens den Text so vorbereitet habe, dann kann ich ihn im Laufe des Tages als Wiederholungsgebet zu verschiedenen Anlässen beten. Dadurch lasse ich von dem, was mir in der Gebetszeit aufgegangen ist oder was ich mir vorgenommen habe, mehr und mehr meinen ganzen Tag durchdringen. Wir kennen es ja alle, wie schnell wir oft im Laufe eines Tages wieder vergessen, was uns beim Beten wichtig geworden ist. Die zarten Keime des aufgehenden Samens werden nur allzu schnell von den Dornen des Alltags überwuchert (Mt 13,7).

5. In der Bibel Gott begegnen, dessen Wort in Jesus Christus Fleisch wurde

Hinführung

Wenn alle Dinge von Gott sprechen können, wenn die Bibel dieses Sprechen in einzigartiger Weise verdichtet – dann verdichtet sich auch die Verkündigung der Bibel noch einmal in Jesus Christus. Alles, was wir vom geistlichen Symbol sagten, erscheint in Jesus Christus nicht nur in besonders verdichteter Weise, sondern in einer neuen Qualität (s. S. 68f.); denn Jesus bringt uns nicht nur das Wort des Vaters, sondern er wird selbst als dieses »lebendige, fleischgewordene Wort« des Vaters bezeichnet (Joh 1,1ff.). Ihn anschauen, ihn meditieren ist die Mitte christlicher Meditation, damit sich sein Bild in uns ein- und ausprägt (s. S. 49f.). Ihn liebend anschauen, damit wir mehr und mehr von innen her in sein Bild verwandelt werden (Röm 8,29), das ist Ursprung, Mitte und Ziel christlichen Meditierens. Jesus bringt dem Blinden und auch uns nicht nur das Licht; er selbst ist das Licht, das er schenkt.

Übung

Johannes 8,12 *(»Ich bin das Licht der Welt«)*

Anregungen zur Meditation dieses Wortes:

- Ich meditiere das Symbol »Licht« (als *Symbolmeditation*, vielleicht vor einer brennenden Kerze) – wartend, was mir dazu einfällt (vgl. das zu den Symbolen Gesagte [S. 64ff.] und die Hinweise zur Symbolmeditation am Ende dieser Übung) . . .
- Ich meditiere unter diesen Blickpunkten das Leben Jesu. Wo wurde es sichtbar, daß er »Licht der Welt« ist? . . .
- Ich stelle alles, was mir eingefallen ist, vor den »Hintergrund«, den das prophetische Symbol des Alten Testaments anbietet: »Und Gott sprach: Es werde Licht! Und es ward Licht. Und Gott sah, daß das Licht gut war. Da schied Gott das Licht von der Finsternis« (1 Mose – Genesis 1,3–4) . . .
- Ich lasse meinen inneren Blick mitnehmen in die prophetische Schau des Sehers der Offenbarung, der in Symbolzeichen versucht, uns etwas von der Ewigkeit Gottes aufzuzeigen: »Und die Stadt (das himmlische Jerusalem) bedarf keiner Sonne noch des Mondes, daß sie ihr scheinen; denn die Herrlichkeit Gottes erleuchtet sie, und ihre Leuchte ist das Lamm. Und die Völker werden wandeln in ihrem Licht . . . denn da wird keine Nacht sein (Offb 21,23–25) . . .
- Ich stelle mich selbst in dieses Licht und verweile darin . . .

Hinweise zur Symbolmeditation:

Ich schaue das Symbol (äußerlich oder in der Vorstellung) verweilend an, bis es sich in einer oder mehreren seiner wesentlichen Grundaussagen enthüllt – und warte, was unter diesem Symbolbild in mir mitzuschwingen beginnt – im Blick auf mein eigenes Dasein – im Blick auf meine mitmenschlichen Beziehungen – im Blick auf das Geheimnis Gottes.

6. *In der Bibel Gott begegnen, der mich zu seinem Wort für diese Welt machen will*

Hinführung

Es bleibt nicht dabei, daß Jesus von sich sagt: »Ich bin das Licht der Welt.« Er fährt fort: »Wer mir nachfolgt, der wird nicht wandeln in der Finsternis, sondern wird das Licht des Lebens haben.« Und er geht sogar noch weiter, wenn er sagt: »Ihr seid das Licht der Welt« (Mt 5,14).

Um zu erfahren, was das bedeuten kann, machten wir uns mit einer kleinen Gruppe auf den Weg – jeder mit einer brennenden Kerze in der Hand: aus dem Gemeindesaal durch das Treppenhaus, danach durch die Kirche, ein Stück im Freien – und dann zurück in den Saal. Nur einer einzigen Teilnehmerin gelang es, ihr Licht während des ganzen Weges brennend zu bewahren, alle anderen mußten immer wieder einmal ihre Kerze an der eines anderen neu entzünden. Danach trugen wir unsere Beobachtungen zusammen:

- Alle Kerzen bekamen ihr Licht von einer Kerze.
- Trete ich aus dem geschützten Raum heraus, ist mein Licht in Gefahr ...
- Nur wenn ein anderer sein Licht besser als ich behüten konnte, kann ich meines wieder daran anzünden ...
- Wenn ich beim Heraustreten aus dem Raum der Kirche nicht mein Verhalten umstelle, geht mein Licht unweigerlich aus ...
- Um das Licht zu schützen, muß ich langsam gehen ...
- Oft muß ich mit meiner Person die Flamme decken, um sie zu schützen ...
- Manchmal ist die Flamme so klein, daß ich denke, sie sei schon erloschen, während sie doch noch brennt ...
- Besonders gefährdet ist mein Licht, wenn ich es am ungeschützten Ort anderen weitergebe, deren Licht erloschen ist ...
- Wenn ich mein Licht mit anderen gemeinsam trage, kümmert mich weniger, was die Menschen denken, als wenn ich allein gehe ...
- Daß mein Verhalten anderen Menschen verrückt vorkommt, vergesse ich, wenn ich nur auf die Flamme achte ... .

– Es ist gut, von draußen wieder in den geschützten Raum der Kirche eintreten zu dürfen . . .

Übung

Matthäus 5,14 *(»Ihr seid das Licht der Welt«)*

Ich meditiere unter den genannten Gesichtspunkten dieses Wort Jesu für mein Leben.

Achtung: Weniger ist mehr als viel – bitte nicht versuchen, alles zu schaffen!

7. In der Bibel dem Du Gottes begegnen

Ich wiederhole und vertiefe, was in dieser Woche am meisten in mir zum »Mitschwingen« gebracht, was mich am tiefsten »angerührt« und »betroffen« hat.

ZWEITER HAUPTTEIL

»Bau und Vertiefung des Fundaments« – Mich durchdringen lassen von der Liebe Gottes, die mein Leben umgreift

Überblick:
Einführung in den zweiten Hauptteil
1. Vom Sinn des Fundaments
2. Von den Erfahrungsmöglichkeiten auf dieser Wegstrecke
3. Vom Umgang mit der Fülle des Stoffangebots
Übungsangebot für den zweiten Hauptteil
Anliegen der vierten Übungswoche:
Mich öffnen für die Liebe Gottes, die mich anspricht
Anliegen der fünften Übungswoche:
Mich öffnen für die Liebe Gottes, die sich ausspricht
Anliegen der sechsten Übungswoche:
Mich öffnen für die Liebe Gottes, die auf meine Antwort wartet

EINFÜHRUNG IN DEN ZWEITEN HAUPTTEIL

1. Vom Sinn des Fundaments

Wenn wir uns im ersten Hauptteil auf grundlegende Einführungen und fundamentale Meditationsübungen einlassen mußten, so waren das »Vorarbeiten«. Die ignatianischen Exerzitien beginnen an dieser Stelle mit dem »Prinzip und Fundament«[1]. Auf solche Einführungen können wir in unserer heutigen Situation kaum verzichten, wenn das weitere – die eigentliche Dynamik eines geistlichen Lebensweges – nicht an der Oberfläche bleiben soll. Wer sich auf herkömmliche Einzelexerzitien einläßt, der bekommt wichtige Hilfen durch seinen Begleiter, durch die Gesamtatmosphäre eines Exerzitienhauses und vielleicht auch durch eine kleine Gruppe, die sich gemeinsam auf diesen Weg einläßt und den einzelnen trägt. Wer sich allein auf den Weg begibt, muß sein »Werkzeug« und sein »Baumaterial« jederzeit selbst bereit haben, mit dem er das Fundament füllen und den weiteren Bau ausführen kann. Das Anliegen dieses Hauptteils wird die »inhaltliche Füllung des Fundaments« sein.

Deshalb nahm die Hinführung solch einen breiten Raum ein. Je höher ein Haus gebaut werden soll, desto tragfähiger muß das Fundament sein. Im weiteren Verlauf dieses Kurses wird immer wieder auf das hingewiesen werden, was im ersten Hauptteil grundlegend gesagt und geübt worden ist.

Seit Jahren empfinde ich es in unseren dreitägigen Meditationskursen persönlich als belastend, daß diese fundamentalen Grundvollzüge des Meditierens soviel Raum einnehmen und einnehmen müssen. Häufig habe ich nach einem Kurs das Gefühl, eigentlich noch im Vorfeld geblieben zu sein. Das ist jedoch in nur drei Tagen gar nicht anders möglich. In den Einzelexerzitien wurde mir bewußt, daß nach dem »Ausschachten« das Wesentliche überhaupt erst beginnen kann. Füllen wir also das Fundament aus, damit es das ganze Haus fest und sicher tragen möge.

Was ein Fundament zum Fundament macht, ist die Füllung der ausgeschachteten Tiefen mit fester, tragfähiger Substanz. Diese ist hier – nun ohne Bild gesprochen – die unbegreifliche *Liebe Gottes*, die am Beginn eines jeden geistlichen Weges steht und dieses Leben trägt – durch alle Dunkelheiten und Schmerzen hindurch.

Nun ist es mit der Liebe Gottes eine eigenartige Sache: Nie kann ich sie »mathematisch beweisen«; ich kann sie nur erfahren, indem sie mein Leben berührt. Diese Erfahrung kann sehr unterschiedlich sein. Oft erlebe ich sie ganz leise und zart, kaum wahrnehmbar; ein anderes Mal bricht sie so gravierend in mein Leben ein, daß sie es von einem Tag zum anderen total verwandelt – wie es bei Paulus geschah. Aber das ist meiner Verfügbarkeit entzogen. Es steht ganz in der Freiheit Gottes, wie und wann er mich seine Liebe erfahren und spüren läßt. Wie kann ich da eigentlich selbst überhaupt an diesem »Fundament« bauen und es vertiefen?

Genau hier setzt die Aufgabe der Meditation ein: Es geht darum, diesen Glauben an die Liebe Gottes bewußt in mich einzulassen, um von ihm durchdrungen zu werden. Er darf nicht nur meinen Kopf erreichen, sondern ich sollte erfahren, »daß es mir unter die Haut geht«, wie eine Teilnehmerin einmal äußerte. Erst wenn dieses Glaubenswissen »mein Herz trifft«, werden davon auch die Dimensionen in mir erreicht, die sich dem bewußten Willen leicht entziehen – die Gefühle, die Emotionen oder auch die Welt des Traumes und des Unterbewußten. Nur wenn ich mich der Liebe Gottes so ganzheitlich aussetze, steht das Gebäude meines geistlichen Lebens auf festem Grund.

Wenn Jesus das Bild vom festen Grund gebraucht (Mt 7,24–27) und diesen dadurch kennzeichnet, daß er bei dem Menschen vorhanden ist, der nicht nur um den Willen Gottes weiß, sondern ihn auch tut, so widerspricht das dem Gesagten nicht. Erst durch das Tun, das Handeln, das »Wirken« wird der Glaube »wirklich« und »wirksam«, weil er sich nicht nur in der Ebene des Verstandes bewegt, sondern das ganze Dasein durchdringt. Den Willen Gottes meditieren und ihn tun, das sind zwei Seiten des gleichen Anliegens; man kann sie nicht voneinander trennen. Meditieren verwirklicht sich im Tun, und echtes »Wirken« entspringt dem »Sein« (Meister Eckehart) – der innersten, der meditativen Schicht des Menschen.

2. Von den Erfahrungsmöglichkeiten auf dieser Wegstrecke

Eigentlich sollte ein jeder zuerst seine eigenen geistlichen Erfahrungen sammeln, ehe er darüber etwas liest und sie damit auch reflektiert. Wenn hier dennoch schon auf einige mögliche Erfahrungen aufmerksam gemacht wird, dann geschieht das deshalb, damit Sie – wenn Sie sich auf diese Übungen einlassen – überhaupt wissen, was möglich ist, und damit Sie dafür wach sind, wenn Sie das eine oder andere davon selbst erleben sollten. Theresia von Avila[2] schreibt: »Auch weiß ich, daß niemand, der hieran nicht glaubt (daß solches möglich ist bei Gott), es aus eigenem Erleben erfährt; denn Gott liebt es sehr, daß man seinen Werken (und Möglichkeiten) keine Schranken setzt.«

- Eine Möglichkeit, die beim Meditieren der Übungsgebote dieser drei folgenden Wochen besteht, ist das Erfahren einer tiefen, ganz neuen *inneren Freude*. Seien Sie dankbar dafür und sprechen Sie diesen Dank aus vor Gott, wo sie Ihnen geschenkt wird. Nichts öffnet uns so sehr für neue Gaben Gottes wie die Dankbarkeit für das, was wir empfangen haben.
  Wer etwas von solchem Glück erfährt, muß aber damit rechnen und innerlich dafür bereit sein, daß solchen Zeiten der Fülle – mit denen Gott uns an sich ziehen will – fast immer *Zeiten der inneren Dürre* und Leere folgen. In Zeiten der Fülle fällt uns das Beten leicht. In Zeiten der Trockenheit erwartet Gott von uns, daß wir uns in der Treue üben. Solange ich selbst tief erfüllt und glücklich bei meinem Beten bin, kann ich nicht unterscheiden, ob ich wirklich Gott oder letztlich nur meine eigene Befriedigung suche. In Zeiten der Trockenheit reinigt Gott meine Liebe zur Selbstlosigkeit des »Du allein«.
- Wenn ich bewußt über eine lange Zeit hin immer neu auf die Liebe Gottes schaue und ihren Spuren nachgehe, dann kann an dieser Stelle früher oder später die bedrängende *Frage nach* dem Unglück in der Welt und damit nach *Gottes Gerechtigkeit* (die Theodizeefrage) aufbrechen. Diese Frage wurde gestellt, seit Christen die Botschaft von der Liebe Gottes verkündigten. Wie gehe ich damit um? Hier möchte ich nur drei vorläufige Hinweise geben:

  Erstens: Vergessen Sie nicht, daß es in der Welt auch noch die Macht des Bösen gibt. Der »Satan« ist zwar bereits von Gott entmachtet, doch ist ihm noch eine gewisse Zeit gegeben, auf Erden sein Werk zu tun. Und er weiß, »daß er wenig Zeit hat« (Offb 12,12).

  Zweitens: Die Liebe Gottes ist ein großes Geheimnis, das sich jeder Nachweisbarkeit entzieht. Ich kann sie jeweils nur in meinem Leben erfahren; dort aber so intensiv, daß diese Gewißheit mein ganzes Leben trägt (»Fundament«). Und um diese Erfahrung geht es hier, nicht um eine wissenschaftliche Abhandlung, die sich immer wieder in Widersprüchen verfangen muß. Kann ich wissenschaftlich exakt prüfen, ob mich ein Mensch wirklich liebt? Allein der Versuch einer solchen Prüfung würde die Liebe untergraben, denn Liebe kann ich nie objektiv beweisen. Doch wenn ich an sie glaube, dann kann mir diese Liebe so gewiß werden, daß sie mein ganzes Leben trägt und sich damit als wahr erweist. Hier ist ein bekanntes Einfallstor für den Versucher, der mich beim Beten von der unmittelbaren Begegnung mit Gott abzubringen versucht, indem er meine Gedanken und vor allem meine Gefühle auf anscheinend wichtige, »objektive« Probleme ablenkt. Sie haben ihren Platz – aber nicht in diesem Raum, wo es um die personale Begegnung zwischen Gott und mir geht. Wir kennen das aus zwischenmenschlichen Beziehungen: Wie schnell blocken wir ein persönliches Gespräch, eine echte innere Begegnung von Mensch zu Mensch dadurch ab, daß wir irgendein anscheinend wichtiges »objektives« Problem anschneiden. Daran erhitzen sich die Geister – und wir sind letztlich davor geflohen, die sich anbahnende Beziehung zu dem anderen aufzubauen oder zu vertiefen.

Haben Sie den Mut, solche Gedanken an ihre ihnen zugemessene Stelle zu verweisen! Jetzt und hier geht es um die Liebe Gottes, die mich schon so oft angesprochen und angerührt hat. Erst wenn ich davon durchdrungen bin, habe ich die Voraussetzung, auch die anderen Fragen neu zu sehen. Denn an jede anscheinend objektive Frage gehe ich mit meinen (meistens mir selbst unbewußten) Voraussetzungen heran. Und hier will ich ja gerade diese Voraussetzungen neu schaffen: das »Fundament« bauen!

Drittens: Gerade im Schauen auf die Liebe Gottes werde ich mir oft schlagartig dessen bewußt, daß ich manchmal so lebe, als hätte mich diese Liebe noch kaum berührt. Wie habe ich bisher auf diese Liebe geantwortet, und wie sollte ich auf diese Liebe antworten? Diese Frage kann sich leise anbahnen, sie kann aber auch plötzlich überstark in mich hineinfallen. Beides ist möglich. Wo es geschieht, erlebe ich unmittelbar etwas von der inneren Dynamik des geistlichen Weges, die mich weiterzieht. Damit bin ich innerlich schon auf den nächsten, den dritten Hauptteil dieses Kurses eingestellt.

3. Vom Umgang mit der Fülle des Stoffangebots

Was im ersten Hauptteil nur einige Male geschah, dem werden wir von nun an bei fast jeder Übung begegnen: Neben dem eigentlichen Meditationsangebot, das durch einen Text oder ein Bild den Übenden für das Anliegen des Tagesthemas öffnen will, stehen weitere Angebote als Varianten zur Wahl. Für manche Teilnehmer unseres Kurses erschien diese Fülle des angebotenen Stoffes als eine nicht zu bewältigende Aufgabe. Was ist dazu zu sagen?

Auf keinen Fall sind die Wahl-Übungsstoffe so gemeint, daß ich in einer einzigen Meditationszeit mehrere oder gar alle Text- und Bildangebote meditieren soll. »Weniger ist mehr als viel« – ich erinnere wieder an diesen wesentlichen Grundsatz allen Meditierens. Weshalb werden dann aber die Varianten, manchmal in reicher Fülle, dennoch angeboten?

- Nicht jedermann hat zu jedem Bild oder Text den gleichen unmittelbaren Zugang. In meinen eigenen Einzelexerzitien habe ich dankbar erlebt, daß mir mein Begleiter mehrere Bibeltexte oder Bilder zur eigenen Wahl vorlegte. Eine Teilnehmerin unseres Kurses berichtete in dem Auswertungsgespräch: »Mir hat die Fülle des angebotenen Stoffes nie zu schaffen gemacht. Jeden Abend habe ich mir die verschiedenen Angebote für den nächsten Tag angesehen oder durchgelesen – und dann war immer ein Text dabei, der mich besonders unmittelbar ansprach. Den habe ich dann am nächsten Tag meditiert.«

  Es ist also entscheidend wichtig, daß ich den für mich in meiner Situation am besten passenden Stoff *auswähle* und ohne jedes schlechte Gewissen alles andere beiseite lasse.
- Außerdem ist es erfahrungsgemäß so, daß der eine mehr, der andere weniger Stoff zum Meditieren haben möchte. Sosehr es darum geht, das Verweilen bei einem Thema durchzuhalten, um dort in die Tiefe zu kommen, so kann es dennoch geschehen, daß trotz allen guten Willens ein Stoff für jemanden nichts mehr hergibt, auch wenn er noch eine ganze Zeit still bei ihm verweilt. Dann mag er sich *neue Impulse* durch das Stoffangebot einer Variante geben lassen.

- Ein anderer dagegen braucht vielleicht noch weniger Stoff zum Meditieren, als das Angebot für eine Übung enthält. Normalerweise geht die Entwicklung im geistlichen Leben dahin, daß ich immer weniger Stoff zum Meditieren haben möchte. Manchmal rebelliert ein Mensch innerlich geradezu gegen eine zu große Stoffülle. Das kann gesund sein (s. dazu S. 222f.). Doch es muß nicht für jeden Menschen zutreffen. Gott geht mit jedem einzelnen seinen persönlichen Weg. Wem der vorgegebene Übungsstoff zu umfangreich ist, der sage sich getrost: Je weniger Stoff ich brauche, desto leichter kann ich in die Tiefe kommen!
- Nicht selten wird es auch geschehen, daß jemanden das Thema eines Tages existentiell so betrifft, daß er *über eine längere Zeit dabei bleiben* möchte, um alles ganz in sich aufnehmen zu können. Vielleicht findet er sich in einer Lebenssituation vor, in welche gerade dieses Thema ganz hineinspricht. Wer das erlebt, hat die Wahl, entweder so viele Tage bei dem Stoff zu bleiben, wie es ihm gut und heilsam erscheint, oder zu versuchen, bald einen stillen Tag zu finden, den er ganz unter dieses Thema stellen kann (s. »Hinweis« S. 23f.) Auch in diesem Falle können die Varianten hilfreich sein, um bei mehreren Meditationen das gleiche Thema jeweils von einem neuen Aspekt her zu vertiefen.

ÜBUNGSANGEBOT
FÜR DEN ZWEITEN HAUPTTEIL

Anliegen der vierten Übungswoche: Mich öffnen für die Liebe Gottes, die mich anspricht

Überblick:

Einführung in die vierte Übungswoche

Vom Sinn und von den Grenzen der Gottesbeweise

Übungsangebot für die vierte Übungswoche

1. *Gottes Liebe erspüren, die mich in meinem Leben angerührt hat*
2. *Gottes Liebe erspüren, die mich geschaffen hat*
3. *Gottes Liebe erspüren, die mich in meinem Leben geleitet hat*
4. *Gottes Liebe erspüren, die in der Heilsgeschichte meines Lebens aufleuchtet*
5. *Gottes Liebe erspüren, die mich allenthalben umgibt*
6. *Gottes Liebe erspüren, die mich zu einem Leben aus dieser Liebe bestimmt hat*
7. *Gottes Liebe erspüren, die mich anspricht*

Einführung in die vierte Übungswoche

Irgendwann und irgendwo hat mich persönlich die Liebe Gottes bereits einmal angerührt. Sonst würde ich mich nicht auf dieses Kursangebot einlassen; sonst würde ich wohl kaum solch ein Buch in die Hand nehmen.

Jahrhunderte hindurch hat die Christenheit versucht, durch *Gottesbeweise* verschiedenster Art die Ungläubigen von der Existenz Gottes und der Sinnhaftigkeit seiner Offenbarung zu überzeugen. Das ist richtig und falsch zugleich. Der Beginn ist immer mein eigenes Angerührtsein, auf welche Weise es auch geschehen sein mag. Oft ist es nur eine tiefe, unstillbare Sehnsucht, die ich im nachhinein als die Berührung Gottes, als sein »Mich-

Ansprechen« erkenne. Wo ich diesen Impulsen nachgehe, wo ich mich mehr und mehr auf das Geheimnis, das mich angerührt hat, einlasse, dort geschieht nach und nach – oder auch ganz plötzlich und eingreifend – eine tiefe Verwandlung meiner ganzen Sicht.

Gott hat mit jedem Menschen seine eigene Heilsgeschichte, die sich in, mit und unter der Geschichte seines Lebens abspielt. Meine *persönliche Heilsgeschichte* ist verborgen unter den scheinbar zufälligen Geschehnissen und Ereignissen meines konkreten Lebens, und es braucht das betend-meditative Schauen, das Verweilen angesichts dieser meiner Lebensgeschichte, damit ich darin diese Heilsgeschichte erkenne. Erst in solchem Verweilen wird mir im nachhinein manches als »Berührung Gottes« bewußt, was ich bislang noch nie unter dieser Blickrichtung wahrgenommen habe. Wo ich mich auf die Liebe Gottes in der Heilsgeschichte meines eigenen Lebens eingelassen habe, wo sie mir bewußt geworden ist, dort kann mir die Geschichte meines eigenen Lebens zu einem wahren »Gottesbeweis« werden. Und dann entdecke ich das Heilswirken Gottes auch in der Natur und in der Geschichte, wie es uns das biblische Denken durchgehend bezeugt. Andere Menschen, die nicht von dieser Voraussetzung eigenen Erlebens herkommen, kann ich jedoch damit nicht überzeugen, wenn sie sich nicht auf diesen gleichen Weg stellen, auf dem sie selbst diese neue Sicht gewinnen oder auch vertiefen können. Ich muß glauben, damit ich erfahre; ich muß lieben, damit ich die Liebe erkenne, die mein Leben umgreift. Allein in solchem Glauben und solchem Lieben werde ich dessen inne, daß es wahrhaftig so ist.

Übungsangebot für die vierte Übungswoche

1. Gottes Liebe erspüren, die mich in meinem Leben angerührt hat

Übung

1 Könige 19,11–13 *(Das »stille, sanfte Sausen«)*

– Meistens sind es nicht die gewaltigen Erfahrungen von »Vulkanausbrüchen«, »Erdbeben« und »großen Winden«, in denen

Gott unser Leben anrührt, sondern es ist das »leise, sanfte Säuseln« (Jerusalemer Bibel), in dem Gott unser Leben berührt ...

- Ich sinne dem nach, wann und wie ich solches in meinem Leben erfahren habe, und verweile, bis diese Erlebnisse wieder lebendig werden ...

Variante

Michelangelo – »Erschaffung des Adam« (Detail) *(Bildmeditation, Bild Nr. 5)*

Einführung in das Bild:

Aus dem gewaltigen Werk Michelangelos, das sich in der Sixtinischen Kapelle in Rom als Fresko befindet, zeigt unser Bild nichts anderes als die ausgestreckte Hand Gottes, die fast die Hand Adams, des Menschen, berührt. Die Gestalt Gottes, als »Vater« dargestellt, bewegt sich in einer dynamisch anmutenden Bewegung auf den Menschen zu – auf den Menschen, der sich ganz Gott entgegenstreckt, um sich von ihm berühren zu lassen. Wie sich die innerste Bewegung Gottes auf den Menschen zu in seiner Hand sammelt, so sammelt sich die gelöste Öffnung des Menschen für Gott in der Hand des Adam. Gott sagt »du« zum Menschen, er erschafft ihn zu seinem »Bild« (1Mose – Genesis 1,27).

Anregungen zum Meditieren des Bildes

So hat mich Gott ursprünglich gewollt und gemeint, als er mich »zu seinem Bilde« schuf ... dieser Finger Gottes berührt mich, ohne mich zu berühren ... er rührt an meine tiefste, heiligste Sehnsucht ... so möchte ich mich dieser Berührung öffnen ... so möchte ich erleben, daß der tiefe Abgrund, der mich von Gott, die »Erde« vom »Himmel« trennt, überbrückt wird durch Gottes Berührung ... durch die Berührung, durch die wahres Leben in mich einströmt ... so hat mich Gott gemeint – so will er mich mit seinem eigenen Leben erfüllen ...

2. Gottes Liebe erspüren, die mich geschaffen hat

Übung
Psalm 139,1–18 *(»Herr, du hast mich erforscht und du kennst mich«)*
Achtung: Wichtig ist, daß ich den Blick Gottes, der auf mir ruht, als einen Blick der Güte und Liebe erfahre – als einen Blick, der meine Dunkelheiten aufdeckt, um sie zu heilen. Es ist der Blick Jesu, der auf den Menschen ruhte, die ihm mit ihrer Not begegneten.

- Ich atme Vers um Vers in mich hinein, verweile jeweils so lange, bis ich ihn ausgekostet und auf mein Leben übertragen habe . . . dann gehe ich ruhig weiter . . .
- Andere Möglichkeit: Ich lese langsam Vers um Vers, innerlich hellwach und lauschend, welcher Vers mich besonders »anspricht« – und kehre dann zu diesem Vers zurück, um bei ihm zu verweilen und mich von ihm durchdringen zu lassen . . .

Variante
Ich gehe in der Vorstellung einmal ganz bewußt langsam meinen Körper durch und mache mir dankbar und im Angesicht Gottes bewußt, welche Gaben mir Gott in den einzelnen Gliedern und Sinnen anvertraut hat; welch unermeßliches Geschenk alles das ist, was anscheinend so selbstverständlich in meinem Körper »funktioniert« – und was ich immer nur dann registriere, wenn es krank ist, schmerzt oder ausfällt. Ich fange an bei der Stirn, den Augen, der Nase, dem Mund usw. . . .

3. Gottes Liebe erspüren, die mich in meinem Leben geleitet hat

Übung
1Mose – Genesis 50,15–21 *(»Gott aber gedachte, es gut zu machen«)*
Wo habe ich in meinem Leben erfahren, daß sich Schweres im nachhinein als Gutes, ja als Segen erwiesen hat? . . .

Variante
Psalm 107 *(»Die sollen dem Herrn danken«)*
Ich lasse Vers um Vers langsam in mich ein und verweile betend unter diesen Symbolbildern im Blick auf mein Leben, wie es sich bisher gestaltet hat ...

Hinweis: Beim Meditieren dieses Psalms ist es wichtig, daß ich die Symbolsprache erkenne und richtig damit umgehe – daß ich durch diesen Psalm mit seinen Symbolen mein konkretes Leben mit seinen »Wüstenstrecken«, seinen »Hungerzeiten«, seinen »Stürmen« usw. beleuchten lasse.

4. Gottes Liebe erspüren, die in der Heilsgeschichte meines Lebens aufleuchtet

Hinführung
Die Geschichtsschreibung des Alten Testaments (und damit die erste Geschichtsschreibung der Menschheit überhaupt) entstand daraus, daß ein gläubiger Israelit die Geschichte des Gottesvolkes so lange meditierte, bis sich ihm in prophetischer Schau in, mit und unter dieser Geschichte die Heilsgeschichte Gottes mit seinem Volk enthüllte. Er erkannte, daß Gott in seinem Heilswillen für sein Volk Zeiten des Unheils nicht ausklammerte, sondern sie einbezog in den großen Plan seiner Liebe. Gerade Unglückszeiten waren es, in denen er sein Volk immer neu »heimsuchte«. Es war eine Schau, der die sichtbare Wirklichkeit transparent wurde für das verborgene Wirken Gottes in allem, was geschah.

Übung
Jesaja 41,8–14 oder Jesaja 43,1–7 *(»Du bist mein«)*
- Meine Taufe gibt mir das Recht, dieses Wort, das sich an den »Gottesknecht« des Jesaja wendet, als prophetisches Symbol zu verstehen (s. S. 68), das mein Leben beleuchtet ...
- Ich meditiere Vers um Vers, Wort um Wort als persönliches Wort Gottes, das mich in meiner Lebensgeschichte, in meiner

augenblicklichen Situation, in meiner unaustauschbaren Eigenart ansprechen will ...
- Ich meditiere das Geheimnis meiner Taufe ...

Variante
Auf ein Blatt Transparentpapier zeichne ich meinen »Lebensweg« – in seinem »Verlauf« (mit seinen »Kurven«, »Kreuzungen«), – in seiner Beschaffenheit (»glatt«, »steinig«, »sumpfig« o. ä.), – mit dem »Wetter« der jeweiligen »Wegstrecke«, – mit seinen »Hindernissen«; dies alles als Symbole gedeutet. (Haben Sie bitte keine Angst, wenn Sie meinen, nicht zeichnen zu können. Sie brauchen das Blatt niemals einem Menschen zu zeigen.)

Auf ein zweites Blatt zeichne ich – soweit ich ihn bisher erkennen kann – den Heilsweg Gottes, den er mit mir in meinem Leben gegangen ist, möglichst in einer leuchtenden Farbe.

Wenn ich zum Schluß das zweite Blatt unter das erste lege und die Blätter vor das Fenster oder gegen das Licht halte, dann habe ich sichtbar und greifbar vor Augen, wie Gott »in, mit und unter« meinem konkreten Lebensweg seinen Heilsweg mit mir begonnen hat und auch weiterführen will ...

Bemerkung: Jeder kann hier auch seine eigene Phantasie walten lassen. Es mag sein, daß vielleicht jemand sein Leben lieber in der Gestalt einer mathematischen Kurve zeichnen möchte – mit verschiedenen Farben für die jeweiligen inneren Zustände jeder Periode des bisherigen Lebens.

5. Gottes Liebe erspüren, die mich allenthalben umgibt

Hinführung
Es ist die meditativ-glaubende Schau, die in den Wirklichkeiten der Schöpfung die Spuren – Meister Eckehart sagt: »die Fußstapfen« – Gottes schaut. Dafür müssen uns Augen und Ohren geöffnet werden. Was in dieser Woche geschieht, baut auf den Übungen der dritten Woche auf: »Gib, Herr, daß ich sehend werde – für deine Liebe.«

Übung
Matthäus 6,25–30; Matthäus 5,44f; Matthäus 10,29–31
(Sehet die Vögel, die Lilien, die Sonne, die Sperlinge)

- Ich lese die angegebenen Stellen langsam, als hätte ich sie noch niemals gehört oder gelesen ...
- Ich fühle mich ein in Jesus, wie er die Dinge der Schöpfung gesehen und erlebt hat ...
- Ich stelle mir Situationen in seinem Leben vor, in denen solch eine Erkenntnis gewachsen sein könnte ...
- Ich verweile angesichts einer Schöpfungswirklichkeit, die ich mir frei wähle. Ich schaue sie an, bis sie sich mir als »Fußspur« ihres Schöpfers enthüllt ... – bis mir im Werk das Bild dessen aufleuchtet, der dieses Werk geschaffen hat (»denn sein [Gottes] unsichtbares Wesen, seine ewige Macht und Göttlichkeit, sind seit der Erschaffung der Welt an seinen Werken ... zu erkennen«, Röm 1,20) ...
- Ich bitte um die Gabe, in dieser Weise immer müheloser die mich umgebenden Dinge der Schöpfung (und vielleicht sogar der menschlichen Wirksamkeit) schauen zu können ...

Achtung:
Wo sich beim Meditieren der Schöpfungswirklichkeit die negativen Aspekte der vom Menschen gefährdeten Schöpfung Gottes in den Vordergrund schieben wollen, sollte ich diese Bilder einstweilen zur Seite stellen (nicht verdrängen) – und mich immer wieder bewußt zurückholen, um mich in die Sicht Jesu (in seine Sicht der Wirklichkeit) hineinnehmen zu lassen: So hat der Vater seine Schöpfung gewollt und gemeint!

Wo die Dunkelheiten zu stark werden, kann ich ihnen das Wort Römer 8,21 entgegenhalten.

Varianten

- Psalm 104 *(Gottes Spuren in der Schöpfung)*
- Ich schaue mir einen Bildband mit Naturbildern an und suche in den einzelnen Bildern nach »Fußspuren Gottes« ...
- »Gottes Liebe ist für mich wie ...« *(Metaphermeditation)*. Ich suche ein eigenes Bild ...

Hinweise zur Metaphermeditation:
Eine Metaphermeditation ist eigentlich eine umgekehrte Symbolmeditation: Während ich in der Symbolmeditation vom sinnlichen Zeichen (dem Symbol) ausgehe und es auf eine geistige oder geistliche Wirklichkeit übertrage (s. S. 64ff.), lasse ich mich in einer Metaphermeditation auf eine sinnlich nicht faßbare Wirklichkeit ein und warte, was mir dazu für ein Gleichnisbild einfällt (z. B. Glaube ist für mich wie ... ein langer Weg mit manchen Hindernissen, der aus der Dunkelheit zum Licht führt).

Dabei muß ich beachten:

1. *Jedes Symbolbild, jedes Bild, betont nur eine Seite der Wirklichkeit, die es verdeutlicht.*
2. *Wenn ich bei einer Metaphermeditation nicht zu stark vom Verstand her arbeite, sondern mich leer mache und warte, was mir »einfällt«, dann kann gerade das Bild, das sich mir anbietet, für meine Auffassung dieser Wahrheit oder auch für meinen augenblicklichen Zustand aufschlußreich sein.*
3. *Wenn sich eine Fülle von Bildern anbietet, dann muß ich mich für eines entscheiden und dabei verweilen, bis ich es »ausgekostet« habe. Bei einer späteren Meditation über das gleiche Thema wird sich mir häufig ein anderes Symbolbild anbieten.*

6. Gottes Liebe erspüren, die mich zu einem Leben aus dieser Liebe bestimmt hat

Hinführung
Die Erfahrung echter Liebe ist ein großes Geheimnis im menschlichen Leben. Sie kann einen Menschen verändern bis in Bereiche hinein, wo wir es nie für möglich gehalten hätten. Wer wahre Liebe erfährt, begreift plötzlich, wie leer sein Leben vorher war, und er spürt, daß das Leben einen Reichtum bergen kann, den er vorher kaum geahnt hat. Und selbst die vielfältigen, verflachten Formen, die als »Liebe« bezeichnet werden, sind noch ein Hinweis darauf, daß der Mensch in seiner innersten Sehnsucht weiß, wofür er eigentlich dasein sollte. Ob es alte Volkslieder sind oder

moderne Schlager: das Thema der Liebe erschöpft sich nie, weil es ein zutiefst menschliches Bedürfnis ausspricht. Wie sollte es auch anders sein bei dem Menschen, der von dem Gott geschaffen wurde, dessen innerstes Wesen die Liebe ist; und zwar »zu seinem Bilde« ...

Übung

Michelangelo – »Erschaffung des Adam« (Detail), verbunden mit 1 Mose – Genesis 1,27 *(Bild- und Textmeditation, Bild Nr. 5)*

- Ich wähle von den auf S. 55–62 angebotenen Möglichkeiten aus, was mir im Blick auf dieses Bild sinnvoll und gut erscheint (vielleicht muß ich einiges für dieses Bild ändern, z. B. »berühren und mich berühren lassen« statt »schauend mich anschauen und durchschauen lassen« [s. S. 60]), und verweile dabei ...
- Ich lese die Bestimmung des Menschen, wie sie das erste Kapitel der Bibel darstellt (Gen 1,27), und lasse dieses Wort für mich gesagt sein ...

Bemerkung: Wer dieses Bild schon bei der ersten Übung als Variante meditiert hat, kann seine Meditation mit dieser Übung weiterführen. Meditation lebt von der Wiederholung.

Variante

Angelus Silesius *(Spruchmeditation)*:
»In jedem lebt ein Bild des, das er werden soll;
solang er das nicht ist, ist nicht sein Friede voll.«

7. Gottes Liebe erspüren, die mich anspricht

Ohne das Angebot eines neuen Stoffes schaue ich zurück auf die einzelnen Meditationen dieser vergangenen Woche und nehme noch einmal auf, wo ich mich besonders angesprochen gefühlt habe ...

Oder ich verweile einfach still vor dem Geheimnis, daß Gottes Liebe mich anspricht ...

Anliegen der fünften Übungswoche: Mich öffnen für die Liebe Gottes, die sich ausspricht

Überblick:

Einführung in die fünfte Übungswoche

Von eigenen Erfahrungen und der Begegnung mit der Offenbarung

Übungsangebot für die fünfte Übungswoche

1. *Mich der Liebe Gottes öffnen, die geheimnisvoll erwählt*
2. *Mich der Liebe Gottes öffnen, die zum Partner und Freund erhebt*
3. *Mich der Liebe Gottes öffnen, die errettet und bewahrt*
4. *Mich der Liebe Gottes öffnen, die sich zum Diener macht*
5. *Mich der Liebe Gottes öffnen, die unerschöpflich schenkt*
6. *Mich der Liebe Gottes öffnen, die sich selbst hinschenkt*
7. *Mich der Liebe Gottes öffnen, die sich ausspricht*

Einführung in die fünfte Übungswoche

Bei weitem sind es nicht nur meine eigenen Erfahrungen, die mir Zeugnis geben von dem Gott, der die Liebe ist. Meine Erfahrungen können mancherlei Irrtümern unterliegen. Letztlich ist es allein die Offenbarung Gottes, die mir die Erlaubnis gibt, an diesen Gott der Liebe zu glauben und mich auf ihn einzulassen. Als Gott der Liebe hat er sich zuerst dem Volk offenbart, das er sich auserwählt hat – und dann in einzigartiger Weise in Jesus Christus, seinem »Sohn«. Und doch ist es gleichzeitig auch wieder so, daß ich diese Offenbarung nicht einfach blind »glauben« muß, so wie ein Kind in der Schule sich sagen läßt, daß sich die Erde um die Sonne dreht. Ja, ich vermag eigentlich diese Botschaft der Offenbarung nur dann zu glauben, wenn in mir selbst etwas mitschwingt; wenn es mir im Innersten gewiß ist, daß das, was da gesagt wird, Wahrheit ist. Je lebendiger ich mein Leben auf eigene Erfahrungen mit Gott gründen kann, desto tiefer werde ich mich der Offenbarung öffnen können, wie sie in der Heiligen Schrift bezeugt ist. Und wiederum: Je mehr ich mich der Botschaft der Schrift nicht nur mit meinem Kopf, sondern mit meiner ganzen Existenz öffne, desto klarer wird mir auch meine eigene Lebensgeschichte als ein Spiegelbild dieser Offenbarung erkennbar werden. Und dabei möchte ich »Spiegelbild« im Wortsinn verstehen: Es ist nur sichtbar, solange sich der Spiegel unmittelbar vor dem befindet, den er spiegeln soll.

In seiner Offenbarung spricht Gott sich aus. Dieses Sich-Aussprechen ist ein Geschehen von Person zu Person; ein Sich-Anvertrauen in dem Maße, wie derjenige, vor dem es geschieht, dafür empfänglich und offen ist (vgl. S. 75f.). Hier geht es jetzt um das Lauschen und Horchen auf das Wort, in dem Gott sich ausspricht, in welchem er das Herzgeheimnis seiner Liebe offenbart. Dem nachzusinnen ist das Anliegen dieser fünften Woche unseres Kurses. So können alle Meditationen dieser Woche mit ihren verschiedenen Weisen, in denen Gott sich den Menschen als Gott der Liebe offenbart hat, in zwei staunende Fragen einmünden:

- Was bist du für ein Gott, der solches tut? . . .
- Wer bin ich, daß ich einen Schimmer davon bereits in diesem Leben erfahren darf? . . .

Übungsangebot für die fünfte Übungswoche

1. Mich der Liebe Gottes öffnen, die geheimnisvoll erwählt

Hinführung

Wie ein roter Faden zieht es sich durch die Heilsgeschichte Gottes mit uns Menschen: Immer wieder erwählt dieser Gott einzelne Menschen oder Menschengruppen – damit sie ganz sein Eigentum sind. Wir stehen hier vor einem der tiefsten Geheimnisse Gottes. Weshalb erwählt Gott gerade diesen Menschen, dieses Volk – und einen anderen Menschen, ein anderes Volk nicht?

Wie auf die Frage nach Gottes Gerechtigkeit (s. S. 86f.) gibt es auch auf diese Frage keine überzeugende Antwort. Wahrscheinlich deshalb, weil die Frage auf einer unangemessenen, nämlich auf der rechtlich-objektiven Ebene gestellt wird. Der angemessenen Form dieser Frage begegnen wir in einer ganz anderen Weise: daß nämlich derjenige, der sich seiner Erwählung bewußt wird, fragt: »Wie komme gerade ich dazu?« – »Wer bin ich kleiner Mensch, daß mir solches zuteil wird?« Und auf diese Form der Frage gibt es eine klare Antwort: »Nicht ihr habt mich erwählt, sondern ich habe euch erwählt . . ., daß ihr hingeht und Frucht bringt« (Joh 15,16).

Übung
5Mose – Deuteronomium 7,6–8 *(Erwählt aus Liebe, nicht durch Verdienst)*

Varianten
- Johannes 15,16 *(»Ich habe euch erwählt«)*
- Wiener Genesis – »Verheißung an Abraham« *(Bildmeditation, Bild Nr. 6)*
- Josef Hegenbarth – »Berufung des Mose« *(Bildmeditation, Bild Nr. 7)*
  Ich kann die beiden genannten Bilder nacheinander auf mich wirken lassen. So verschieden können Berufungen aussehen, so verschieden können Menschen auf Berufung und Erwählung reagieren. Das Geheimnis bleibt: Wir haben es mit einem Gott zu tun, der erwählt und beruft – aus Liebe . . .

2. Mich der Liebe Gottes öffnen, die zum Partner und Freund erhebt

Hinführung
Über die Meditationen dieser Woche könnten wir das Wort stellen: »Du großer Gott – ich kleiner Mensch«. Ein Pfarrer sagte dieses Wort einem jungen Menschen mit der Empfehlung, er solle einmal versuchen, diesen Satz täglich fünf Minuten lang zu beten. Und mit dem Jugendlichen geschah eine innere Verwandlung. Aber die Größe Gottes müßte uns erdrücken, wenn dieser unser Gott sich nicht selbst seiner Gewalt, seiner Macht und Größe be-

gäbe, um in einer echten »Partnerschaft«, ja in einer »Freundschaft« mit dem Menschen zu leben. Das ist ja das zentrale Anliegen der Bibel, die uns in der Gestalt des Alten und Neuen Testaments (= Bundes) begegnet. Gott erwählt den Menschen dazu, mit ihm – dem Unendlichen – einen »Bund« einzugehen mit beiderseitigen Verpflichtungen. Und Gott hält sich an die seinen, das bezeugt die Bibel auf allen Seiten. Aber vielleicht liegt es uns noch näher, vielleicht rührt es uns noch tiefer an, wenn wir in der Konkordanz einmal die Stellen an uns vorüberziehen lassen, in denen davon die Rede ist, daß Gott uns als seine »Freunde« behandelt[3].

Übung

Johannes 15,14f. *(»Ihr seid meine Freunde«)*

- Was hindert echte Freundschaft?...
- Was fördert echte Freundschaft?...
- Ich übertrage das, was mir eingefallen ist, auf Gottes Verhältnis zu mir, und verweile...

3. Mich der Liebe Gottes öffnen, die errettet und bewahrt

Hinführung

Als das grundlegende, ja geradezu statuierende Ereignis im Werden des Gottesvolkes besingen die Psalmen in vielen Varianten immer neu das große Wunder: Gott rettete sein Volk aus Ägypten. Er führte es aus höchster Bedrängnis mitten durch das Schilfmeer hindurch und vernichtete alle seine Feinde; die Feinde, die es hindern wollten, nach dem Willen seines Gottes zu leben: prophetisches Symbol (s. S. 68) für das Geschehen der Osternacht, in der Christus sein Volk aus der Flut des Verderbens, aus dem »Meer« der Sünde, der Not und des Todes herausgeführt hat. Wir spüren wieder: Nur dem symbolischen Schauen erschließt sich dieses Geheimnis in seiner ganzen Fülle und Tiefe. Immer wieder haben auch Künstler dieses Ereignis bildhaft vor uns hingestellt – sichtbares Zeichen für das Geheimnis der Liebe Gottes, der sein Volk nicht vor der Not, vor dem Ansturm des

Bösen bewahrt; der sich aber als ein Gott erweist, für den es keine Dunkelheiten gibt, inmitten derer er nicht mit seiner Nähe und Hilfe anwesend wäre.

Übung

2 Mose – Exodus 14,21–31 *(Gerettet, erlöst)*

- Ich fühle mich ein in die Menschen, die in dieser Situation »ausweglos« im wahren Sinn des Wortes waren . . .
- Ich fühle mich in sie ein, wie sie ihre Errettung erleben . . .
- Ich schaue auf Gott, der sich in diesen Ereignissen offenbart hat; der gezeigt hat, was er für ein Gott ist und wie er an den Seinen handelt . . .
- Und ich verweile selbst angesichts dieses Gottes, dessen Liebe sich zeigt, indem er rettet und bewahrt . . .

Varianten

- Daniel 6,17–28 *(Daniel in der Löwengrube)*
- Matthäus 8,23–27 *(Stillung des Sturmes)* in Verbindung mit Bild Nr. 8 *(Text- und Bildmeditation)*

4. Mich der Liebe Gottes öffnen, die sich zum Diener macht

Hinführung

Immer tiefer wird das Liebesgeheimnis Gottes, an das wir uns herantasten. Worte – schon so oft im Leben gehört, daß wir ihre Bedeutung häufig gar nicht mehr auszuloten vermögen – werden neu lebendig für uns: Gott wurde Mensch, und er ist nicht dazu gekommen, daß er sich dienen lasse, sondern daß er diene, sich zum Diener mache. Noch schärfer sagt es Paulus: Er nahm die Gestalt eines Sklaven an (Phil 2,7).

Übung

Johannes 13,3–17 *(Fußwaschung)* in Verbindung mit Josef Hegenbarth – »Fußwaschung« *(Text- und Bildmeditation, Bild Nr. 9)*

Mir fällt immer wieder auf, in welch starkem Maße die Bilder von Josef Hegenbarth, dem Dresdner Künstler, voller Bewegung sind. Ganz besonders springt diese innere Dynamik bei unserem Bild ins Auge.

Anregungen zum Meditieren des Bildes:

- Ich schaue mich ein in die beiden gegensätzlichen Gestalten, Petrus und Jesus, und versuche, mich in sie beide nacheinander einzufühlen ...
  So kommt Gott zu uns Menschen – so kommt Gott zu mir ...
- Ich horche in mich selbst hinein: Wie reagiere ich eigentlich auf diese Botschaft, auf die Weise, wie Jesus den Seinen begegnet? ... (»nimmermehr« oder »nicht nur, sondern auch«)? ...
- Ich frage mich: Was eigentlich »treibt« Jesus, so zu handeln? ... Ich lasse Vers 8b ganz tief in mich ein ...
  »Gott wurde Mensch, damit wir Menschen Gott teilhaft würden«, lesen wir bei den Kirchenvätern ...

Variante

Matthäus 20,25–28 *(»Gekommen, um zu dienen ...«)*

5. *Mich der Liebe Gottes öffnen, die unerschöpflich schenkt*

Hinführung

Gottes innerstes Wesen ist es, zu schenken, sagt Meister Eckehart[4]: »Gott gibt keine Gabe und hat noch nie eine gegeben, auf daß man die Gabe besitze und bei ihr ausruhe. Alle Gaben vielmehr, die er je im Himmel und auf Erden gegeben hat, die gab er alle nur zu dem Ende, daß er *eine* Gabe geben könne – die ist er selber.«

Übung

Johannes 6,3–15;35 *(Brot des Lebens)*

(Wer will, kann dazu die genaue Einführung S. 67–70 noch einmal lesen).

6. Mich der Liebe Gottes öffnen, die sich selbst hinschenkt

Übung
Johannes 12,24 *(» Wenn das Weizenkorn nicht stirbt ...«)*
(Symbolmeditation vgl. S. 64f.; 80)

7. Mich der Liebe Gottes öffnen, die sich ausspricht

Ich verweile vor dem Geheimnis, daß Gott sich ausspricht . . .

Anliegen der sechsten Übungswoche: Mich öffnen für die Liebe Gottes, die auf meine Antwort wartet

Überblick:
Einführung in die sechste Übungswoche
Vom Sinn unserer Liebesantwort für diese Welt
Übungsangebot für die sechste Übungswoche
1. *Gottes Liebe spüren, die die Antwort meines Glaubens sucht*
2. *Mich der Liebe Gottes zur Verfügung stellen, die durch die Antwort meines Glaubens in dieser Welt Wirklichkeit wird*
3. *Gottes Liebe spüren, die auf die Antwort meines Vertrauens hofft*
4. *Mich der Liebe Gottes zur Verfügung stellen, die durch die Antwort meines Vertrauens in dieser Welt Wirklichkeit wird*
5. *Gottes Liebe spüren, die sich nach der Antwort meiner Liebe sehnt*
6. *Mich der Liebe Gottes zur Verfügung stellen, die durch die Antwort meiner Liebe in dieser Welt Wirklichkeit wird*
7. *Mich für die Liebe Gottes öffnen, die sich nach der Antwort meines Glaubens, meiner Hoffnung, meiner Liebe sehnt*

Einführung in die sechste Übungswoche

Wie kann der Mensch Liebe beantworten? Eigentlich doch nur mit Gegenliebe – alles andere wäre echter Liebe unwürdig. Im geistlichen Leben, das ein Leben ist, welches auf die Liebe Gottes die gemäße, die »entsprechende« Antwort geben möchte, geht es letztlich um nichts anderes als um die *Antwort auf diese Liebe* – die sich entfaltet in Glauben, Hoffnung und Liebe. Diese drei »göttlichen Tugenden«, wie es in der Sprache des Mittelalters heißt, umgibt ein Geheimnis, das wiederum das Geheimnis des geistlichen Lebens überhaupt ausmacht: Wir können uns diese inneren Haltungen nicht selbst geben, wir können sie nicht durch irgendwelche Vorleistungen »verdienen«, aber sie stehen als das große Angebot Gottes vor uns, das wir annehmen können oder ablehnen, dem wir uns öffnen können oder verschließen. Wir können diesen Gaben in uns Raum schaffen, oder wir lassen diesen Raum mit unserem eigenen »Ego«, mit unserem eigensüchtigen Ich, ausgefüllt sein.

Wo wir uns aber öffnen, wo wir uns für dieses Angebot Gottes in Christus durch den Heiligen Geist entscheiden, wo wir uns mehr und mehr von diesen Gaben durchdringen und uns von ihnen »prägen« (s. S. 49f.) lassen, dort schaffen wir mit unserem Sein in dieser Welt den Raum, in dem Gott selbst anwesend sein kann. Gott wartet auf das »Ja« der Maria, um in unserer Welt Mensch werden zu können. Dieses Urgeheimnis christlichen Daseins verwirklicht sich jeweils dort, wo wir in unserem Leben dem Glauben, der Hoffnung (Vertrauen) und der Liebe Raum geben; denn damit geben wir Gott selbst Raum, daß er in, mit und unter unserem Dasein, in unserem Lebensraum und damit in unserer Welt anwesend sein kann: faßbar, sichtbar, hörbar, fühlbar für die Menschen, die uns begegnen, sofern sie sich dieser Wirklichkeit nicht verschließen.

Übungsangebot für die sechste Übungswoche

1. Gottes Liebe spüren, die die Antwort meines Glaubens sucht

Hinführung

Die Sehnsucht Gottes nach dem Glauben des Menschen wird uns bereits im Alten Testament deutlich. Immer wieder stellt es uns in den verschiedensten Bildern den »Schmerz« Gottes vor Augen, den Schmerz über sein Volk, das – trotz der Erfahrungen mit der bewahrenden und rettenden Liebe seines Gottes – sein Vertrauen anderen Mächten schenkt und nicht an Gottes Möglichkeiten glaubt. Und im Blick auf das Leben Jesu wird uns das in dichtester Form vor Augen geführt: Auf allen seinen Wegen ist Jesus auf der Suche nach Menschen, die sich durch ihren Glauben den unendlichen Möglichkeiten Gottes öffnen. Und wer Jesus sieht, »sieht den Vater« (Joh 14,9).

Übung

Matthäus 8,5–13 *(»Solchen Glauben habe ich in Israel bei keinem gefunden!«)*

Ich meditiere den Text im Schauen auf mein Leben und meinen Glauben . . .

Variante

»Mein Glaube ist für mich wie . . .« (*Metaphermeditation*, s. S. 97)

2. Mich der Liebe Gottes zur Verfügung stellen, die durch die Antwort meines Glaubens in dieser Welt Wirklichkeit wird

Übung

Lukas 1,26–38 (39–45) *(» Selig bist du, die du geglaubt hast!«)*

Variante

Ich meditiere ein Bild, das mich anspricht (Verkündigung an Maria ... oder Maria mit dem Jesuskind ...), und versuche, etwas zu ahnen von dem unauslotbaren Geheimnis, daß Gott Mensch wurde, »geboren aus der Jungfrau Maria« ...

3. Gottes Liebe spüren, die auf die Antwort meines Vertrauens hofft

Übung

Hitda-Evangeliar – »Sturm auf dem Meere« *(Bildmeditation, Bild Nr. 8)*

Anregungen zum Meditieren des Bildes:

Der viereckige Rahmen macht es deutlich: um eine klar abgegrenzte Dimension irdischen Daseins geht es in diesem Meditationsbild. Und doch wird der Rahmen an einer Stelle durchbrochen.

Die Mitte des Bildes ist ohne Zweifel das ruhende Haupt Jesu, umgeben von dem Rund seines Heiligenscheins. Damit ist dieses Bild seiner Form nach ein »Mandala«, eine im Mittelalter häufige Bildform, in der Rechteck (= Welt) und Kreis (= das Vollkommene, Göttliche) in einem Bild verbunden sind: Gottes Wirklichkeit ist eingegangen mitten in diese Welt. Diese Bilder strahlen schon von ihrer Form her Ruhe aus.

Doch auch der Inhalt des Bildes ist angefüllt mit tiefer Symbolik; wer sich dem Bild meditierend anvertraut, läßt sich damit auf einen inneren Weg ein. »Menschen im Sturm« zeigt das Bild – sichtbar in der Darstellung des Bootes, das fast einem Ungeheuer gleicht, das, statt über die Tiefen zu tragen, unmittelbar in den Abgrund zu steuern scheint ..., sichtbar an den Rudern, die in die Luft starren, statt ihren Dienst im Wasser zu tun ... (sichtbar machend, wie in vielen Stürmen des Lebens alles menschliche Bemühen nicht mehr »greift«) ..., sichtbar am Segel, das jeden Augenblick von der Gewalt des Sturmes zerrissen zu werden droht ..., sichtbar an den Gesichtern der in den Sturm schauenden Jünger, so gebannt, als gäbe es nichts anderes mehr als diesen Sturm (und die sich den Gewalten dadurch noch mehr ausliefern, als sie ihnen ohnehin schon preisgegeben sind) ... Die anderen Jünger, hinten im Schiff, kauern sich zusammen in Angst, Verzweiflung, Resignation – es hat doch alles keinen Sinn mehr ...

Einer, ein einziger nur, schaut auf den schlafenden Herrn. Seine Hand rührt ihn an: »Herr, hilf uns, wir verderben« ...

Lassen wir uns auf dem Weg mitnehmen, den uns dieses Bild anbietet: von denen, die auf den Sturm starren – über die, die resigniert haben – zu dem, der den Herrn wecken will (auch er ist noch nicht die Mitte des Bildes), bis uns der Weg zu dem schlafenden Herrn selbst führt: der Mitte und dem Ziel dieses Bildes und unseres inneren Weges ...

Der Herr schläft – mitten im Sturm der entfesselten Gewalten. Hier schaue ich, was Vertrauen heißt. Hier liegt das tiefste »Wunder« dieser Geschichte (an die sich die Jünger erinnerten, als sie später von mancherlei Stürmen des Lebens bedroht waren) – daß der Herr mitten in diesem Sturm schlafen kann. Aus dieser inneren Ruhe, aus diesem Vertrauen wächst seine Vollmacht, dann auch die äußeren Gewalten zum Schweigen zu bringen ... Noch während er schläft, zeigt wie ein weisender Finger ein Zipfel seines Ruhekissens in die drohende Tiefe; im vertrauenden Schlaf bahnt sich der Sieg an über die Mächte des Abgrunds ...

Verweilen wir still vor dem Bild des schlafenden Herrn, damit sich etwas von diesem Vertrauen in uns »einprägt« (s. S. 49f.), in unserem tiefsten Grunde mehr und mehr Gestalt gewinnt, um von daher unsere Angst, unsere Verzweiflung und Not, unsere Resignation zu »durchwachsen« (s. A. Louf, S. 146f.) und so von innen her zu verwandeln ...

Und behalten wir dieses Bild im Gedächtnis, damit wir uns ihm neu anvertrauen können, wenn unerwartete »Stürme« plötzlich aufbrechen und uns in den Abgrund zu ziehen drohen ...

Variante

Psalm 78,2–22 *(»Damit sie ihr Vertrauen auf Gott setzten«)*

4. Mich der Liebe Gottes zur Verfügung stellen, die durch die Antwort meines Vertrauens in dieser Welt Wirklichkeit wird

Übung

1Mose – Genesis 12,1–4a;15,1–6 *(»Geh aus deinem Vaterland in ein Land, das ich dir zeigen will«)*

- Abraham, der »Urvater« des vertrauenden Glaubensgehorsams – wir würden heute sagen, der Archetyp des auf Gottes Wort vertrauenden Menschen, der seine ganze Existenz in dieses Vertrauen hineingibt ...
- Abraham, der »Vater« des Gottesvolkes – sein Vertrauen ist der Beginn der Geschichte des Gottesvolkes, an dem Gott seinen Willen, seine Macht und seine Liebe für alle Geschlechter sichtbar werden läßt ...

Varianten

- Wiener Genesis – »Verheißung an Abraham« *(Bildmeditation, Bild Nr. 6)*

  Anregungen zum Meditieren dieses Bildes:

  Weil Abraham als »Urvater«, Ursymbol des glaubenden, vertrauenden Menschen gilt, ist das, was hier erzählt wird, gültig, auch für mich. So handelt Gott an den Seinen – auch an mir und in meinem Leben, in der Art und Weise, die für mich gut und richtig ist ...

  Ich lasse mich ein auf die Komposition dieses Bildes. (Wo ist seine »Mitte« ... was bedeutet der leere Raum ... gibt es eine Bewegung, die mich mitnimmt ...?)

  Ich lasse mich ein auf die Symbole des Bildes (offene Tür ... Weg ... Himmel ... Sterne ... Hand ...).

  Ich lasse mich ein auf die Bewegungen und Gesten ... Ich frage mich: Was ist die Botschaft des Bildes für mich, für mein Leben? ...
- Lukas 8,43–48 *(Kraft, die dem glaubenden Vertrauen innewohnt)*

5. *Gottes Liebe spüren, die sich nach der Antwort meiner Liebe sehnt*

Übung

- Ich verweile meditierend vor einer Szene des Leidensweges Jesu (frei gewählt) . . . (das kann ich innerlich schauend tun, oder ich kann mir ein Bild dazu suchen, das mich anspricht – ein Bild des Gekreuzigten, ein Bild aus einem Kreuzweg oder was sich sonst anbietet) . . .
- Ich lasse die Frage in mich ein, die das Leben Nikolaus von Zinzendorfs verwandelte: »Das habe ich für dich gelitten – du aber, was hast du für mich getan?« . . .

6. *Mich der Liebe Gottes zur Verfügung stellen, die durch die Antwort meiner Liebe in dieser Welt Wirklichkeit wird*

Übung

1 Johannes 4,16 *(» Wer in der Liebe bleibt, der bleibt in Gott und Gott in ihm«)*

- Ich lasse (vielleicht atmend) Wort um Wort dieses Verses in mich ein . . .
- Ich lasse mich davon durchdringen und verweile angesichts dieses Geheimnisses wartend, was mir dazu »einfällt« – ebenso wie ich bei einer Bildmeditation im Schauen auf das Bild geöffnet und wartend verweile . . .

Variante

Ich meditiere wieder das *Bild der Dreifaltigkeit von Rubljow – Bild Nr. 1*, vor allem im Blick auf den mittleren Engel, das Symbol des Sohnes, dessen Liebesantwort Gott in dieser Welt Wirklichkeit werden ließ – Ursymbol und damit Ermöglichung dessen, daß Gottes Liebe in dieser Welt Wirklichkeit werden kann, auch durch meine Liebe: »Wo die Liebe ist, da ist Gott« . . .

7. *Mich für die Liebe Gottes öffnen, die sich nach der Antwort meines Glaubens, meiner Hoffnung, meiner Liebe sehnt*

Ich lasse die Meditationen der vergangenen Woche noch einmal an mir vorüberziehen und verweile bei dem, was mir am wichtigsten war . . .

DRITTER HAUPTTEIL

»Ausbau des Kellergeschosses« – Vom Umgang mit den Dunkelheiten meines geistlichen Lebens

Überblick:
Einführung in den dritten Hauptteil
1. Vom Sinn und Wesen eines »Kellergeschosses«
2. Von den Erfahrungen mit der Macht der Dunkelheiten
3. Vom rechten Umgang mit geistlichen Dunkelheiten
Übungsangebot für den dritten Hauptteil
Anliegen der siebenten Übungswoche:
Wachsam sein gegenüber der Gefahr, mich der Liebe Gottes zu versagen
Anliegen der achten Übungswoche:
Wachsam sein gegenüber der Macht der Dunkelheiten, die mein geistliches Leben bedrohen
Anliegen der neunten Übungswoche:
Wachsam sein gegenüber der tiefsten Gefährdung meines geistlichen Lebens durch mangelnde Demut

EINFÜHRUNG IN DEN DRITTEN HAUPTTEIL

1. Vom Sinn und Wesen eines »Kellergeschosses«

Schauen wir zuerst wieder auf *das Bild*: »Ausbau des Kellergeschosses«. Jedes Bild hat seine Chancen und seine Grenzen – auch das hier gebrauchte. Was ist der Sinn eines Kellers?

Durchschreiten wir in der Vorstellung den Keller eines Einfamilienhauses. Die Kellerräume bergen manches von dem, wovon die Bewohner des Hauses leben. Hier finden wir die Heizung und das Heizmaterial, ein anderer Kellerraum birgt Vorräte. Daneben befindet sich vielleicht ein Werkraum mit vielerlei verschiedenen Werkzeugen. Und an anderer Stelle wieder wird aufbewahrt, was zur Zeit nicht gebraucht wird: entweder, um es zu verheizen oder zu neuer Verwendung wegzugeben, oder auch, um es später einmal hervorzuholen, wenn es gebraucht wird.

Besonders eindrücklich war für mich das Erleben, im Keller eines Pfarrhauses eine lebendige, sprudelnde Quelle gezeigt zu bekommen. Unabhängig von Hitze und Trockenheit läßt sie seit Jahr und Tag zuverlässig ihr Wasser fließen.

Versuchen wir, einige Aspekte dieses Symbolbildes in unser Leben zu *übertragen*. Ein jeder mag es dann für sich noch weiter vertiefen. In jedem menschlichen Leben gibt es die verborgenen Zonen, die für das Leben entscheidend wichtig sind und die man dennoch nicht jedermann zeigt.

Wenn wir vom »Unterbewußten« im Menschen reden, dann steht uns meistens nur das eine vor Augen: daß sich dort die verdrängten Not- und Schulderfahrungen unseres Lebens befinden, die wir lieber nicht ans Licht kommen lassen möchten. Das ist aber nur eine, und nicht einmal die entscheidende Seite dieses Bereiches unseres Daseins. Viel entscheidender ist das andere: daß diese unbewußten Bereiche in uns den zwar verborgenen, aber lebenswichtigen »Vorratskammern« gleichen; daß die wärmenden Lebenskräfte unseres Daseins aus diesen Bereichen gespeist werden – ja immer neu hervorquellen. Nicht nur die unguten Gedanken und Handlungsweisen, sondern vor allem alles wahrhaft Positive in unserem Leben nährt sich aus diesen verborgenen Bereichen. Willi Lambert[1] gebraucht in diesem Zusammenhang das Bild vom warmen, fruchtbaren Ackerboden, aus dem sich alle unsere Lebenskräfte nähren. Und dabei ist es das Geheimnis der fruchtbaren Erde, daß sie unbrauchbare Abfälle, sofern sie aus natürlichen Substanzen bestehen, wieder in neues, fruchtbares Erdreich verwandelt.

Daneben steht natürlich nun auch das andere: daß es in diesem »Keller« unseres Daseins auch die »Müllecken« gibt; daß sich viel von unverarbeiteter (d. h. noch nicht wieder »in gutes Erdreich« verwandelter) Schuld und von verdrängten Schmerz- und Leiderfahrungen in diesen Bereichen verbirgt. Deshalb haben wir so oft Angst davor, auch nur ein wenig Licht in diese Bereiche unseres Daseins hineinzulassen. Aber geben wir damit nicht gerade dem nach, was dieses Dunkle bezweckt: daß es nicht aufgedeckt werden, sondern verborgen bleiben will, um gerade aus dieser Verborgenheit heraus seine unerkannte Macht zu entfalten?

Immer sind Sünde und Schuld im menschlichen Leben ein Stück Sinnverfehlung des Daseins. Schmerz und Schuld haben letztlich eine tiefe, gemeinsame Wurzel: daß sich der Mensch von seiner eigentlichen Sinnrichtung, die ihm vorgegeben und zutiefst eingepflanzt ist, abgewandt hat. Im Blick auf die Liebe Gottes kann man Schuld eigentlich gar nicht mehr moralisch – nämlich als Übertretung eines objektiven Gesetzes – sehen, sondern immer als eine Folge der verfehlten Beziehung. Jede Schuld und jedes Leid machen deutlich, daß ich ein Glied der Menschheit bin, die sich immer wieder der Liebe Gottes versagt hat und immer neu versagt.

2. Von den Erfahrungen mit der Macht der Dunkelheiten

– Wer seine *Bibel* ernsthaft liest, kann nicht übersehen, wie stark dort mit der Macht des Bösen, des »Teufels«, des »Widersachers Gottes«, des »Satans«, gerechnet wird. Die Ausdrücke wechseln – die Wirklichkeit ist nicht zu übersehen.

Schon im *Alten Testament* begegnet uns gleich zu Beginn diese Macht in der Symbolgestalt der Schlange, der es gelingt, die mit Gott verbundenen Menschen von ihm zu trennen und ihnen damit ihr »Paradies« zu nehmen (1Mose – Genesis 3). Später erlebt das Gottesvolk seine Wüstenwanderung als einen Weg, der von Feinden aller Art bedroht ist. Das Volk Gottes soll lernen, den Kampf mit den verschiedensten »Feinden« aufzunehmen. Ob es fremde Völker sind, die ihm den Weg verwehren, oder ob Hunger und Durst die Menschen mutlos machen wollen: alles das ist prophetisch-anschauliches Symbolgeschehen für den Weg des Gottesvolkes überhaupt, das von »Feinden« verschiedenster Art bedroht ist.

Und wenn *Jesus* in die Wüste geht, dann tut er es, um mit Gott ganz allein zu sein. Dabei muß er erleben, daß da, wo Gott nahe ist, auch der Versucher (der »Feind« schlechthin) seine geballte Macht entfaltet. Von dieser Gefahr weiß er auch seine Jünger bedroht: »Der Satan hat begehrt, euch zu sieben wie den Weizen. Ich aber habe für dich gebeten ...« (Lk 22,31f.), sagt er zu Petrus.

Jahrhundertelang begann die Kirche ihr kirchliches Abendgebet, die Komplet, mit Worten aus dem *1. Petrusbrief:* »Seid nüchtern und wacht; denn euer Widersacher, der Teufel, geht umher wie ein brüllender Löwe und sucht, wen er verschlinge. Dem widersteht, fest im Glauben« (5,8f.).

Und schließlich malt die *Offenbarung des Johannes* das gewaltige Bild vor unsere Augen, wie der Erzengel Michael mit dem Satan kämpft und ihn im Himmel besiegt, so daß er nur noch für kurze Zeit auf Erden seine Macht austoben kann (Offb 12,7–12).

Die Bibel weiß von der ersten bis zur letzten Seite um die Macht der Dunkelheiten, die den Menschen bedrohen.

– »Der Jünger steht nicht über dem Meister« (Lk 6,40). Was Jesus in der Wüste selbst als Gottessohn durchstehen mußte, haben nach ihm alle diejenigen erlebt, die ihm wahrhaft nachzufolgen versuchten. Ganz entscheidende Erfahrungen, die für die gesamte Kirche wichtig geworden sind, haben dabei die Menschen gemacht, die bewußt in die Wüste gingen, um Gott zu finden – die *Wüstenmönche der alten Kirche.* Viele Jahre ihres Lebens verbrachten sie in der Einsamkeit der Wüste, oft auch ihr ganzes Leben hindurch: und sie erlebten dort sowohl die Nähe Gottes als auch die Macht und Gefährlichkeit der »Dämonen« in einer ganz besonders intensiven Weise.

Spätestens hier muß nun die Frage gestellt werden: Können wir denn heute, als Menschen des 20. Jahrhunderts, noch in der mythologischen Denkweise der damaligen Menschen so ungeschützt vom »Teufel«, vom »Satan«, vom »Versucher« oder gar von den »Dämonen« reden, wie einst die Bibel und auch die Wüstenväter? Was ist eigentlich gemeint, wenn wir von der Macht der Dunkelheiten im menschlichen Leben sprechen?

Mir persönlich hat ein kleines Büchlein aus der benediktinischen Geisteswelt diese Frage am überzeugendsten beantwortet. Der Verfasser dieses Buches, der Benediktiner Anselm Grün, wurzelt in einer Tradition, die sich seit 1500 Jahren mit den Phänomenen der Dunkelheiten und des Bösen im Menschen befaßt. Er nimmt diesen reichen Schatz von Erfahrungen auf und bringt sie ins Gespräch mit Erkenntnissen unserer modernen Psychologie. Dabei versucht er, die Erfahrungen der Wüstenmönche in ihrem Kampf gegen die »Dämonen« für unser modernes Denken und Fühlen und damit für den Umgang mit den Dunkelheiten unseres Lebens fruchtbar werden zu lassen. Ich möchte einige Abschnitte aus seinem Büchlein »Der Umgang mit dem Bösen«[2] hier anführen: »Die Dämonenlehre der alten Mönche ist eine Lehre der Praxis und nicht der Theorie. Der rechte Umgang mit den Dämonen ist wichtiger als Spekulationen über ihre Natur und ihr Wesen. Dennoch finden sich auch einige Aussagen über ihre Natur. Die Dämonen waren ursprünglich Engel. Doch fielen sie von Gott ab und wurden daher böse. Nun versuchen sie, die Menschen zum Bösen zu verleiten ... [Das Ziel des Dämonen ist] der emotionale Teil der Seele, der erregbare Teil, der Teil, in dem die heftigen Emotionen wie Zorn, Haß und Eifersucht entstehen ... Der blinde Zorn, der rast und gegen andere wütet, ist ein Bild für das Wesen des Dämons ... (Nicht immer ist erkennbar, ob die Gedanken selbst schon die Dämonen sind oder durch die Dämonen hervorgerufen werden). Einmal [wird] ... der Dämon mit einem vom Zorn aufgewühlten und erregten Menschen identifiziert: ›Kein Laster läßt den Verstand so zum Dämon werden wie der Zorn, da er den emotionalen Teil der Seele in Aufruhr versetzt ... Glaube nicht, daß der Dämon etwas anderes ist als der durch den Zorn verwirrte Mensch‹ (Evagrius) ...

Untersucht man die Aussagen der Mönche über die Dämonen näher, so erkennt man, daß sie Versuche sind, Phänomene zu erklären. Sie sind keine Definitionen und beanspruchen nicht, genau zu wissen, was nun die Dämonen wirklich sind. Die Mönche beschreiben in ihrer mythologischen Sprache psychische Realitäten ... Vielleicht kann daraus ersichtlich werden, daß die Realität, die wir in ... mythologischer Sprache zu beschreiben suchen, zwar erahnt werden kann, aber niemals in den Griff zu bekommen ist ...

Wenn die Mönche von den Dämonen sprechen, so wollen sie die Wirklichkeit beschreiben, wie sie sie erfahren haben. Dazu stand ihnen als Instrumentarium eine Sprache zur Verfügung, die noch nicht in eine begriffliche und bildliche gespalten war, sondern in der sich noch Begriff und Bild, Wort und Symbol vereinigten. Wenn wir ihre Beschreibung als Bilder für eine wirkliche Erfahrung auffassen, dann könnten sie uns eine echte Hilfe sein, die eigenen Erfahrungen zu verstehen und mit ihnen umzugehen. Wenn wir jedoch den Erfahrungsbereich verlassen und die Dämonen wissenschaftlich in den Griff zu bekommen versuchen, dann verkehrt sich alles. Dann ... schaffen (wir) neue Wesen und erzeugen Angst vor diesen ... Wir meinen, diese Wesen genauso überall antreffen zu können wie die Objekte unserer Außenwelt. Wir konstruieren dann Superwesen, je abscheulicher, desto interessanter. Damit aber haben wir gründlich mißverstanden, was uns die Mönche mit ihrer Dämonenlehre sagen wollen ...

Die monastische Dämonenlehre beschreibt und erklärt, was in der menschlichen Seele geschieht, wenn sie sich auf die Suche nach Gott macht, wie sie von vielfältigen Anfechtungen bedroht ist, die sie von Gott und letztlich von ihrer eigenen Gesundheit abzuhalten versuchen.«

– Was uns die Bibel bezeugt, was die Wüstenmönche uns überliefern, davon kann jeder Mensch selbst etwas erleben, wenn er sich bewußt um ein geistliches Leben bemüht. Wer in seinem Leben nur ein wenig von der spürbaren Nähe und Wirklichkeit Gottes erfahren hat, wer vielleicht schon einmal ein Stück Seligkeit im Umgang mit Gott gespürt hat, der weiß aus eigener Erfahrung, daß der Weg ins »Heilige Land« immer ein Weg ist, der »Wüstenstrecken« überwinden muß. *In jedem Leben, das in der Nachfolge Jesu Christi steht, führt der Weg zu Gott durch Bereiche der Dunkelheiten und Versuchungen hindurch.* Das ist ja die Mitte unserer christlichen Botschaft: Vor der Auferstehung steht unausweichlich das Kreuz; aber gerade das Kreuz ist der Eingang zum unvergänglichen Leben.

Das könnte uns Angst machen, den begonnenen Weg fortzusetzen. Genau das aber bezweckt der Versucher. Je größer die

Möglichkeiten eines Menschen sind, etwas zum Bau des Gottesreiches in dieser Welt beizutragen, desto wichtiger wird es dem, der dieses Werk zu hindern versucht, solch einen Menschen davon abzuhalten.[3] Schon der erste Petrusbrief stellt die Anfechtungen, die den Christen begegnen, als etwas ganz Normales hin, mit dem sie zu rechnen haben (4,12).

3. Vom rechten Umgang mit geistlichen Dunkelheiten

Wenn ich auf Jesus und sein Leben schaue, dann kann mir das Wichtigste nicht entgehen: Er sucht gerade die Menschen und hat zu denen den unmittelbarsten Zugang, die in den Dunkelheiten des Lebens stehen und auch darum wissen. Er geht zu auf Menschen, deren Dasein durch Leid, Schmerz, Krankheit oder gar Tod verdunkelt ist, und bietet denen Tischgemeinschaft an, die durch Sünde und Schuld belastet sind und von ihren Mitmenschen deshalb beiseite gedrängt werden. Das Evangelium schließt die Erfahrung von Not und Schuld nicht aus, sondern die frohe Botschaft spricht unmittelbar in diese Erfahrung hinein. Das bedeutet für mich, daß ich auch als Christ ein Mensch sein darf, der seine Dunkelheiten hat. Die entscheidende Frage ist, wie ich mit ihnen in rechter Weise umgehen kann. Dazu möchte ich fünf verschiedene Möglichkeiten nennen.

– Erstens muß ich *üben, auf Gott zu schauen statt auf meine Dunkelheiten:* Schaue ich nur auf diese – seien es Schmerz, Angst oder Schuld –, dann übt dieses Dunkle oft eine Macht auf mich aus, von der ich mich wie »gebannt« fühle. Im Starren auf das Dunkle gewinnt dieses immer mehr Gewalt über mich. Ein Sprichwort aus Asien sagt: »Die kleine Hand vor den Augen verdeckt die ganze Sonne.«

Nur der Blick auf die Liebe Gottes, auf seine in Jesus sichtbar gewordene Liebe zu den Sündern und Gescheiterten, bewahrt mich vor dem Sog des Dunklen, der mich in die Tiefe ziehen möchte. Der Sieg Jesu Christi über die dunklen Gewalten ist ja bereits Wirklichkeit geworden.

Als Symbolbild für die nur scheinbare Macht alles Dunklen kann ein biblisches Bild zur Anschaulichkeit dienen: Der König Nebukadnezar sieht im Traum ein Standbild in blendendem Glanz – das Haupt aus reinem Gold, Brust und Arme aus Silber, Leib und Hüften aus Erz, die Beine aus Eisen, die Füße teils aus Eisen, teils aus Ton. Da löst sich ein Stein vom Berg, trifft die Füße – und Eisen, Ton, Erz, Silber und Gold werden mit einem Mal zu Staub (Dan 2,31ff.). Dieses Bild kann zum Gleichnis für die Sünde werden: Sie kann gleißen und verlocken wie reines Gold und Silber, sie kann anscheinend unbezwingbar sein wie Eisen – doch schau auf die tönernen Füße: Alles bricht zusammen![4]

Vielleicht haben wir es selbst schon erfahren, daß sich eine Versuchung, die anscheinend unüberwindlich vor uns stand, wie ein Nebel auflöste, wenn wir unseren inneren Blick aus ihrem Bannkreis lösten und auf Gott schauten. So kann etwa ein jahrelang gehegter Groll gegenüber einem Menschen eines Tages in nichts zusammenfallen.

– Zweitens muß ich *wagen, meine Dunkelheiten ans Licht kommen zu lassen:* In dem eben genannten Wegschauen von mir selber und von meinen Dunkelheiten und in der Wendung meines Blicks auf Gottes Liebe wird mir oft besonders schmerzhaft bewußt, wie vieles Dunkle in mir ist. Doch muß ich das Wagnis auf mich nehmen, meine Dunkelheiten nicht zu verdrängen, sondern wahr sein zu lassen. Ein Wort, erwachsen aus der benediktinischen Spiritualität, hat sich mir unvergeßlich eingeprägt: »Ich muß die Dunkelheiten in mir ans Licht kommen lassen, damit sie geheilt werden können« (Fidelis Ruppert). Was ich verdränge, was ich vor mir selbst nicht zugebe, das übt aus dem Verborgenen eine unbekannte, aber starke Macht über mich aus. Gerade für einen Christen, der gern »vollkommen« sein möchte (Mt 5,48), ist die Gefahr groß, daß »nicht sein kann, was nicht sein darf«. Und dann flieht er vor seiner Wahrheit entweder in eine Illusionswelt und bildet sich ein, alles sei heil; oder er versinkt – wenn diese zusammenbricht – in Depressionen. Den Blick auf meine Dunkelheiten kann ich nur dort aushalten, wo ich mich mit diesen Dunkelheiten dennoch in der Liebe Gottes geborgen weiß.

Deshalb mußte ich das »Fundament« bauen, ehe ich das »Kellergeschoß« ausbaue – deshalb steht vor diesem dritten Hauptteil der zweite, in dem ich mir dieser mich umgreifenden Liebe bewußt werde. Nur auf diesem Hintergrund der erfahrenen Liebe Gottes kann ich das Wagnis eingehen, meine Dunkelheiten ans Licht kommen zu lassen.

– Drittens muß ich *üben, die »Geister zu unterscheiden«*: Wo ich mich meinen Dunkelheiten stelle, wo ich den verschiedenen Regungen, die aus meinem Inneren aufsteigen, nicht ausweiche, kann ich sie anschauen; ich kann reflektieren und dabei lernen, sie zu unterscheiden.

Ignatius[5] gibt in seinem Exerzitienbuch »Regeln, um die verschiedenen Regungen zu verspüren und zu erkennen, die [beim Beten und Meditieren] in der Seele verursacht werden, die guten, um sie anzunehmen, und die bösen, um sie abzuweisen«.

Wer geöffnet ist, ist offen für die Wirklichkeiten, die den Menschen gewissermaßen von außen her zum Guten oder zum Bösen veranlassen können. Die Symbolsprache, der wir schon bei den Wüstenmönchen begegneten, spricht im Blick auf diese Wirklichkeiten vom »guten« und vom »bösen Geist«, der das Innere des Menschen bewegt. Dieser Bilder bedient sich Ignatius. Es geht um den gleichen Sachverhalt, dem wir beim Sprechen von den »Dämonen« begegnet sind. Um die »Unterscheidung der Geister« zu lernen, ist es für den Menschen wichtig, seine inneren Zustände (Gefühle, Emotionen, Träume u. a.) zu beobachten. Das ist ein entscheidender Prozeß, der sich durch ein geistliches Leben zieht. Es gibt Zeiten des »Trostes« und Zeiten der »Trostlosigkeit«, Zeiten der inneren Fülle und Zeiten der inneren Leere. Für Ignatius ist »Trost« alles, was eine Zunahme an Glaube, Hoffnung und Liebe bewirkt; was den Menschen anregt, sich mehr im Dienst für Gott zu verschenken. Und in der »Trostlosigkeit« ist genau das Gegenteil der Fall.

Nicht jede Zeit der inneren Leere jedoch ist in diesem Sinne Zeit der Trostlosigkeit, also Zeit, in welcher »der böse Geist« den Menschen beherrscht. Oft können solche Zeiten der Leere Zeiten des inneren Wachsens und Reifens auf Gott hin sein. Deshalb fragt Ignatius immer nach den Wirkungen solcher inneren Zustände. Dabei ist alles, was mich in innere Verwirrung versetzt, mit großer Wachsamkeit wahrzunehmen. Ist es doch das Wesen des Teufels, des »diabolos« (wörtlich übersetzt: des Durcheinanderwerfers), alles in Verwirrung zu bringen.

Diese Lehre von der Unterscheidung der Geister finden wir nicht nur bei Ignatius. Sie hat in jeder geistlichen Lebensform ihren unersetzlichen Platz. Doch diese »Lehre« kann man nur zu einem geringen Teil theoretisch lernen; das Hauptgewicht dieser Erkenntnis liegt immer im Sammeln eigener Erfahrungen und deren Reflexion.

– Viertens muß ich *mich bereithalten, den Kampf aufzunehmen.* Noch einmal möchte ich an dieser Stelle Anselm Grün[6] zu Wort kommen lassen, der aufzeigt, in welcher Weise uns die Wüstenmönche lehren, wie der Mensch den Kampf mit seinen Dunkelheiten aufnehmen kann:

»Für die Mönche geht es im Dämonenkampf um die alltägliche Auseinandersetzung mit dem Bösen, um das Verhalten in der Anfechtung und Versuchung. Die Dämonen sind dabei Bilder für die unbewußten Inhalte, die auf den Menschen einstürmen und ihn in ihren Bann zu ziehen suchen. Indem die Mönche die negativen Inhalte des Unbewußten auf den Dämon projizieren, schaffen sie eine Möglichkeit, damit umzugehen. Sie setzen das Unbewußte nach außen, benennen es und können sich so dagegen wehren. Insofern ist die Auseinandersetzung mit den Dämonen eine fruchtbare Art, mit dem Unbewußten umzugehen, vor allem mit den Affekten und Emotionen.«

Deshalb vollzieht sich der Kampf gegen die inneren Dunkelheiten in erster Linie als Kampf mit den eigenen Gedanken. Es ist ein echter und harter Kampf, der hier vom Christen gefordert wird. Das Bild von Sieg und Niederlage ist ein unverzichtbares Symbolbild der Bibel und jedes geistlichen Lebens. In der christlichen Kunst nehmen in allen Jahrhunderten die Bilder vom Erzengel Michael und vom Ritter Georg das Kampfmotiv auf, wenn diese Symbolfiguren in ihrem Ringen mit dem »Drachen«, dem Symbol alles Bösen, dargestellt werden. »Wir haben nicht mit Fleisch und Blut zu kämpfen«, sagt der Epheserbrief (6,12) und macht damit deutlich: Der entscheidende Kampf, den der Christ zu bestehen hat, ist der Kampf gegen das Böse, gegen das Leid und Unrecht in jeder Form. – Von einer grundlegenden Form dieses Kampfes sprachen wir schon: daß ich dem Sog wehre, auf das Dunkle zu starren – um immer neu meinen Blick auf Gott zu richten, auf seine Liebe und auf seinen Sieg, der bereits errungen ist.

Aber darüber hinaus sollte ich auch Techniken kennen und beherrschen, die sich seit Jahrhunderten im Kampf gegen alles Dunkle im Menschen bewährt haben. Die Mönche schlagen vor, den »Kampf mit dem Wort«[7] aufzunehmen. Es ist die Weise des Kampfes, mit der Jesus in der Wüste den Versucher besiegte. Dazu muß ich die Absicht des »Versuchers« durchschauen. Wovon will er mich abhalten? Wozu will er mich verleiten? Wenn mir das bewußt geworden ist, ergreife ich als »Waffe« ein Bibelwort oder einen Liedvers, in dem Gottes Wille für diese konkrete Situation vollmächtig (»er lehrte sie mit Vollmacht«, Mt 7,29) enthalten ist, und wiederhole ihn so lange, bis sich die Versuchung gelindert oder die Angst beruhigt hat. Dies ist eine bewährte Methode für nächtliche Angstzustände. Ich persönlich kann mich an Nächte erinnern, in denen ich stundenlang meiner Angst nichts anderes entgegenstellen konnte als den Liedvers von Paul Gerhardt:

»Auf, auf, gib deinem Schmerze und Sorgen Gute Nacht,
laß fahren, was das Herze betrübt und traurig macht;
bist du doch nicht Regente, der alles führen soll;
Gott sitzt im Regimente und führet alles wohl.«[8]

In anderen Nächten war es das Wort: »Wir wissen aber, daß denen, die Gott lieben, alle Dinge zum Besten dienen« (Röm 8,28).

Eine andere Möglichkeit, die ich mit aller Vorsicht nennen möchte (sie ist gewiß nicht für jeden Menschen und für jede Situation anwendbar), ist die Aufnahme des Kampfes durch das freie Angebot: Wo ich von Angstzuständen mit geradezu dämonischer Gewalt umgetrieben werde, nehme ich den Verlust, vor dem ich Angst habe, und mache ihn zu einem freiwilligen Angebot: »Herr, ich biete dir freiwillig an (das Schlimmste, was ich befürchte), wenn es dein Wille ist.« Wir alle wissen, wieviel leichter es uns auch im zwischenmenschlichen Bereich fällt, etwas freiwillig zu schenken, als es uns nehmen zu lassen! Das ist schwer, aber oft überraschend befreiend.

– Fünftens muß ich *lernen, mich selbst anzunehmen.* Letztlich werde ich den Kampf mit meinen Dunkelheiten nur dann bestehen und sie besiegen können, wenn ich wage, wirklich ich selbst zu sein. Ich muß darauf verzichten, vor Gott irgendwelche Rollen zu spielen, die dem Versucher zuviel Angriffsflächen bieten. Es ist entscheidend wichtig für mein geistliches Leben, daß ich in einem stetigen Wachstums- und Reifeprozeß immer mehr in meine eigene Wahrheit hineinwachse. Ich muß es mir selbst erlauben, so zu sein, wie ich wahrhaft bin – vor Gott, vor den anderen Menschen, aber auch vor mir selbst. Denn nur dann, wenn ich wahrhaft »ich« bin, darf ich als dieser einmalige Mensch vor Gott stehen und mich beschenken lassen – auch mit der Kraft, die er mir im Kampf gegen die Dunkelheiten verleihen will. Verdeutlichen wir das an einigen Beispielen:

- Vielleicht lebe ich in der Illusion, besser zu sein, als ich wirklich bin. Damit schlüpfe ich in eine Rolle hinein, die mir selbst schmeckt, die andere vielleicht in mir bestärken, die aber nach und nach große und unkontrollierbare Macht über mich gewinnt. Ich »filtere« unbewußt alles, was mir begegnet, darauf hin, ob es dieser Rolle dienlich ist oder nicht. Sonst übergehe ich es lieber. Oder ich projiziere meine verdrängten Fehler auf denjenigen, der mir anders begegnet, als es meine Rolle wünscht. Dann ist der andere der »böse Mensch«, der mir etwas sagen konnte, was zwar der Wahrheit entspricht, aber nicht zu dem Bild paßt, das ich von mir selbst habe. Doch dieser Prozeß geht noch weiter: Ebenso filtere ich unbewußt auch alles, was als Gottes Wort und Wille an mich herantritt – nach dem Maße der Rolle, in die ich mich hineingelebt habe. Da hat der Versucher leichtes Spiel, mich in dieser Fehlhaltung zu bestärken. Auf diesem Hintergrund kann eine Meditation des Wortes Jesu: »Steig eilend herunter; denn ich muß heute in deinem Haus einkehren« (Lk 19,5), sehr hilfreich sein und einen Gesundungsprozeß einleiten.
- Oder das Gegenteil: Ich sehe meine Fehler überstark. Ich lebe mich immer tiefer hinein in die Rolle des »großen Sünders«, so

daß ich alles, was mir begegnet, nur noch in dieser Rolle zu erleben vermag. Schon immer kennt man in der Kirche das Problem des »Skrupulanten«. Es gibt Bestrebungen in der katholischen Kirche, Menschen in solchem inneren Zustand vom Beichten abzuraten. Die Beichte wäre für sie keine echte Hilfe; denn ihre Rolle läßt es nicht zu, das befreiende Erleben der Vergebung zu erfahren. Auch hier hat der Versucher eine einzigartige gute Angriffsfläche. Das innere Gespür dafür, daß hier etwas ungesund ist, muß ich vertiefen!

- Ebenso kann ich ständig in die Rolle dessen schlüpfen, der ich einmal war oder der ich einmal sein werde (»Ja, damals, da gelang mir alles besser« – »Ja, später, wenn ich einmal soweit gekommen bin« –). In der Wahrheit sein heißt: So, wie ich hier und heute bin, darf ich zu Gott kommen; denn sonst bin nicht ich es, der vor Gott steht, sondern eine Phantasiegestalt. Nur in der Wahrheit meines konkreten Zustandes kann ich von ihm Hilfe und Heil erfahren.
- Um noch ein weiteres zu nennen: Ebenso kann mir der Blick auf andere Menschen, die ich beneide oder denen ich mich überlegen fühle, die Sicht für meine eigene Wahrheit verstellen. Indem ich entweder unbedingt so sein möchte wie ein anderer oder indem ich auf keinen Fall etwas mit ihm gemein haben möchte, lasse ich mir den empfindlichsten Punkt meines Inneren, der wie eine Kompaßnadel frei schwingen möchte, durch Anziehung oder Abstoßung beeinflussen. Damit bin ich nicht mehr in meiner eigenen Wahrheit.

Deshalb erfordert das Hineinwachsen in die Wahrheit meines Seins vor Gott ein Loslassen aller dieser Rollen, in denen ich vor mir selbst, und damit auch vor Gott, fliehe.

Lassen Sie mich zum Schluß dieser Einführung noch einmal zusammenfassend auf einige Gefahren hinweisen, die sich aus der Wegstrecke des dritten Hauptteils ergeben könnten:

1. Gefahr:

Plötzliche Entschlüsse zu fällen, die nicht aus der inneren Klarheit, sondern aus der Angst der Dunkelheit entstehen.

Regel:
Wichtige, vor allem unwiderrufliche Entschlüsse niemals in Zeiten der inneren Dunkelheit und Dürre fällen, sondern den Weg weitergehen, wie man ihn in Zeiten der inneren Klarheit vor sich gesehen hat. Wenn es wieder »licht« ist, dann kann man seinen Weg neu überprüfen.

2. *Gefahr:*
In Zeiten der inneren Dürre (»Wüste«) den begonnenen Weg aufzugeben in der Meinung, Gott habe sich zurückgezogen.
Regel:
Um so treuer durchhalten und wach bleiben sowohl für den Versucher, der uns vom Weg abbringen will, als auch für Gott, der uns in neuer, unerwarteter und ungewohnter Weise begegnen möchte.

3. *Gefahr:*
Aus Angst vor den Schmerzen sich vor der Liebe zu verschließen. Liebe und Schmerz gehören unlöslich zusammen. Allein die Bereitschaft, Schmerzen auf dem Weg der Liebe auf sich zu nehmen, macht den Menschen dazu bereit, daß Gott ihn weiterführen kann.
Regel:
Den Schmerz als eine Form verwirklichter Liebe annehmen.

4. *Gefahr:*
Sich vom Bewußtsein der eigenen Dunkelheit und Schuldverhaftung so überfluten zu lassen, daß man meint, es gebe keinen Weg mehr zurück zu Gott.
Regel:
Es gibt in diesem Leben keinen Zustand der Schuld, mag sie noch so gravierend sein, aus dem heraus nicht ein unmittelbarer Zugang zu Gott besteht.

5. *Gefahr:*
Alles allein mit sich selbst und mit Gott abmachen zu wollen.
Regel:
Gott verweist uns an den Bruder (Seelsorger) – als ein Geschenk! Christus hat seiner Kirche die Gabe der Beichte und der Schuldvergebung anvertraut. Weshalb gebrauchen wir diese Gabe so selten?

ÜBUNGSANGEBOT
FÜR DEN DRITTEN HAUPTTEIL

Anliegen der siebenten Übungswoche: Wachsam sein gegenüber der Gefahr, mich der Liebe Gottes zu versagen

Überblick:

Einführung in die siebente Übungswoche

Gefahr, meine tiefste Lebenserfüllung zu verfehlen

Übungsangebot für die siebente Übungswoche

1. *Die Gefahr sehen, Gottes Einladung auszuschlagen*
2. *Die Gefahr sehen, durch Unglauben Gottes Wirken zu hindern*
3. *Die Gefahr sehen, über der Not den Retter zu vergessen*
4. *Die Gefahr sehen, durch mangelnde Liebe mein Heil zu verspielen*
5. *Die Gefahr sehen, durch mangelnde Vergebungsbereitschaft in meiner Schuld zu bleiben*
6. *Die Gefahr sehen, Gott die erste Stelle in meinem Leben zu verweigern*
7. *Die Gefahr sehen, mich der Liebe Gottes zu versagen*

Einführung in die siebente Übungswoche

Wenn wir uns in dieser Woche bewußt auf den Umgang mit unseren inneren Gefährdungen einlassen, dann wird mancher von Ihnen sagen können, daß sich diese Thematik bereits in den letzten Wochen zu Wort gemeldet hat. Angesichts der großen Liebe Gottes erkenne ich mein Versagen oft in einer ganz neuen Tiefe. Im Horchen auf die Botschaft seiner Liebe mag mir die Armseligkeit meiner eigenen Liebesantwort erschreckend deutlich geworden sein. Wie gehe ich mit solchen Erkenntnissen um? Darf ich noch einmal daran erinnern: nicht verdrängen und nicht verzweifeln, sondern den Gratweg finden, der zwischen diesen Abgründen hindurchführt.

Das bedeutet: Ich darf, ja, ich soll sogar die Gefahren wahrnehmen, die in mir liegen. Niemals hat Jesus verschwiegen, daß der Mensch in Gefahr steht, die tiefste Erfüllung seines Lebens zu verpassen. Im Gegenteil, er hat den Menschen seiner Umgebung ganz bewußt dafür die Augen geöffnet. Wo weist er auf Hauptgefahren hin, die den Menschen ihren Weg zum Vater, und damit auch zugleich zu ihrer eigenen, tiefsten Lebenserfüllung, verstellen können? Lassen wir uns von ihm ein Stück auf seinem Weg mitnehmen.

Eines wird uns auf diesem Wege bald deutlich werden: Überraschenderweise warnt Jesus die Seinen eigentlich niemals vor moralischen Übertretungen des Gesetzes. Dagegen stellt er ihnen in vielfacher Weise verschiedenste Möglichkeiten vor Augen, die zeigen, daß *die Hauptgefahr für den Menschen* darin liegt, *daß er sich vor der Liebe Gottes verschließt, daß er sich dieser Liebe zu entziehen sucht.* Wer aber Gott und seiner Liebe die Antwort eigener Liebe bewußt verweigert, steht in der Gefahr, seine ewige Erfüllung zu verfehlen. Daran läßt das Neue Testament keinen Zweifel. Und es geht dabei um mehr als um ein – vielen Menschen sehr vage und unbestimmt erscheinendes – »Jenseits« nach unserem Tod oder nach dieser Weltzeit. Das Geschehen, das die Bibel mit dem Symbolwort »Gericht« bezeichnet, ist schon jetzt und hier, in kleiner Münze gewissermaßen, erfahrbar:

- Wo ich Gottes große Einladung ausschlage, wird mein jetziges Leben bereits flach und verliert seinen tiefsten Wert.
- Wo ich durch Unglauben Gott in seinem Wirken hindere, schade ich nicht nur seinem Reich, sondern auch mir selbst.
- Wo ich nur noch auf die Not blicke, versinke ich in der Tiefe der Angst oder des Trotzes.
- Wo ich mich vor dem Bruder verschließe, der in Not ist, gehe ich für mich selbst am Reichtum eines erfüllten Lebens vorbei.
- Wo ich anderen nicht vergebe, schade ich in erster Linie mir selbst. Jedes Mit-mir-Herumtragen von Groll und unvergebener Schuld vergiftet mein eigenes Leben.
- Wo ich Gott die erste Stelle in meinem Leben versage, bleibe ich im Kreisen um mich selbst – und wer weiß nicht, wie unglücklich solche Menschen sein können.

Wagen wir es in dieser Woche, solchen Gefährdungen klar ins Auge zu sehen, ohne dabei den alles tragenden Untergrund und Hintergrund zu vergessen: daß es Gottes große Liebe und Sehnsucht nach uns ist, die uns davor warnen möchte, an einem Leben achtlos vorüberzugehen, das er in Überfülle für uns bereithält (Joh 10,10).

Übungsangebot für die siebente Übungswoche

1. Die Gefahr sehen, Gottes Einladung auszuschlagen

Hinweis
Viele verschiedene Methoden zur Meditation eines biblischen Textes haben wir in den letzten Wochen kennengelernt. Fülle birgt aber auch eine Gefahr in sich; deshalb möchte ich Ihnen hier einen Hinweis geben, der aus Erfahrung gewachsen ist: Bitte verlieren Sie nicht viel oder möglichst keine Zeit mit der Wahl der Methode, die Sie für diesen oder jenen Text wählen wollen. Hier ist ein beliebtes Einfallstor des Versuchers, der Sie auf diese Weise vom Beten abhalten oder Ihnen mindestens kostbare Gebetszeit rauben will. Jede gute Methode ist als Einstieg geeignet, und »die Seele ist so gesund, daß sie aus jedem Text und aus jeder Methode des Einstiegs das herausfindet, was ihr im Augenblick not tut« (Willi Lambert)[9]*. Wer mit der Wahl der Methode Schwierigkeiten hat, sollte sich bereits beim ersten Lesen des Übungsstoffes außerhalb der eigentlichen Meditationszeit für einen bestimmten Einstieg entscheiden.*

Übung
Lukas 14,16–24 *(Gleichnis vom großen Abendmahl)*
Dieses Gleichnis entfaltet seine eigene Dynamik, wo ich mich meditierend darauf einlasse ...

Variante
Komm, sag es allen weiter ... *(Liedmeditation)*:
»Komm, sag es allen weiter, ruf es in jedes Haus hinein!
Komm, sag es allen weiter: Gott selber lädt uns ein.

Herr, deinen Ruf verachten, das wäre unser Tod.
Drum hilf, daß wir beachten dein großes Angebot.«[10]

2. Die Gefahr sehen, durch Unglauben Gottes Wirken zu hindern

Hinführung

»Selig bist du, die du geglaubt hast«, sagt Elisabeth zu Maria; denn durch ihr glaubendes »Ja«, durch ihre Bereitschaft, »mir geschehe«, öffnete sie in ihrer Person zu ihrer Zeit und an ihrem Ort diese Welt für das Einbrechen der Wirklichkeit Gottes (vgl. S. 107). Und Jesus preist in unüberhörbarer Weise immer neu diejenigen selig, die sich im Glauben seinem Wirken öffnen. Aber dieses Geschehen hat auch eine Kehrseite, die wir oft im Evangelium überlesen: daß der Mensch durch seinen Unglauben Gottes Wirken hindern kann; daß er sich selbst der Wirklichkeit Gottes verschließen und damit auch – an seiner Stelle – diese Welt vor dem lebendigen Strom der Fülle Gottes, die sich verströmen möchte, zuschließen kann. Beim Evangelisten Markus steht ein Wort, das sehr nachdenklich macht: »Und sie nahmen Anstoß an ihm und lehnten ihn ab . . . Und er konnte dort kein Wunder tun . . . Und er wunderte sich über ihren Unglauben« (6,3–6). Das erlebt Jesus in seiner Vaterstadt.

Übung

Matthäus 17,20b *(»Nichts wird euch unmöglich sein«)*

Variante

Matthäus 17,14–20 *(»Wegen eures Kleinglaubens«)*

Achtung: Gewiß können wir mit unserem Glauben bei Gott vieles erreichen. Völlig falsch wäre jedoch, jedes nicht erhörte Gebet als eine Folge des Unglaubens anzusehen. Jede Gebetserhörung ist und bleibt freie und unverdiente Gnade Gottes.

3. Die Gefahr sehen, über der Not den Retter zu vergessen

Übung
Matthäus 14,22–33 *(Sinkender Petrus)*

Varianten
- 2 Mose – Exodus 14,10–16 (oder bis Vers 22) *(Schilfmeer)*
- Hitda-Evangeliar – »Sturm auf dem Meere« (Wiederholung und Vertiefung der *Bildmeditation, Bild Nr. 8* von S. 108f. unter dem Thema dieses Abschnitts).

4. Die Gefahr sehen, durch mangelnde Liebe mein Heil zu verspielen

Übung
Ernst Barlach – »Selig sind die Barmherzigen« in Verbindung mit Lukas 10,30–37 *(Zwei aber gingen vorüber) (Bild- und Textmeditation, Bild Nr. 10)*
Anregungen zum Meditieren des Bildes:
Je länger ich das Bild anschaue, desto lebendiger wird es für mich, desto deutlicher vernehme ich – ohne Worte – seine eigene Sprache.

Zwei Menschen begegnen mir auf diesem Bild, so unterschiedlich, wie es überhaupt möglich ist. Gewänder wie Haltungen der beiden weisen unübersehbar auf ihren inneren Zustand hin: der eine im unordentlichen, zerknitterten, abgetragenen Kleid, mühselig müssen die Muskeln der Arme die Beine ersetzen ... kann er seinen Kopf selbst noch aufrecht halten? ... Wie mag dieser Mensch ausgesehen haben, ehe der andere kam? ...

Dagegen ist die andere Gestalt mit einfachen, klaren Linien gezeichnet. Sie kniet – manchmal darf ich auch vor einem Menschen knien! –, das helle, lichte Gewand ist wie eine Hülle für das Sich-Öffnen für den anderen ... dieser Mensch ist bereit, den anderen in sich einzulassen ...

Vertraue ich mich der inneren Dynamik dieser Zeichnung an, dann nimmt sie mich mit, bis ich zu der »Schale« komme, die durch die Arme der hellen Gestalt gebildet werden. Sie bildet den Raum, in dem sich beide Gesichter anschauen. Die helle Gestalt schaut ins Dunkle, damit die dunkle ins Licht schauen kann ... Die helfenden Hände sind nötig dazu ...

Für den Helfenden scheint allein das Gesicht des Kranken wichtig zu sein ... Sucht er hinter Gram, Leid, Verzweiflung und Bitterkeit das Antlitz des »Menschen«? ... das Antlitz dessen, den Gott »zu seinem Bilde« schuf? ...

»Wo bist du?« fragt mich dieses Bild, »... und wo ist dein Bruder?«

Variante

Lukas 16,19–31 *(Lazarus vor der Tür)*

5. *Die Gefahr sehen, durch mangelnde Vergebungsbereitschaft in meiner Schuld zu bleiben*

Übung

Matthäus 18,21–35 *(Gleichnis vom Schalksknecht / Vom unbarmherzigen Gläubiger)*

Variante

Matthäus 6,12;14f. *(»Wie auch wir vergeben unsern Schuldigern«)*

Welch eine Chance bietet Gott uns hiermit an: meine eigene Vergebungsbereitschaft ist unlöslich damit verbunden, daß ich selbst immer neu die Vergebung Gottes erfahren darf!

6. *Die Gefahr sehen, Gott die erste Stelle in meinem Leben zu verweigern*

Übung

2 Mose – Exodus 32,1–14 *(Das Goldene Kalb)* in Verbindung mit Josef Hegenbarth – »Mose und das Goldene Kalb« *(Text- und Bildmeditation, Bild Nr. 11)*

Luther sagt: »Woran du dein Herz hängst, das ist dein Gott.« Wenn wir dieses Wort einmal wirklich in uns aufnähmen und uns ihm stellten, dann bekäme die Frage des »Goldenen Kalbes« ein ganz neues Gewicht ... Ein Spruch aus Afrika lautet: »Das Goldene Kalb hat sich vermehrt in vielerlei Gestalt. Der Tanz geht fort. Wer ihn verweigert, gewinnt den Preis.«

Anregungen zum Meditieren des Bildes:

– Zuerst stellt mich dieses Bild vor die Frage: Wird hier nicht ein negativer Meditationsinhalt angeboten, den ich lieber nicht meditieren sollte? Erst nach längerem Verweilen begreife ich, daß hier letztlich doch etwas Positives geschieht – eine positive Bewegung, die mich mitnehmen will:

– Der Zorn eines Menschen steht im Vordergrund des Bildes ... Er erinnert mich an Jesus, der im Tempel die Händler und Geldwechsler vertreiben mußte ... »mußte« – dieses Wort fällt mir auch zu diesem Bild ein. Was alles hat Mose in den vergangenen vierzig Tagen mit dem heiligen Gott erlebt, daß er nun so reagieren muß ... »heiliger Zorn«, worüber? ...

– Das Bild läßt mich fragen: Ist es wirklich so schlimm um unsere, um meine Schuld bestellt? ... Vielleicht schaue ich mit dieser Frage eine kurze Weile auf das Bild des Gekreuzigten *(Bild Nr. 4)*. Ja – es ist wahrhaftig so schlimm, sogar noch schlimmer, wir können es nur ahnen ... Die zerbrochenen Tafeln des heiligen Gottesgesetzes im Vordergrund sind dafür ein Symbol: Wo der Mensch das Gottesgebot bricht, zerbricht er sich selbst ...

– Und noch eine neue Dimension mag sich auftun, die mich immer wieder zu diesem Bild zurückzieht: Moderne Traumforschung hat erkannt, daß der Mensch in seinen verschiedenen Traumgestalten eigentlich immer nur sich selbst (im Symbolbild veranschaulicht) träumt. Vielleicht ist dieses Bild wie solch ein »Traum«, der mir mein Innerstes sichtbar vor Augen malt: Mein »Abgott« (vielleicht mein unerlöstes Ich) ist erhöht auf einen Sockel, die »Massen« (auch in mir selbst) jubeln ihm zu und beten ihn an – während mein »wahrer Mensch«, mein »neues Ich« (die »neue Schöpfung«, 2Kor 5,17) sich in echter innerer Leidenschaft dagegen erhebt. Und das ist die Mitte des Bildes! Wie klein ist das »Goldene Kalb« im Hintergrund! ...

Varianten

- 2 Mose – Exodus 24,18b; 32,1 *(»Als aber das Volk sah, daß Mose ausblieb und nicht wieder von dem Berge zurückkam«)*
  Ich versetze mich in einen Mann oder eine Frau des Volkes Israel, während Mose vierzig Tage lang auf dem Berg bei Gott verweilt – und warte in diese dunkle Ungewißheit hinein ...
  Das übertrage ich auf mein Leben ...
- Psalm 16,4a *(»Viel Schmerzen leidet, wer fremden Göttern folgt«)*
- Markus 10,17–27 *(Reicher Jüngling)*

7. Die Gefahr sehen, mich der Liebe Gottes zu versagen

Wiederholung und Vertiefung

- Ich schaue auf die Woche mit ihren Meditationen zurück und rufe mir wieder in Erinnerung, was ich an Gefährdungen, Versagen und Dunkelheiten in mir gespürt habe ...
- Ich lasse mich anschauen von Jesus Christus *(Bild Nr. 2)*, lege alles offen vor ihn hin, eines nach dem anderen, und ich lasse mir sagen: »Ja, ich weiß – um deine Not, um deine Schuld, um deine Dunkelheit, ich weiß noch besser als du selbst – und ich liebe dich dennoch, so wie du bist« (wichtig ist, daß ich es mir sagen lasse, es mir nicht selbst einrede. Gott sagt es mir durch sein Wort.) ...

Anliegen der achten Übungswoche: Wachsam sein gegenüber der Macht der Dunkelheiten, die mein geistliches Leben bedrohen

Überblick:
Einführung in die achte Übungswoche
Übungsangebot für die achte Übungswoche

1. Im Wissen um die Macht des Bösen die Tiefe meiner Gefährdung erkennen

2. *Im Blick auf die Möglichkeit, den Weg zu verfehlen, den Ernst meiner Verantwortung begreifen*
3. *Im Schauen auf die Liebe Gottes meine Dunkelheiten ans Licht kommen lassen*
4. *Im Glauben an die Barmherzigkeit Gottes mit der Last meiner Schuld zu ihm kommen*
5. *Im Wissen um die vergebende Liebe mit der Erfahrung meiner Schuld leben können*
6. *Im Glauben an die vergebende Liebe den Kampf gegen das Böse aufnehmen*
7. *Im schauenden Verweilen vor dem Ostersieg Christi mich in diesen Sieg einbeziehen lassen*

Einführung in die achte Übungswoche

Wir finden uns immer schon vor in einer Welt, in der es Not, Leid und Schuld gibt, noch ehe wir überhaupt eine Entscheidung dafür oder dagegen treffen konnten. Solche »Dunkelheit« begegnet uns auch nicht nur dort, wo wir uns selbst dem Anspruch der Liebe Gottes versagen, sondern darüber hinaus begegnet sie uns immer wieder als eine »Macht«, die wir zwar nicht in den Griff bekommen, aber auch nicht übersehen können (vgl. dazu S. 115–119). Es ist zweitrangig, wie wir sie nennen; aber es ist entscheidend, daß wir mit ihrer Existenz rechnen, um sie zu erkennen und ihr richtig zu begegnen. Denn ihre geballte Macht entfaltet sie dort, wo der Mensch nicht wahrhaben will, daß sie existiert. Dagegen kann sie bald als überwunden erfahren werden, wo man ihr nüchtern begegnet, ohne sich durch sie bannen oder faszinieren zu lassen.

Deshalb geht es in dieser Woche um die Frage, *wie ich diese Macht der Dunkelheit im Licht der Bibel erkennen und ihr in rechter Weise begegnen kann.*

Denn diese Macht der Dunkelheit ist nicht nur eine Gefahr für mein geistliches Leben. Was dieses bedroht, gefährdet immer zugleich meine psychische und physische Gesundheit überhaupt. Deshalb stellt sich echte Heilung körperlicher und seelischer

Leiden häufig als »Zugabe« ein, wenn ein Mensch etwas von der heilenden Kraft Gottes in seinem geistlichen Leben erfährt[11]. Das wissen wir aus charismatischen Gruppen, das erfahren wir auch immer wieder in unseren Meditationskursen. Und wer den Kampf aufnimmt gegen den »Versucher«, der tut es niemals nur für sich allein, sondern immer zugleich stellvertretend für andere Menschen. In solchem Bewußtsein der »Stellvertretung« gingen die Mönche in die Wüste, um dort diesen Kampf zu bestehen.

Übungsangebot für die achte Übungswoche

1. Im Wissen um die Macht des Bösen die Tiefe meiner Gefährdung erkennen

Übung

Josef Hegenbarth – »Versuchung Jesu« in Verbindung mit Matthäus 4,1–11 *(Text- und Bildmeditation, Bild Nr. 12)*

- Wenn Jesus, der Sündlose, der Macht des Versuchers begegnet, wie sollte ich dann meinen, davon verschont zu bleiben? . . .
- Diese Geschichte zeigt uns urbildhaft-symbolisch auf, wie der Versucher vorgeht . . .
- Diese Geschichte läßt uns erkennen, wie der Versucher überwunden wird . . .

Anregungen zum Meditieren des Bildes:

Den Hintergrund des Bildes bildet eine tiefschwarze Fläche, die an einigen Stellen wie von einem dahinter leuchtenden Licht aufgehellt wird – ein Symbol der Versuchungssituation schlechthin: »Dies ist eure Stunde und die Macht der Finsternis« (Lk 22,53) – »Gott ist treu, der euch nicht versuchen läßt über eure Kraft« (1 Kor 10,13) . . .

Die Gestaltung des Versuchers ist ein Wagnis des Künstlers: dem Menschen des zwanzigsten Jahrhunderts wird ein echter »Teufel« angeboten – mit Totenschädel und Hörnern. Symbole – und auch diese Gestalt ist solch ein Symbol – sollen geistiges Geschehen sinnlich faßbar darstellen, sie sind über Jahrhunderte oder gar Jahrtausende hin gewachsen. Als Menschengestalt wird der Teufel dargestellt – wie oft begegnet er uns als Mensch neben uns (und ist doch mehr als dieser!) – welche personalen Züge kann das Dämonische in dieser Welt annehmen! ... Seine Macht symbolisieren die Hörner, und der Totenschädel sagt eindrücklich, wie diese Macht Feind allen Lebens schlechthin ist ... Dieses uralte Menschheitswissen, wie wir es in den Märchen finden, benutzt unser Künstler, um die biblische Erzählung von der Versuchung Jesu dem heutigen Menschen nahezubringen: Vor dem schwarzen Hintergrund erscheint der Versucher als weiße Gestalt (nur die schlangenähnlichen Beinlinien in Schwarz weisen auf seine wahre »Farbe« hin) – verkleidete sich der Satan nicht in einen Engel des Lichts, hätte er keine Chancen bei den Menschen. Ihr wahres Wesen enthüllt diese Gestalt in ihrer Haltung: schlechthin alles an ihr »greift« nach der Gestalt Jesu, dessen, »der versucht worden ist in allem wie wir, doch ohne Sünde« (Hebr 4,15) – die Hand, der Mund, die Nase (sie »wittert« gleichsam), selbst die Hörner. Die linke Hand liegt auf den Steinen: Wird dieser Mensch, erschöpft vom komaartigen Hunger, der Versuchung des Brotes widerstehen können? ...

Die ganze Gestalt Jesu weicht gleichsam zurück vor diesem Ansinnen. Aber wird er nicht das Gleichgewicht verlieren, sich »umwerfen« lassen? Nein, da sind der Kopf und die linke Hand, die das Gegengewicht klar wiederherstellen. Sie weichen nicht zurück, sie nehmen den Kampf auf: »Hinweg von mir, Satan! Ein Ärgernis bist du für mich. Denn du denkst nicht die Gedanken Gottes, sondern der Menschen« (Mt 16,23), wird Jesus später sogar zu seinem Jünger sagen müssen. Und die ganze Gestalt strahlt souverän den Sieg aus – auch für mich ...

Variante

1 Mose – Genesis 3,1–19 *(Sündenfall)*

Man hat bei dieser einzigartigen prophetischen Schau des Erzählers von »rückschauender Prophetie« gesprochen; ebenso könnte man auch »durchschauende Prophetie« sagen. Hier werden in bildhaft-symbolischer Sprache die einzelnen Schritte vor Augen gestellt, die zur »Sünde«, das heißt zur Trennung

(Ab»sonderung«) von Gott und seiner Liebe führen. Nur die symbolisch-mythische Sprache vermag angemessen auf die Tiefe dieses Geheimnisses hinzuweisen.

2. Im Blick auf die Möglichkeit, den Weg zu verfehlen, den Ernst meiner Verantwortung begreifen

Übung

Matthäus 7,13f. *(»Geht hinein durch die enge Pforte«)*

Variante

Meister Eckehart[12] gebraucht das Bild von einem Menschen, der den rechten Weg verfehlt hat: »Je weiter der geht, um so mehr geht er in die Irre . . .«

3. Im Schauen auf die Liebe Gottes meine Dunkelheiten ans Licht kommen lassen

Hinführung

Manches an Schuld und Dunkelheit können wir in uns wahrnehmen, wenn wir ehrlich bei uns selbst verweilen und, wie es der christliche Sprachgebrauch sagt, unser »Gewissen erforschen«. Doch bereits die »große Therese«[13], diese Meisterin in der Erkenntnis der verschiedenen Gebetswege, zeigt ihren Ordensschwestern einen viel tieferen Weg auf: Nicht im mühsamen Erforschen meiner einzelnen Fehler, das sich im Schauen auf mich selbst abspielt, sondern im Blick auf die Liebe Gottes wird mir mehr und mehr die Tiefe meiner Schuld bewußt. Aber diese Erkenntnis läßt mich nicht verzweifeln, sondern sie reißt mich geradezu hinein in die barmherzige Liebe Gottes. Weil ich von Gott geliebt bin, voraussetzungslos, selbst als Sünder (Röm 5,8–10!), darf ich mit meinen Dunkelheiten zu Gott kommen und in sein Licht treten, auch wenn ich in diesem Licht meine Schuld noch tiefer erkenne als vorher. Weil ich geliebter Sünder bin, deshalb brauche ich meine Schuld nicht zu verdrängen, sondern ich darf sie »ans Licht kommen lassen, damit sie geheilt werden kann« (s. S. 120).

Übung
Lukas 5,1–11 *(»Ich bin ein sündiger Mensch«)*

Varianten
- Lukas 19,1–10 *(Zachäus)*
- Ernst Barlach – »Hoffnung und Verzweiflung« *(Bildmeditation, Bild Nr. 13)*

Anregungen zum Meditieren des Bildes:
Ich habe mich beim Meditieren dieses Bildes gefragt:
- Welche äußeren und inneren Schicksale mögen diese drei Menschen erfahren haben, daß sie in dieser Weise jeweils darauf reagieren? ... In welcher Lebenssituation möchte ich selbst vor diesem Bild beten? ... Wenn ich mich jetzt und hier in diesem Bild wiederfinden will, welche innere Dunkelheit könnte ich vor diesem Bild ans Licht lassen (etwa meine Angst vor ... meine Not mit ...)?
- Welche Kraft mag es sein, die bewirkt, daß sich die mittlere Gestalt so von innen her dem Licht zuwendet? ... sich aufrichtet ... den dunklen Mantel fast abgleiten läßt ...? der sich die Hände entgegen öffnen ... die den Blick so unwiderstehlich an sich zieht, daß das ganze Gesicht gleichsam mitschaut ...?
- Welche der drei Gestalten bin ich? ... Welche möchte ich sein? ... Möchte ich tun, wozu das Bild mich einlädt, das Licht gleichsam auffangen ... in mich und damit in diese Welt einlassen ...? Ich verweile schauend und gebe dem nach, was in mir vorgeht ... »Meine Seele wartet auf den Herrn, mehr als die Wächter auf den Morgen« (Ps 130,6).

4. Im Glauben an die Barmherzigkeit Gottes mit der Last meiner Schuld zu ihm kommen

Übung

- Ich schaue auf Jesus, wie er während seiner ganzen Wirksamkeit die »gescheiterten Existenzen« wie ein Magnet an sich zog...
- Ich lasse mich in dieses Geschehen einbeziehen...

Varianten

- Lukas 15,11–24 *(»Ich will zu meinem Vater gehen«)* in Verbindung mit dem Bild von Werner Juza – »Heimkehr des verlorenen Sohnes« *(Bildmeditation, Bild Nr. 14)*
  Ich meditiere den Heimweg des Sohnes...
- Lukas 7,36–50 *(»Dir sind deine Sünden vergeben«)* Ich, mit meiner Schuld, liege zu Jesu Füßen...

5. Im Wissen um die vergebende Liebe mit der Erfahrung meiner Schuld leben können

Hinführung

Dieses »Leben-Können« meint, daß ich nicht nur theoretisch um mein Sündersein weiß (das wird mir ja oft genug gesagt), sondern daß ich nicht mehr bis ins tiefste Herz hinein erschrecke, wenn sich plötzlich an einer unvorgesehenen Stelle ein Abgrund in mir auftut, den ich vorher nicht in mir vermutet hätte. Ich kann dann fast nüchtern feststellen: Aha, also auch das bin ich; auch so bin ich – ohne darüber zu verzweifeln und ohne diese Erfahrung sofort verdrängen zu müssen, weil mein Stolz solch eine Erkenntnis nicht zulassen will. Und mehr und mehr kann ich dann auch ertragen, daß mich andere Menschen auf meine Fehler und Dunkelheiten aufmerksam machen, selbst dann, wenn es immer neu schmerzt, denn ich spüre, wie gut es ist, wenn das verborgene Dunkle in mir ans heilende Licht geholt wird.

Übung

Johannes 21,15–19 *(» Weide meine Schafe!«)*
Der, der verleugnet hat, wird von Jesus zum Dienst beauftragt...

Variante
Wiederholung und Vertiefung der *Bildmeditation des Bildes Nr. 13* von Barlach »Hoffnung und Verzweiflung«

6. *Im Glauben an die vergebende Liebe den Kampf gegen das Böse aufnehmen*

Hinführung
Das Wissen um erfahrene Vergebung, das Erleben der mich vorbehaltlos annehmenden Liebe Gottes, kann mich für viele Angriffe des Bösen »immun« machen. Wenn die Macht der Dunkelheit mich nicht mehr ins Herz meines Stolzes treffen kann, weil ich mich als Sünder nicht verstoßen, sondern dennoch geliebt und angenommen weiß, bekomme ich viele Kräfte frei, um nun wirklich mit allem, was ich vermag, den Kampf gegen das Böse und Dunkle aufnehmen zu können. Zum angenommenen Sünder kann Jesus das Wort sagen: »Sündige hinfort nicht mehr« (Joh 5,14).

Übung
Epheser 6,10–17 *(»Wir haben nicht mit Fleisch und Blut zu kämpfen«)*

Varianten
- Hebräer 12,1–3 *(»Laßt uns laufen mit Geduld in dem Kampf, der uns bestimmt ist«)*
- Albrecht Dürer – »Ritter, Tod und Teufel« *(Bildmeditation, Bild Nr. 15)*

7. *Im schauenden Verweilen vor dem Ostersieg Christi mich in diesen Sieg einbeziehen lassen*

Wiederholung und Vertiefung der Meditationen dieser Woche im Blick darauf, daß Jesus Christus zu Ostern den Sieg über alle Dunkelheiten errungen hat ...

Anliegen der neunten Übungswoche: Wachsam sein gegenüber der tiefsten Gefährdung meines geistlichen Lebens durch mangelnde Demut

Überblick:

Einführung in die neunte Übungswoche

Demütig sein – wahrhaftig sein

Übungsangebot für die neunte Übungswoche

1. *Mich annehmen, wie ich vor Gott bin, um Demut zu lernen*
2. *Mich annehmen, wie ich vor Gott bin, um mich nicht selbst zu überschätzen*
3. *Mich annehmen, wie ich vor Gott bin, um nicht über andere zu richten*
4. *Mich annehmen, wie ich vor Gott bin, um durch Depressionen und Dunkelheiten hindurchgetragen zu werden*
5. *Mich annehmen, wie ich vor Gott bin, um in neuer Weise beten zu lernen*
6. *Mich annehmen, wie ich vor Gott bin, um mich seiner Fülle zu öffnen*
7. *Mich annehmen, wie ich vor Gott bin, um in der Wahrheit zu sein*

Einführung in die neunte Übungswoche

Lange habe ich überlegt, ob ich das Wort »Demut« überhaupt in die Überschrift hineinnehmen sollte. Ist doch dieses früher selbstverständlich gebrauchte Wort heute so in Mißkredit geraten, daß man es kaum noch auszusprechen wagt. Und doch spürt jeder, der sich ernsthaft um ein geistliches Leben bemüht, wie entscheidend die Haltung ist, die dieses Wort umschreiben sollte.

Woher aber kommt diese innere Blockade? Viele von uns hatten Erlebnisse mit Menschen, die viel von Demut sprachen, in ihrem Verhalten jedoch zeigten, daß hier etwas Ungesundes, ja des Menschen Unwürdiges angeboten wurde. »Jede falsche

Demut ist ein Schlag ins Angesicht der Liebe Gottes«, sagt der Dominikaner Pater Gordian Landwehr. Nun erleben wir heute, daß viele Bestrebungen innerhalb der Kirche dahin gehen, den Menschen statt zur »Demut« zu einem gesunden Selbstbewußtsein zu führen – und sie gründen sich dabei auf entscheidende Erkenntnisse der Psychologie. Ihr Anliegen ist es, den Christen von solchen Fehlhaltungen zu befreien, die sich für ihn selbst, aber auch für andere negativ auswirken mußten. Wenn eine Haltung oder ein Wort über lange Zeit hin mißbraucht worden sind, werden diese häufig eine Zeitlang vollständig aus dem Sprachgebrauch und damit aus dem Lebensvollzug ausgeklammert. Das trifft auch für den Begriff »Demut« zu (ebenso wie für das Wort »Selbstverleugnung«). Wer jedoch genau in das Neue Testament hineinhorcht, wer das innerste Anliegen Jesu wirklich in sich einzulassen versucht, der spürt, daß es hier um eine innere Haltung geht, die niemand ohne Gefahr des Substanzverlustes aus der frohen Botschaft streichen darf. Mögen die alten Meister manchmal das Anliegen der Demut zu einseitig betont haben – sie haben dennoch genau gespürt, um welche entscheidende Dimension christlicher Lebensverwirklichung es hierbei geht.

Was ist nun wirklich gemeint? *Demütig sein heißt* nichts anderes, als *wahrhaftig sein* – vor Gott, vor den Menschen, aber auch vor sich selbst. Der wahrhaft demütige Mensch im Sinne des Evangeliums macht sich nicht künstlich klein und schlecht, sondern er übt sich darin, sich selbst mehr und mehr mit den Augen Gottes zu sehen und auf alle »Rollen« zu verzichten (vgl. S. 124f.). Damit aber erkennt er sich immer besser, wie er wirklich ist. Deshalb ist Demut keine »Tugend«, die ich mit großer Anstrengung erlernen kann, sondern demütig werden ist ein Prozeß, auf den ich mich einlasse, damit Gott selbst mich mehr und mehr in meine Wahrheit hineinführt. Und gerade im Erleben, daß mich Gott so liebt, wie ich bin, daß er mich begnadet und reich beschenkt, wächst die Erkenntnis in mir, wie wenig ich dessen wert bin. Aber das bringt mich nicht zur Verzweiflung, sondern ich erkenne es als das unfaßbare Geschenk der Liebe Gottes, die mich überwältigt. Bei kaum einem anderen Meister des geistlichen Lebens wird so deutlich wie bei Meister Eckehart, wie wahre Demut den Menschen nicht klein, sondern groß macht: »Die Höhe und die Tiefe sind eines«, kann er sagen – »je tiefer der Brunnen gegraben ist, desto höher sprudelt das Wasser heraus.« In diesem Bild wird deutlich, wie weit die hier genannte Haltung entfernt ist von allem, was wir als falsche Demut kennen. Demut ist der Weg zu tiefster Erfüllung: »Wer von oben her empfangen will, der muß notwendig unten sein in rechter Demut. Und wisset in Wahrheit: Wer nicht völlig unten ist, dem wird auch nichts zuteil, und er empfängt auch nichts, wie geringfügig es immer sein möge« (Meister Eckehart).[14]

Übungsangebot für die neunte Übungswoche

1. Mich annehmen, wie ich vor Gott bin, um Demut zu lernen

Übung

Matthäus 18,1–4 *(»Werdet wie die Kinder«)*

- Du bist mein Vater – ich dein Kind ...
- Dein Blick ruht voll Liebe auf mir, deinem Kind ...
- Meine Schmerzen, auch die Schmerzen meiner Schuld, fühlst du tiefer als ich selbst, und du stellst dich als Vater neben mich ...

Varianten

- 2Korinther 12,9 *(»Meine Kraft ist in den Schwachen mächtig«)*
- 1Petrus 5,5.6(7) *(»Den Demütigen gibt er Gnade«)*

2. Mich annehmen, wie ich vor Gott bin, um mich nicht selbst zu überschätzen

Übung

Lukas 22,31–34; 54–62 *(Verleugnung des Petrus)*

- Der Schrei des Hahnes ließ Petrus aufschrecken. Kenne ich den »Hahn« in meinem Leben? ...

– Habe ich auch schon den Blick Jesu auf mir gespürt, wie ihn Petrus gespürt haben mag? . . .

Variante
Lukas 18,9–14 *(Pharisäer und Zöllner)*

3. *Mich annehmen, wie ich vor Gott bin, um nicht über andere zu richten*

Übung
Matthäus 7,1–5 *(Splitter und Balken)*

Variante
Johannes 8,1–11 *(Ehebrecherin)*

4. *Mich annehmen, wie ich vor Gott bin, um durch Depressionen und Dunkelheiten hindurchgetragen zu werden*

Hinführung
Depressionen stehen oft in einem unlöslichen Zusammenhang mit dem Schuldbewußtsein eines Menschen. Mag es berechtigt oder unberechtigt sein, das Sich-schuldig-Fühlen gehört zu den tiefsten Belastungen, denen ein Mensch ausgesetzt sein kann. »Das kann ich mir nicht verzeihen«, ist ein häufig gebrauchtes Wort. Wenn aber Gott mir verzeiht, dann darf, ja dann muß auch ich mir selbst verzeihen können. Auch das gehört zur rechten Demut.

In diesem Zusammenhang gebraucht Willi Lambert[15] das schon erwähnte Bild vom Vertrag: Gott hat mir verziehen – aber daß ich mir nun selbst auch verzeihe, das ist wie die notwendige Gegenzeichnung des Vertrages. Wo wir uns mit dieser »Gegenzeichnung« nicht darauf einlassen, daß uns verziehen wurde, kann die Verzeihung Gottes bei uns nicht wirksam werden.

Übung

Matthäus 18,21–35 *(Gleichnis vom Schalksknecht / Vom unbarmherzigen Gläubiger)*

Ich darf dieses Gleichnis auch einmal im Blick auf mich selbst meditieren, ob und wie ich mir selbst verzeihen kann ...

Varianten

- Ausspruch eines vierjährigen Jungen: »Der *große* Teufel kann mir gar nichts tun, weil ich so *klein* bin!«
- André Louf[16] *(Wortmeditation)*:

  »Das geistliche Leben ist nicht so etwas wie eine Oberflächenschicht unseres Seins – eine Art Deckmantel, der über alles gebreitet wird, um das Unterbewußtsein, die Psyche zu überspannen und zu bedecken und sozusagen kusch zu halten. Es ist eher umgekehrt, wenn ich mich so ausdrücken darf: Die Gnade reicht tiefer als unser Unterbewußtsein. Sie ist das Allertiefste in uns, und sie muß durch Psyche und Leib hindurch zum Wachsen kommen. Und normalerweise wird dies unsere Psyche aufwühlen, abbrechen und wiederaufbauen, verwunden und heilen, geradebiegen.

  Der ganze Mensch muß so geheilt und gerettet werden. Und dieser Durchbruch der Gnade ist auch Abbruch. Er ist immer schmerzhaft. Er führt den Menschen in seine tiefste Schwachheit hinein, zu seinem Tiefpunkt, zu seinem Nullpunkt ... Die entscheidende geistliche Prüfung ... [im] Leben bringt ... an den Rand der Verzweiflung, an die Schwelle der Möglichkeit, den Verstand zu verlieren. Soweit kann es kommen, wenn [der Mensch] nicht durch die Gnade aus seiner tiefsten Schwachheit errettet wird. Das ist nicht verwunderlich; wenn die Mauern der falschen Demut und der falschen Vollkommenheit zertrümmert sind, dann ist plötzlich aufs neue alles möglich. Der Mensch ist seiner Angst total ausgeliefert. Da kann kein Ideal helfen – aber da ist Gott neu. Da kann Gott sich zeigen als die erbarmende Liebe: In unserer tiefsten Schwachheit wird, wie Paulus sagt, seine Gnade zur Kraft. Dieses Stehen in der Schwachheit, um hineingenommen zu werden in die rettende Liebe, das ist die Gnade der Demut. Es ist ein Wunder. Es ist das Wunder schlechthin, das den Menschen zur Ruhe bringt; das ihn sein Gleichgewicht finden läßt; das ihn in die tiefe Einheit führt, die Versöhnung mit seiner Zwiespältigkeit; das ihn hinführt zur tiefen Einheit und Versöhnung mit Gott und mit allen seinen Brüdern. Es ist wirklich ein Wunder.«

Hinweis: Ich sollte mich beim Meditieren auf das beschränken, was mir nach langsamem, gründlichem Lesen des Textes noch in Erinnerung ist... (nicht jedoch während des Meditierens ständig den Text neu lesen).

5. *Mich annehmen, wie ich vor Gott bin, um in neuer Weise beten zu lernen*

Übung

Psalm 130 *(»Aus der Tiefe rufe ich, Herr, zu dir«)*

Varianten

- Martin Luther: »Aus tiefer Not schrei ich zu dir...«[17] *(Liedmeditation, EKG 195, GL 163)*
- Jean Lafrance[18] *(Wortmeditation):*
  »Wer auf seine innerste Not und seine verborgenste Ohnmacht gestoßen ist wie auf eine kostbare Perle, die es wert ist, sie überall zu suchen, hat zugleich die Quelle des wahren Gebets gefunden. Die Bücher über das Beten und die schönsten Gebetstechniken sollten uns nicht daran hindern, den richtigen Weg einzuschlagen, jenen Weg, wo das Gebet entspringt und bereits in unserem Herzen wirkt.

  Und dieser Weg mündet zwangsläufig in eine radikale Armut; er endet an jenem Ort, an dem in uns ›der Urschrei unserer fleischlichen Existenz ertönt‹ (André Louf). In diesem Sinne steht das Gebet nicht am Ende unserer Reflexion oder eines Gefühls, sondern dringt aus dem tiefsten Inneren unseres Seins wie ein Schrei hervor.« Dies ist der Urschrei des Menschen, der bei der Geburt das erste Mal ertönt, in dem das Kind seine Angst, aber auch schon seine Hoffnung auf Hilfe herausschreit. Lafrance fährt fort: »Der Erwachsene ist sich dessen vielleicht nicht mehr bewußt, aber er bewahrt diesen Urschrei in den unbewußtesten Schichten seines Seins. Beim Aufbrechen großer Schmerzen oder großer Freude, mitten in den schmerzlichsten Krisen, hallen die Schwingungen dieses Schreies im Leib und im Herzen des Menschen nach. Wer von uns hat noch nicht die Erfahrung einer seelischen Befreiung gemacht, wenn es ihm gegeben war, sich richtig auszuweinen? ... Allein, was den bloßen physischen Bereich betrifft, erfahren wir, daß wir einen Seufzer der Angst oder der Erleichterung ausstoßen, wenn wir einer Schwierigkeit begegnet sind und sie überwunden haben – ein einfacher Druck in der Brust, von dem wir uns durch einen tiefen Atemzug befreien ... Das gilt auch für die noch größeren Leiden, die schmerzlichen Prüfungen und die ungeheuren Versuchungen, die uns noch tiefere Wunden erkennen lassen. Sie treffen uns in einer solchen Tiefe, daß sie aus unserem Inneren Schreie herauspressen, gleich den Blasphemien des Ijob (Hiob).

Zu bestimmten Zeiten ist dieser Schrei so schmerzlich, daß er das Bild Gottes verdunkelt, vor dem er hinausgeschrien wird. Dann ist es gut, sich in die Lage ... Christi am Kreuz zu versetzen, wenn er schreit: ›Mein Gott, mein Gott, warum hast du mich verlassen?‹, und vor seinem Vater den ungeheuren Schmerzensschrei ausstößt. In den Psalmen hat Gott diese Schreie wie für uns erdacht und sie uns (durch die Psalmdichter) zur Verfügung gestellt, damit wir ihm den Skandal unseres Leids entgegenzuschreien vermögen. Doch müssen wir dem Schrei unserer Gebete immer wieder neue Kraft verleihen und sie am Wort Gottes prüfen, damit es sie reinigt und in ihnen den echten und tiefen Schrei inmitten alles oberflächlichen Schreiens um uns herum unterscheidet.«

– Ich meditiere, was mir beim langsamen Lesen wichtig geworden ist ...

6. *Mich annehmen, wie ich vor Gott bin, um mich seiner Fülle zu öffnen*

Übung

Matthäus 5,3–11 *(Seligpreisungen)*

- Ich versetze mich so konkret wie möglich in die Lage eines Menschen, den Jesus hier anspricht; ich schaue auf das, was ihm fehlt oder genommen wurde ...
- Ich lasse die Sicht Jesu in mich ein, die gerade diesen Menschen seligpreist ...

  (Am besten beschränke ich mich auf *eine* Seligpreisung.)

Variante

Meister Eckehart (Wortmeditation):

»Alles, was aufnehmen und empfänglich sein soll, das soll und muß leer sein.«[19] »Es ist ein gleichwertiger Austausch und ein gerechter Handel: So weit du ausgehst aus allen Dingen, so weit – nicht weniger und nicht mehr – geht Gott ein mit all dem Seinen.«[20]

7. *Mich annehmen, wie ich vor Gott bin, um in der Wahrheit zu sein*

Wiederholung und Vertiefung

Ich wiederhole und vertiefe eine Meditation dieser Woche, oder ich lasse noch einmal die Meditationen dieser ganzen Woche an mir vorüberziehen ...

VIERTER HAUPTTEIL

»Ausbau und Einrichtung des Wohngeschosses« – Wie verwirkliche ich die Antwort meiner Liebe im Alltag?

Überblick:
Einführung in den vierten Hauptteil
1. Vom Wesen eines Wohngeschosses
2. Von der Deutung des Bildes
Übungsangebot für den vierten Hauptteil
Anliegen der zehnten Übungswoche:
Die Lebensweise finden, die Gott mir anbietet, um Leben in Fülle zu haben
Anliegen der elften Übungswoche:
Situationen, Aufgaben und mitmenschliche Beziehungen, die mein Alltag mir anbietet, als Möglichkeiten wahrnehmen, mein geistliches Leben zu vertiefen
Anliegen der zwölften Übungswoche:
Die Hilfe erbitten, die allein ein geistliches Leben ermöglicht

EINFÜHRUNG IN DEN VIERTEN HAUPTTEIL

Wer einmal wahrhaft von der Liebe Gottes in seinem Leben angerührt worden ist, wird immer neu vor der Frage stehen: Wie kann ich auf solche Liebe antworten? Liebe ist total, und deshalb fordert sie mich auch total; Antwort auf echte Liebe kann nur durch Gegenliebe geschehen, durch eine Liebe, die mehr und mehr mein ganzes Dasein in sich einbezieht – und zwar in allen Dimensionen.

Um dieses Fragen und Suchen nach solcher Liebesantwort kreist dieser vierte Hauptteil. Und weil er die Ganzheit des konkreten Lebens im Blick hat, die verschiedenen Formen, in denen sich das Alltagsleben entfaltet, bietet er nicht wie die anderen Hauptteile drei, sondern fünf Übungswochen an: Die elfte Übungs»woche« gliedert sich in drei Varianten, von denen Sie sich entweder eine auswählen oder auch alle drei wahrnehmen können.

1. Vom Wesen eines Wohngeschosses

Entfalten wir zuerst wieder das Bild als Gleichnis und Symbol:

- Will ich in einem Haus eine Wohnung ausbauen und einrichten, muß ich als erstes die *Frage des Besitzrechtes* klären. Ist das Haus mit seiner Wohnung mein Eigentum, in dem ich nach meinem Gutdünken schalten und walten kann? Werde ich meinen Wohnbereich als Teil- oder Untermieter beziehen, oder bietet sich gar eine Möglichkeit gemeinsamen Wohnens an, wie es etwa in dem Falle geschähe, wo sich der Besitzer des Hauses und der Mieter der Wohnung in einer Partnerschaft vereinen?
- Auch als Mitbewohner eines Hauses – in welcher Form auch immer – werde ich unter bestimmten Bedingungen Einfluß nehmen können auf die Art, wie mein Wohnbereich ausgebaut wird. Was muß ich in diesem Falle beachten? Ich muß mich fragen, wie ich mir das Leben in dieser Wohnung vorstelle, wo ich die *Akzente für mein Leben* setzen will: Liegt mir mehr an einem großen Kinderzimmer, das ich nötig habe – oder brauche ich etwa ein Arbeitszimmer, eine Bibliothek oder ein Atelier? Dabei werde ich die Wohnung nur so weit nach meinen eigenen Interessen ausgestalten können, wie es sich mit der Gesamtkonzeption des Eigentümers für sein Haus verträgt. Das schließt manche Möglichkeiten von vornherein aus.
- Als letztes werde ich den Eigentümer bitten müssen, mir die *Mittel zum Ausbau* zur Verfügung zu stellen, die ich selbst nicht einbringen kann. Wenn es sich um eine Wohngemeinschaft handelt, die sich um einen gemeinsamen Lebensstil (s. S. 235ff.) bemüht, brauche ich mich nicht zu scheuen, mich mit dieser Bitte an den Eigentümer des Hauses zu wenden. Nur so werden wir in diesem Hause unsere Aufgaben sinnvoll und angemessen erfüllen können.

Bemerkung: Aus vielerlei möglichen Aspekten, die das Symbolbild »Ausbau eines Wohngeschosses« anbieten, wurden diejenigen ausgewählt, die sich im Blick auf das Gesamtgefüge dieses Kurses (»bauet euch zum geistlichen Hause«) nahelegten.

2. *Von der Deutung des Bildes*

- Wer ist nun aber »der Eigentümer des Hauses«, ohne Bild gesprochen: *Welche Stelle nimmt Gott wirklich in meinem Leben ein?* Und – welche Stelle möchte ich ihn einnehmen lassen? Im ersten Kapitel des Johannesevangeliums steht: »Er kam in sein Eigentum; und die Seinen nahmen ihn nicht auf« (V. 11). Gott zwingt sich nicht auf, er überläßt es mir, welchen Raum ich ihm im »Haus meines Lebens« einräume. Wo ich ihm das »Besitzrecht« zugestehe, geschieht es in voller Freiheit, in der Freiheit der Liebe.
  Das ist das Anliegen der zehnten Übungswoche.
- Wenn ich es in dieser Freiheit annehme, daß ich nicht unabhängiger »Eigentümer«, sondern »Verwalter«, »Untermieter«, »Teilmieter«, oder vielleicht auch »Mitbesitzer« im »Haus meines Lebens« bin, so wird sich das auf die konkrete Gestaltung meines Lebens auswirken. Beim Nachdenken darüber, wie ich solch ein Leben gestalten möchte, muß ich beachten: Welche äußeren Gegebenheiten (gesundheitlicher Zustand, Eingebundensein in menschliche Gemeinschaften, Lebensaufgaben, die mir gestellt sind usw.) sollte ich in meine Lebensplanung einbeziehen? Welche inneren Gegebenheiten (Fähigkeiten, persönliche Schwächen, Sehnsüchte usw.) muß ich im Blick behalten, wenn ich eine Neu- oder Umgestaltung meines Lebens anstrebe oder wenn ich auch nur die Weise meines bisherigen Lebens verdichten und vertiefen möchte? Und ich muß mich fragen: *Wo liegt der Hauptakzent meines geistlichen Lebens?* Das immer neue Suchen nach dem Willen Gottes für mich kann mein ganzes Leben bis zu seinem Ende begleiten. Und doch werde ich mich für eine gewisse Hauptrichtung entscheiden müssen: Liegt die Hauptaufgabe meines

Lebens darin, mein Lebensschicksal als solches zu bestehen – liegt sie mehr in der praktischen Arbeit, oder setze ich den Hauptakzent meines geistlichen Lebens auf den Umgang mit Menschen? Um diese Fragen kreisen die drei verschieden akzentuierten Angebote in der elften Übungswoche.

- Und das letzte, was in diesem Bild deutlich werden kann: Wenn ich mich um ein geistliches Leben bemühe, dann werde ich mehr und mehr erleben, daß ich solch ein Leben nicht aus eigenen Kräften (»auf meine eigenen Kosten«) bestehen kann. *Ich bin angewiesen auf die Hilfe Gottes*, ich brauche sie nicht nur als einmalige Hilfe, sondern als regelmäßige »Zuwendung«, als tägliche Kraftquelle. Wo finde ich sie? Das ist das Anliegen der zwölften Übungswoche.

ÜBUNGSANGEBOT
FÜR DEN VIERTEN HAUPTTEIL

Anliegen der zehnten Übungswoche: Die Lebensweise finden, die Gott mir anbietet, um Leben in Fülle zu haben

Überblick:

Einführung in die zehnte Übungswoche

Um die innere Wachheit für die Grundausrichtung meines Lebens geht es in dieser Woche, um die Frage, wer im »Haus meines Lebens« zu bestimmen hat, wen ich selbst als den »Besitzer« dieses Hauses ansehe.

1. Vom Geheimnis der Berufung

Haben Sie es vielleicht in Ihrem Leben einmal gespürt, daß Sie schon hier und jetzt ein »Stück Himmel auf Erden« erfahren konnten, nachdem Sie ein Ja zu Gott, zu seinem Willen gesagt hatten? Oder ist Ihr Weg ein ganz anderer gewesen? Oft weist nur eine unstillbare Sehnsucht im Herzen darauf hin, daß es etwas geben muß, was diese Sehnsucht erfüllen kann. Erst viel später, nachdem der Mensch gefunden hat, wird ihm voll bewußt, was sein langes Suchen angetrieben hat. Im Rückblick auf solches jahrelanges Suchen sagt der Kirchenvater Augustin: »Unruhig ist unser Herz, bis es Ruhe findet in dir.«[1] Im nachhinein kann mir bewußt werden, daß meine tiefe Unruhe und meine unstillbare Sehnsucht nichts anderes waren als ein schwacher Abglanz oder Widerschein der *Sehnsucht, die Gott nach mir hat.*

Mögen die Weisen verschieden sein, die »Sache« gibt es bis heute: daß Gott Menschen persönlich ruft, »beruft«, wie es die Bibel nennt. So hat dieser Gott sein Volk aus Ägypten berufen, damit es in der Wüste vierzig Jahre lang lernen sollte, »hinter ihm herzugehen«. Dieses prophetische Symbol (s. S. 68) nimmt Jesus auf, wenn er seine Jünger beruft: »Folge mir nach!«

Der *Ruf in die Nachfolge* spricht eine Ursituation des geistlichen Lebens an, um welche die Übungen dieser zehnten Woche kreisen. Die Worte, die dafür gebraucht werden, sind verschieden; was sie meinen, ist das gleiche. Der eine spricht von Bekehrung, der andere von Hingabe oder Übergabe des Lebens an Gott. Wer gegen solche Ausdrücke innere Sperren in sich vorfindet, mag zu anderen Worten greifen. Immer geht es darum, daß ein Mensch ein ganzes und vorbehaltloses Ja zu Gott sagt und ihm sein Leben zur Verfügung stellt. Manchmal kann Gott einen Menschen so berufen, daß ein Widerstand kaum möglich zu sein scheint. Davon berichtet uns die Bibel. Daneben steht die andere Möglichkeit, daß ein Mensch allmählich in eine Haltung hineinwächst und eines Tages einfach weiß: Ich kann mein Leben gar nicht mehr anders sehen als Leben in der Nachfolge Jesu Christi.

Berufungen können »inhaltlich« sehr unterschiedlich aussehen. Ich selbst kann mich gut erinnern, wie eindrücklich es für mich als Kind war, als meine Mutter einmal äußerte: »Ja, denkt ihr denn, mein Weg als Lehrerin sei nicht eine klare Berufung Gottes für mich?« Ich spürte, daß es da keine Frage gab. Ebenso steht mir das Bild einer kleinen alten Frau vor Augen. Ihre Kinder mußten sie ins Altersheim geben. Dort setzte sie ihre ganze Kraft und Liebe ein, um ihre Zimmergefährtin, eine durch Gelenkrheumatismus seit Jahren gelähmte Frau, Tag und Nacht mit allem Notwendigen zu versorgen. Ihr Leben hatte seine volle Erfüllung gefunden – so lebte sie Nachfolge Jesu in einer Hingabe, wie sie kaum überboten werden kann.

Weil jede Berufung – mag sie aussehen, wie sie will – den Berufenen immer ganz fordert, wurde der Weg der Nachfolge bereits in der Frühzeit der Kirche eng mit der Verpflichtung auf die sogenannten »evangelischen Räte« verbunden: *»Armut«, »Keuschheit« und »Gehorsam«*. In der Reformationszeit kam es in den evangelischen Kirchen zur Ablehnung dieser Verpflichtungen, und viele Generationen evangelischer Christen hielten diese Versuche einer »Werkgerechtigkeit« für endgültig überwunden. Merkwürdigerweise wacht jedoch in unserer Zeit auch im evangelischen Raum in mancherlei Formen das Bedürfnis wieder auf, in kleinen Gemeinschafen nach den evangelischen Räten zu leben. Am weitesten bekannt und am stärksten in ihrer Wirkung ist sicher die Gemeinschaft der Brüder von Taizé. Das mag uns zu denken geben: Was sich gegen so viele Widerstände wieder Bahn bricht, muß in einer ganz tiefen Bedürfnisschicht des Menschen beheimatet sein, hier muß ein »Uranliegen« geistlichen Lebens ans Licht kommen. Deshalb ist es wichtig, heute neu über diese Fragen nachzudenken, wie es schon Dietrich Bonhoeffer in seinem Buch »Nachfolge« getan hat. Auch er sieht die enge Verbindung zwischen dem Ruf Jesu in seine Nachfolge und der Übernahme der Haltungen von »Armut«, »Keuschheit« und »Gehorsam«. Dabei gibt er zu bedenken, daß man diese Haltungen sowohl in der wörtlich-verleiblichten als auch in einer vergeistigten Weise in seinem Leben verwirklichen kann. Jedoch sei es ein Irrtum zu meinen, daß die vergeistigte Form leichter zu leben sei als der wirkliche Vollzug. Das führt uns zur nächsten Überlegung:

2. *Von Hindernissen, die einer Berufung entgegenstehen*

Wenn es gewissermaßen »archetypische« Lebensweisen für Menschen gibt, die sich von Gott total beansprucht wissen, so schließt diese Tatsache zugleich ein, daß auch grundlegende Gefahren bestehen, die ein geistliches Leben in seiner Wurzel krank machen, ja sogar abtöten können. Solche *»Ur«gefahren für jede geistliche Lebensverwirklichung* liegen im unkontrollierten Streben des Menschen nach Besitz, nach hemmungsloser Befriedigung aller Bedürfnisse und im Streben nach Macht. Auch mancher Psychologe weist deutlich darauf hin, wie entscheidend wichtig es für jeden jungen, heranwachsenden Menschen ist, diese starken Kräfte unter seine Kontrolle zu bekommen[2]. Nur dadurch wird er zum reifen, erwachsenen Menschen. Es geht hier also nicht nur um eine Frage des geistlichen Lebens, sondern um eine Frage gesunden menschlichen Lebens schlechthin.

Dazu legt sich für uns noch ein anderer Blickpunkt nahe: Die Sorge um das Fortbestehen der Menschheit läßt uns heute neu begreifen, welche Gefahr es in sich birgt, wenn ein Teil dieser Menschheit danach strebt, zu immer größerem Reichtum zu gelangen, alle nur möglichen Bedürfnisse immer vollkommener zu befriedigen und durch immer mehr Machtmittel »den Frieden zu sichern«. Die frühen Wüstenväter würden wahrscheinlich auch hier in ihrer symbolisch-bildhaften Sprache von »Dämonen« reden, die durch Gedanken und Bedürfnisse auf den Menschen einwirken und ihn letztlich vernichten wollen (vgl. dazu S. 116–119; 121–123). Unsere Aufgabe ist es, die Herrschaft dieser »Mächte« zu durchbrechen, und jeder einzelne muß das an seiner Stelle tun. In dieser Blickrichtung kann ein Leben, das sich bewußt um »Armut, Keuschheit und Gehorsam« bemüht, wie ein Sauerteig sein, der nach und nach auch andere Lebensbereiche durchdringt. So hat der Ruf in die Nachfolge Jesu Christi nicht nur eine persönliche, auch nicht nur eine kirchliche, sondern darüber hinaus eine gesellschaftliche Dimension, die nicht übersehen werden darf.

Um jedes Mißverständnis auszuschließen, muß an dieser Stelle deutlich gesagt werden: Es geht nicht darum, jeden Besitz zu verneinen, Ehe und Sexualität zu verteufeln und auf jede Position, die mit Einfluß verbunden ist, zu verzichten. Es geht allein darum, das Streben nach Besitz, nach Bedürfnisbefriedigung und nach Macht, das in jedem Menschen steckt, in rechte Bahnen zu lenken, um es zu beherrschen, anstatt sich davon beherrschen zu lassen. Daß dies überhaupt möglich ist, dafür setzen die Menschen ein Zeichen, die in der Übernahme der »evangelischen Räte« freiwillig auf Besitz, auf Ehe und auf Eigenbestimmung in ihrem Leben verzichten – und die damit nicht »auf Sparflamme« leben, sondern Zugang finden zu einem »Leben in Überfülle«, wie es Jesus den Seinen verspricht (Joh 10,10).

Aber trotz aller gesellschaftlichen Relevanz bleibt das wesentliche Ziel dieser Verhaltensweisen ein geistlich-personales: Jedes Streben nach Besitz, Genuß und Macht kann eine Gewalt über den Menschen gewinnen, die ihn innerlich unfrei macht. Die Wüstenväter würden hier von »Dämonen« sprechen (s. S. 116ff.). Nur wenn ich diesen Gefahren in ihrer Wurzel wehre – und das geschieht am eindeutigsten in der bewußten und freien Übernahme der gegensätzlichen Verhaltensweisen –, werde ich innerlich frei für die Nachfolge Jesu. Dabei dürfen wir nun wiederum diese althergebrachten Formen nicht absolut setzen. Sie sind letzten Endes Symbole und damit Hinweise auf etwas anderes, Tieferes: Jede innere Gebundenheit an etwas, das nicht Gott selbst ist, übt eine Macht auf mich aus, deren ich mir selten selbst bewußt bin. Hier liegen entscheidende innere Hemmnisse, die den Menschen oft hindern, den Ruf in die Nachfolge Jesu zu hören, wenn er an ihn ergeht. Deshalb ist für Ignatius die *»Indifferenz«* des Menschen, seine gleichmütige Gelassenheit allen vorläufigen Werten gegenüber, die wichtigste Vorbereitung, um den Ruf Christi vernehmen zu können.

Wer diesen Ruf in seinem Leben gehört und sich darauf eingelassen hat, wird in dieser oder jener Weise irgendwann einmal selbst spüren, wie solch ein Leben in der Nachfolge Christi dem eigensüchtigen Streben nach Besitz, nach egoistischer Bedürfnisbefriedigung und nach Macht keinen Raum mehr läßt. Diese Grundgefahren sind nie endgültig überwunden, sondern melden sich immer neu zu Wort. Wer sein geistliches Leben nicht halb, sondern ganz leben will, muß wachsam sein und bleiben gegenüber diesen Bedrohungen aus dem eigenen Inneren. Für solch ein Leben in der Nachfolge Jesu muß ich mich irgendwann einmal bewußt entscheiden – in einer Grundentscheidung, die die Gesamtrichtung meines Daseins bestimmt, und in den vielen kleinen und kleinsten Entscheidungen des Alltags, die diese Grundentscheidung verwirklichen, entfalten und vertiefen. Das führt uns zur letzten Überlegung im Blick auf die vor uns liegende Übungswoche:

3. Von christlicher Entscheidungsfindung

Ignatius[3] stellt die Überlegungen über eine rechte »Wahl« an diese Stelle des geistlichen Weges. Die letzten zwei Hauptteile mußten vorausgehen: lebendige Erfahrung der unbegreiflichen Liebe Gottes, aber auch das nüchterne Wissen um meine eigenen Gefährdungen und Dunkelheiten. Gott kennt sie besser als ich selbst; und dennoch bilden sie für ihn kein Hindernis, mich in seinen Dienst zu berufen. Im Gegenteil, gerade die Erfahrung, von Gott trotz meiner Sünde bejaht zu sein, wurde für einige der ganz großen Liebenden in der Kirche zum Sprungbrett, das sie mitten in den Abgrund der göttlichen Liebe hineinspringen ließ. Ich erinnere nur an Paulus, an Augustinus oder an Luther. Als Sünder geliebt und angenommen zu sein machte ihnen die Entscheidung leicht, ihr Leben nun ganz in den Dienst dieser Entscheidung zu stellen. In anderen Christen wächst solch eine Entscheidung langsam und allmählich, unter Einbeziehung aller menschlichen Voraussetzungen, die ein jeder persönlich mitbringt. Was ist zu verschiedenartigen Weisen solcher Entscheidungsfindung zu sagen?

– Wer sich um ein geistliches Leben bemüht, kann Entscheidungen, mögen sie tief einschneidend oder ganz alltäglich sein, *nicht mehr »autonom«* treffen. Willi Lambert[4] kann davon sprechen, daß ein Christ jede Entscheidung gewissermaßen »mit zwei Augen« treffen müsse: Während er mit einem Auge auf Jesus schaut, auf sein Leben, sein Tun, seine innere

Motivation, schaut er mit dem anderen Auge auf sein konkretes Leben mit seinen Möglichkeiten, Wünschen und Gegebenheiten. Ignatius[5] bietet für die Zeit der »Wahl« keine eigenen Wahlbetrachtungen an. Die persönliche Lebensentscheidung soll gerade im Wegschauen von mir selbst und im Schauen auf Jesus Christus erfolgen. In der Periode der Wahl betrachtet der Übende immer neu das Leben und das Tun Jesu Christi. In dieser Weise werden wichtige, wesentliche Lebensentscheidungen im Normalfall »wachsen« und »reifen« und nicht in einem Schnellverfahren erzwungen werden – es sei denn, Gott fordere eine Entscheidung so unmittelbar und so eindeutig, daß jedes Zögern ein Mich-Verweigern wäre.

- Ganz wichtig ist es, keine Entscheidung zu treffen, die *sachlich-nüchterne Überlegungen* einfach ausschaltet. In Zeiten innerer Hochstimmung besteht die Gefahr, mich auf ein Wagnis des Glaubens einzulassen, das im Widerspruch zu allen nüchternen Überlegungen steht und das Gott in keiner Weise von mir erwartet. Gewiß wird es im christlichen Lebensvollzug auch Situationen geben, in denen Gott von mir den »Sprung aus dem Boot« erbittet und erhofft. Aber wehe dem, der springen würde, ohne dazu gerufen zu sein. Petrus bittet den Herrn: »Wenn du es bist, so befiehl, daß ich auf dem Wasser zu dir komme« (Mt 14,28). Und erst, als Jesus sein »Komm!« sagt, darf Petrus alle Sicherheiten zurücklassen und dabei erfahren, daß das »Wasser trägt«, solange er auf den Herrn schaut und nicht auf den Wind.

Doch auch Zeiten eines geistlichen Tiefs bieten keine guten Voraussetzungen für eine richtige Wahl-Entscheidung. Ignatius verbietet sogar, in solchen Zeiten endgültige, unwiderrufliche Entscheidungen zu treffen. Er weiß aus eigener schmerzhafter Erfahrung, daß in solcher Situation die Dunkelheiten so tief sein können, daß sie den Blick auf den Willen Gottes verhindern.

- Als hilfreiche Methode für eine sachgemäße Entscheidungsfindung schlägt Ignatius[6] vor, daß derjenige, der die Wahl zwischen zwei Wegen hat, sich nacheinander in beide Möglichkeiten hineinversetzt. Meditierend solle er beide möglichen

Wege schon einmal versuchsweise begehen – und dabei sehr wachsam seine *inneren Gefühle beobachten.* Wenn er danach diese Gefühle vergleicht, können sie ihm wertvolle Hinweise geben für den Weg, der für ihn der richtige (oder bessere) ist. Denn für denjenigen, der sich ernsthaft um ein Leben in der Nachfolge Christi bemüht, wird der Weg, bei dem er innerlich größeren Frieden und tiefere Freude verspürt, mit großer Wahrscheinlichkeit der bessere Weg sein. Was ihn dagegen innerlich beunruhigt und in Verwirrung versetzt, deutet darauf hin, daß hier der »diabolos«, der Durcheinanderwerfer, seine Hände im Spiel hat (s. S. 121f.). Allerdings – das muß ich persönlich aus eigener Erfahrung sagen – gibt diese Methode gute Hinweise, aber keine letzte Sicherheit. Entscheidung ist und bleibt immer ein Wagnis. Und häufig wird es erst nach einer wirklich vollzogenen Entscheidung ganz deutlich, ob sie dem Willen Gottes für mein Leben entsprach oder nicht. Und in anderen Fällen mutet Gott mir zu, mit einer vollzogenen Entscheidung zu leben, von der ich über Jahre hin nicht sicher bin, ob sie richtig war. Doch gibt es bei vielen Entscheidungen des Lebens nicht nur ein »richtig« oder »falsch«, sondern oft gibt es auch zwei mögliche Wege, die beide zum Ziel führen. Sehr lange hat es mich beschäftigt, daß der Apostel Paulus im Philipperbrief nicht nur zwischen »besser« und »schlechter« unterscheidet, sondern dieser Kategorie eine andere noch überordnet: »nötiger« und »weniger nötig« (1,23f.).

– Als eine letzte Möglichkeit für eine gute Wahl nennt Ignatius[7] einen Weg, der sehr nüchtern anmutet: Wer zwischen zwei Möglichkeiten zu entscheiden hat, möge sich aufschreiben, was jeweils für bzw. gegen die zu fällende Entscheidung steht, und dann das Für und das Wider sachlich gegeneinander abwägen. Dazu solle er auch *die Hilfe seines geistlichen Begleiters* in Anspruch nehmen und ohne diesen keine wichtige Entscheidung fällen. Denn oft sieht ein Außenstehender klarer als ich selbst, was für mich besser oder schlechter ist, oder besser: was mein geistliches Leben mehr fördert oder für dieses ein Hindernis bildet.

Was bedeutet das alles im Blick auf eine mögliche Berufung zu einem »geistlichen Leben«, vielleicht mitten in »der Welt«, mitten im alltäglichen Dasein? Wer in seinem Leben bereits deutlich einen Ruf in die Nachfolge vernommen und angenommen hat, wird in dieser Woche seine Entscheidung prüfen und vertiefen können. Wer sein Leben bisher noch nicht unter diesem Vorzeichen sehen konnte, den mögen die Übungen dieser Woche aufhorchen lassen, ob etwa ein solcher Ruf – in welcher Weise auch immer – vielleicht auch sein Leben meinen könnte. Oder er mag sich fragen, ob solch ein Ruf ihn möglicherweise schon einmal irgendwie oder irgendwann ganz leise, fast unbemerkt angerührt haben mag, ohne daß er ihn beachtet hat.

Warnung: Bitte bleiben Sie innerlich wahrhaftig – sich selbst und auch Gott gegenüber. Jeder Ruf, jede Berufung ist freie Gnade Gottes – und zugleich Aufgabe, die alle Kräfte einfordert: »Wem viel gegeben ist, bei dem wird man viel suchen«, sagt Jesus (Lk 12,48). Wer immer berufen ist, ist zum Dienst berufen. Deshalb mag es wichtig sein, daran zu erinnern, daß nach kirchlicher Überlieferung für eine lebensentscheidende Berufung jeweils drei Komponenten zusammenkommen sollten: erstens, das eigene gewisse Gefühl, berufen zu sein, und der Wunsch, dieser Berufung zu entsprechen; zweitens, die äußeren Gegebenheiten, die eine etwa erforderliche Lebensveränderung möglich machen; drittens, eine Bestätigung der Kirche, in welcher Form sie auch jeweils gegeben werden mag.

Entscheidung für Gott – in einer großen Lebensentscheidung oder in kleinen Entscheidungen des alltäglichen Lebens – macht niemals ärmer, sie führt den Menschen nicht am eigentlichen Leben vorbei, sondern sie kann ihn öffnen für die ganze Fülle, die Gott verströmen möchte. Das kann niemand als These, als unumstößlichen »Lehrsatz« weitergeben, sondern allein als persönliches Zeugnis. Wahr wird es für den, der es wagt, sich selbst darauf einzulassen.

Übungsangebot für die zehnte Übungswoche

1. Die Fülle des Lebens erspüren, auf die meine tiefste Sehnsucht gerichtet ist

Hinführung

Der Besuch in einer modernen, gut eingerichteten Wohnung kann mir schlagartig bewußtmachen, wie abgewohnt und reparaturbedürftig meine eigene Wohnung ist. Und die Sehnsucht, auch in solch einer schönen Umgebung zu wohnen, kann Kräfte in mir freisetzen, um die Arbeit und Mühe einer gründlichen Renovierung auf mich zu nehmen. Oft ist es der Blick auf ein lohnendes Ziel, der Kräfte im Menschen befreit, die vorher geschlummert haben.

In verschiedensten Bildern und Symbolen lockt uns Jesus in seiner Verkündigung, uns nicht mit einem »Leben auf Sparflamme« zu begnügen, sondern uns nach der ganzen Fülle auszustrecken, die Gott für uns bereithält, in die er sich für uns verströmen möchte. Sein erstes Wunderzeichen, von dem uns das Johannesevangelium – wie ein Programm – berichtet, ist die Verwandlung des Wassers in Wein auf der Hochzeit zu Kana (2,11). Es ist eine Erzählung, an der uns zeichenhaft aufleuchtet, was Jesus meint, wenn er sagt, er sei gekommen, daß wir das Leben »in Überfülle«, im »Überfluß« (wie es Joh 10,10 wörtlich übersetzt heißt) haben sollen. Erst wer diesen Wein gekostet hat, erfährt, wie schal vorher der erste Wein (V. 9f.) oder gar das Wasser geschmeckt haben.

Kehren wir zum ersten Bild zurück: Eine Reihe von Texten spricht im Neuen Testament das Glaubensgeheimnis an, daß Christen »Wohnung« Gottes (Joh 14,23) und somit »Tempel des heiligen Geistes« (1Kor 6,19) sein sollen und können; daß Gott, der Heilige Geist, im Menschen »bleiben«, das heißt aber »wohnen« möchte.

Hinweis: Da es sich bei dieser Meditation um das Symbolbild handelt, welches das ganze Kursangebot durchzieht und begleitet (Bau des Hauses unseres geistlichen Lebens), möchte ich hier noch auf weitere Schriftstellen hinweisen, die dieses Bild in verschiedenen Varianten aufnehmen:

1Kor 3,16f.: »daß ihr Gottes Tempel seid«; 2Kor 5,1–3: Das Haus unseres irdischen Lebens; Röm 8,9: »wenn Gottes Geist in euch wohnt«; Joh 2,19–22; Mt 26,61; 27,40: Der »Tempel seines Leibes«; Offb 3,20: »Ich stehe vor der Tür und klopfe an« – dazu (in symbolischem Sinne): Lk 2,7: »sie hatten sonst keinen Raum in der Herberge«, und Joh 1,11: »Er kam in sein Eigentum; und die Seinen nahmen ihn nicht auf.«

Übung

Johannes 14,23 *(»Wir werden zu ihm kommen und bei ihm wohnen«)*

- Ich lasse mich ein auf den Unterschied,
  ob jemand zu mir kurzzeitig zu Besuch kommt ...
  ob er längere Zeit bei mir wohnen möchte ...
  ob er sich ganz bei mir einmietet ...
  ob ich ihm mein Haus schenke oder verkaufe ...
  ob uns das Haus von jetzt an gemeinsam gehören wird, weil wir uns durch eine Partnerschaft miteinander verbinden ...
  und übertrage das alles auf den Wunsch Gottes, »bei mir zu wohnen« ...
- Ich lasse mich ein auf die Vergleichspunkte, die der Besitzerwechsel eines Hauses anbietet,
  im Blick auf die Umgestaltung der Räume ...
  im Blick auf das Aussondern unbrauchbaren Mobiliars ...
  im Blick auf das Renovieren kostbarer alter Möbel ...
  im Blick auf das Entrümpeln von Boden- und Kellerräumen ...
  im Blick auf die mögliche Entdeckung vergessener Wertstücke ...
  und übertrage das alles auf den Wunsch Gottes, »bei mir zu wohnen« ...
- Ich lasse mich ein auf die Bedeutung, die ein neuer Eigentümer für den bisherigen Besitzer des Hauses gewinnt, wenn der neue Besitzer dem bisherigen Eigentümer nicht das Wohnrecht verweigert ...

wenn der neue Besitzer das ganze Haus renoviert ...
(2Kor 5,17)
wenn der neue Besitzer alle Reparaturkosten selbst trägt ...
wenn der neue Besitzer mit dem bisherigen das ganze Haus von jetzt an gemeinsam bewohnen will ...
und übertrage das alles auf den Wunsch Gottes, »bei mir zu wohnen« ...

Varianten

- 1 Korinther 6,19 *(»Euer Leib ein Tempel des heiligen Geistes«)*
  Ich gehe in meiner Vorstellung bewußt Glied um Glied meines Leibes durch, nehme Körperteil um Körperteil bewußt wahr – und öffne mich so Stück um Stück dem mich durchflutenden Leben des Heiligen Geistes ...
- Angelus Silesius *(Spruchmeditation)*:
  »In jedem lebt ein Bild des, das er werden soll;
  solang er das nicht ist, ist nicht sein Friede voll.«
  (Wiederholung und Vertiefung der Übung S. 98)

2. Die Fülle des Lebens erspüren, die meine Leere mit Gott erfüllt

Hinführung

In jedem Menschen lebt eine Sehnsucht, die tiefer reicht, als ihm selbst bewußt ist. Deshalb erliegt er immer neu der Illusion, diese Sehnsucht mit vorläufigen Werten stillen zu können. Und wenn er spürt, daß diese ihn im letzten dennoch unerfüllt lassen, verfällt er häufig dem Irrtum, daß er nur noch nicht genug von dem habe, womit er meint, seine ungestillte Sehnsucht befriedigen zu können. Das ist – von der menschlichen Veranlagung her gesehen – eine der entscheidenden Ursachen für das Streben nach immer mehr Besitz. Und dennoch bleibt der Mensch innerlich leer und seine tiefste Sehnsucht ungestillt, solange er seine ganze Erfüllung auf dieser Ebene sucht. »Jeder erfüllte Wunsch macht uns ärmer«, schrieb mir einmal jemand, den ich enttäuschen mußte. Das Wort ging mir lange nach. Hier hatte sich ein Mensch innerlich befreit von der »dämonischen« Macht der Besitzgier. Vielleicht kennen wir das Sprichwort, das die gleiche Lebensweisheit ausspricht: »Reich ist nicht, wer viel besitzt, sondern wer wenig braucht.«

Diese Überlegungen können den Hintergrund bilden für die Meditation des Leerseins, der Armut, die Jesus immer wieder anspricht und die eine »archetypische« Voraussetzung für die Nachfolge Jesu bildet. Wer nicht bereit ist, innerlich – und wenn es Gott will, auch äußerlich – »leer« zu werden, macht es Gott gewissermaßen unmöglich (wieder kann hier nur bildhaft-symbolisch gesprochen werden), in ihn hinein seine Fülle zu verströmen.

Bemerkung: Ob es um äußere oder um innere Armut geht, ist kein Wertunterschied (s. S. 157). Für jeden Menschen ist derjenige Weg der bessere, zu dem er gerufen ist.

Übung

Markus 10,17–27 *(»Verkaufe alles, was du hast«)*

Ich versuche, diese Geschichte auf mein konkretes Leben zu übertragen (dabei muß ich wahrscheinlich das Berichtete in die kleine Münze meines Alltags übersetzen und aus der Geschichte das heraushören, was Gott mir heute sagen will) . . .

Varianten

- Matthäus 5,3 *(»Selig sind, die da geistlich arm sind«)*
- Lukas 9,58 *(»Der Menschensohn, hat nichts, wo er sein Haupt hinlege«)*
- Meister Eckehart *(Wortmeditation)*:
  »Kein Gefäß kann zweierlei Trank in sich fassen. Soll es Wein enthalten, so muß man notgedrungen das Wasser ausgießen; das Gefäß muß leer und ledig werden. Darum: Sollst du göttliche Freude und Gott aufnehmen, so mußt du notwendig die Kreaturen ausgießen[8].«

3. *Die Fülle des Lebens erspüren, die mich vom Kreisen um mein Ich erlöst*

Hinführung

Vielleicht noch mehr als das Streben nach Besitz ist der Wunsch nach Bedürfnisbefriedigung im Menschen als ein tiefer Lebensimpuls lebendig. Hier liegen echte und gute Kraftquellen in der Tiefe jedes menschlichen Lebens. Deshalb ist es wichtig, daß wir grundlegende Bedürfnisse in uns nicht von vornherein unterdrücken, sondern ihnen das Recht einräumen, das ihnen zusteht. Gefährlich wird dieser Wunsch dort, wo die größtmögliche Befriedigung aller großen und kleinen Bedürfnisse zum höchsten und einzigen Lebensziel eines Menschen wird. Ganz abgesehen von der Gefahr, daß solch ein Mensch seine eigenen Ziele rücksichtslos gegenüber anderen Menschen durchsetzt, erliegt er einem schwerwiegenden Irrtum: Er meint, das Glück seines Lebens bestehe in der Befriedigung aller Bedürfnisse.

Nun kenne ich glückliche Menschen, die in einer ganz anderen Weise leben. Einige alte Menschen stehen mir vor Augen, die mit einer geringen Rente (gemessen an dem Einkommen anderer) immer etwas haben, womit sie anderen eine Freude machen können. Das macht sie selbst froh. Oder mir fallen jüngere Menschen ein, die vor einer Aufgabe stehen, die alle ihre Kräfte fordert. Sie haben keine Zeit dazu, ihr »Leben zu genießen«, wie man sagt. Aber sie fühlen sich ausgefüllt, befriedigt und innerlich froh.

Dagegen kenne ich wahrhaft unglückliche Menschen: solche, die in ihrem Denken und Trachten immer nur um sich selbst kreisen, die sich immer unbefriedigt vorkommen, weil sie ständig meinen, sie könnten anderen gegenüber »zu kurz kommen«.

Aus diesen Erfahrungen heraus wage ich zu sagen: Erst die Freiheit vom Kreisen um sich selbst macht einen Menschen wahrhaft froh und frei, frei für den anderen – frei für die Liebe – und damit frei für das wirkliche Glück.

Wie die Menschheit eines Tages begriff, daß nicht das ganze Universum um die Erde kreist, sondern daß unsere Erde ihre feste Umlaufbahn um die Sonne hat, so ähnlich kann ein Mensch in seinem Leben eine Art »kopernikanischer Wende« erleben, wenn die Liebe von ihm Besitz ergreift. Wer wahrhaft liebt, kreist nicht mehr um sich selbst, sondern er hat seine Mitte gefunden in der geliebten Person. Schon Augustin sagt, daß ein liebender Mensch mehr das Leben dessen lebt, den er liebt, als sein eigenes Leben. Vielleicht ist es allein die wahre Liebe, die einen Menschen befreien kann aus dem Sog eines ihn beherrschenden Strebens nach immer größerer Bedürfnisbefriedigung auf allen Lebensgebieten.

Übung

»Kopernikanische Wende« *(Symbolmeditation)*

Ich meditiere die »kopernikanische Wende« meines Lebens, die mir die Liebe zu Gott eröffnet:

- Die Erde kreist um die Sonne – das gibt ihr eine feste Bahn ...
- Die Erde dreht sich gleichzeitig um sich selbst, sie erlebt dabei Nächte und Tage, ohne deshalb der Sonne ferner oder näher zu sein ...
- Die Erde selbst ist wiederum Mittelpunkt, um den der Mond mit seiner festen Bahn kreist ...

4. Die Fülle des Lebens erspüren, die aus freier Hingabe erwächst

Hinführung

Auch der Wunsch nach Freiheit ist eine Ursehnsucht des Menschen. Doch diese gute und berechtigte Sehnsucht verkehrt sich dort geradezu ins Dämonische, wo sie ein Mensch dadurch zu stillen meint, daß er Macht über andere ausübt: Wieviel verborgene Machtkämpfe gibt es zwischen Ehegatten, zwischen Eltern und Kindern, zwischen Kollegen, zwischen Menschen, die sich »Freunde« nennen.

Dabei ist echte Freiheit immer zuerst begründet in der Freiheit von der Fessel, die mir die verborgene, aber so harte Macht meines unerlösten »Ich« auferlegt. In erschreckender Verzerrung wird jedoch immer wieder die Verkehrung, das Zerrbild echter Freiheit als die wahre Freiheit ausgeboten: Wenn ihr euch frei macht vom Gebot Gottes, dann »werdet ihr sein wie Gott und wissen, was gut und böse ist« – so verführte die »Schlange« bereits die ersten Menschen (1Mose – Genesis 3,5), und ihr Ungehorsam, die Inanspruchnahme ihrer vermeintlichen Freiheit, schloß sie aus dem »Paradies«, von der Fülle des Lebens, aus. Dem stellt Jesus seinen Weg als das Zeichen für die wahre Freiheit entgegen. Er geht den Weg des absoluten Gehorsams gegenüber dem Willen des Vaters: »Nicht mein, sondern dein Wille geschehe!« (Lk 22,42). »Meine Speise ist die, daß ich tue den Willen dessen, der mich gesandt hat« (Joh 4,34). Hier zeigt uns Jesus, wie ein Mensch frei sein kann von allem eigenen Machtstreben; er stellt uns die wahre Freiheit vor Augen, eine Freiheit, die Hingabe ermöglicht – die aus der Hingabe wächst.

Übung
Ich versetze mich in das Leben eines Menschen, der im Gehorsam gegen Gott und im Anruf der Menschen eine Lebenserfüllung fand oder findet, die eine neue Qualität des Lebens schenkt (Mutter Teresa in Kalkutta, Albert Schweitzer oder eine andere Gestalt, die mir vertraut ist) . . .

Varianten
- Ich schaue auf Jesus und seine souveräne Freiheit zur Hingabe, wie sie sich in verschiedenen Situationen seines Lebens zeigte – Freiheit, die aus der Bindung an den Vater erwächst . . .
  Freiheit, die absolut verfügbar ist für die Menschen . . .
  Freiheit, die von innen heraus den Weg findet, anstatt sich durch äußere Umstände zwingen zu lassen . . .
- Galater 5,1 *(»Zur Freiheit hat uns Christus befreit!«)*

5. Die Fülle des Lebens erspüren, zu der Jesus in seine Nachfolge ruft

Hinführung
Das Neue Testament kennt nicht das Wort »Nachfolge«, sondern nur das Verb »nachfolgen«[9] im Zusammenhang mit dem Ruf

Jesu. Es kann schon dort im wörtlichen wie auch im vergeistigten Sinn verstanden werden und meint immer, den Weg Jesu zu gehen, den er vorangeht. In solchem Mitgehen, Hinterhergehen, Nachfolgen (im wörtlichen wie im übertragenen Sinn) wächst der Jünger Jesu in dessen innere Haltung hinein. Und je mehr ihm diese innere Haltung zu eigen ist, desto leichter wird es ihm fallen, sich auch in Situationen, die neu auf ihn zukommen, so zu verhalten, »wie es Jesus an seiner Stelle getan hätte«. Denn nachfolgen heißt nicht nachahmen,[10] sondern meinen Weg in meiner Situation mit dem tiefsten Anliegen Jesu »abstimmen«[11] (vgl. S. 160f.; 175).

Übung

Josef Hegenbarth – »Berufung des Mose« *(Bildmeditation, Bild Nr. 7)*

Varianten

- Matthäus 4,18–22 *(»Folgt mir nach«)*
  Ich fühle mich ganz ein in das Erleben eines der Jünger: Ich erlebe mit, was er erlebt hat (mit allen Sinnen) ...
  Ich erahne, wie sich sein Leben verändert hat ...
  Ich schaue betend auf mich selbst und mein Leben ...
- Ich wähle mir aus der Bibel eine *Berufungsgeschichte* aus, von der ich mich angesprochen fühle, und verweile meditierend bei ihr ...
  Zum Beispiel: 1 Mose – Genesis 12,1–4 (Abram); 1 Samuel 3,1–10 (Samuel); Jesaja 6,1–8 (Jesaja); Jeremia 1,4–7 (Jeremia); Lukas 1,5–25 (Johannes der Täufer); Lukas 1,26–38 (Maria); Apostelgeschichte 9,1–22 (Paulus) oder was sich mir sonst anbietet.
- Wiener Genesis – »Verheißung an Abraham« *(Bildmeditation, Bild Nr. 6)*

6. *Die Fülle des Lebens erspüren, die aus der Antwort der Liebe erwächst*

Hinführung

In der Geschichte der Kirche gibt es *Hingabegebete* verschiedenster Art. Oft mögen wir vor ihrer Radikalität erschrecken. Aber sollten wir nicht versuchen, uns ein wenig in einen Menschen einzufühlen, der solch ein Gebet formulieren konnte? Wie mögen die Wege eines Lebens verlaufen sein, die zu so einem Gipfel führen? Lassen wir uns einmal auf zwei Gebete dieser Art ein und horchen auf das, was »hinter den Worten« steht, auf das eigentlich Unsagbare, das sich in solchen Gebeten der Hingabe auszusagen versucht:

Nikolaus von der Flüe[12], der Nationalheilige der Schweiz, betet:

»Mein Herr und mein Gott,
nimm alles von mir, was mich hindert zu Dir!
Mein Herr und mein Gott,
gib alles mir, was mich fördert zu Dir!
Mein Herr und mein Gott,
nimm mich mir und gib mich ganz zu eigen Dir! Amen.«

Und Meister Eckehart[13] schreibt in seinen »Reden der Unterweisung«:

»Darum soll es im allerbesten Gebet, das der Mensch beten kann . . ., heißen . . .: ›Herr, gib mir nichts, als was du willst, und tue, Herr, was und wie du willst in jeder Weise‹ . . .«

Gebete dieser Art einfach zu übernehmen kann manchmal nahe an eine innere Unwahrhaftigkeit führen. Davor kann ich mich ein wenig schützen, indem ich solch ein Gebet Wort für Wort meditiere und es so lange in mich hineinklingen lasse, bis etwas eigenes in mir mitzuschwingen beginnt. Besser wäre es jedoch, wenn ich als derjenige, der ich wirklich vor Gott bin, ein eigenes Gebet formulieren könnte. Es sollte ein Gebet sein, mit dem ich mein tiefstes Anliegen vor Gott bringe – ein Anliegen, das nicht schon wieder morgen durch einen neuen Wunsch abgelöst wird, sondern das ich Tag für Tag vor Gott hintragen kann.

Mit solch einem eigenen Gebet kann ich dann jeden Tag oder jede Gebetszeit beginnen. Damit bringe ich die konkreten Bitten und Anliegen des jeweiligen Tages in Verbindung mit der Grundsehnsucht, die mein Leben durchzieht. Und so stimme ich gewissermaßen täglich das »Instrument meines Lebens« neu ein auf die »Tonlage« meiner Ursehnsucht nach Gott, die wiederum nichts anderes ist als ein »Mitschwingen« mit der Sehnsucht, die Gott nach mir hat. Der Vergleich wurde schon gebraucht: Wie die Saite einer Violine mit der schwingenden Stimmgabel mitzuschwingen beginnt (s. S. 65), so stimme ich mich jeden Tag neu ein auf den Einklang meines konkreten Alltags mit der Bestimmung Gottes für mein Leben.

Wenn ich ein eigenes Gebet in dieser Weise über Jahre hin täglich bete, werde ich zweierlei erfahren können: erstens, daß das Gebet in mir und mit mir weiter wächst und damit langsam und organisch zu immer größerer Tiefe und Echtheit reift; zweitens, daß ich selbst an diesem Gebet wachse: bringe ich doch Tag für Tag alle Geschehnisse und Anforderungen in das Gebet ein. Dabei spüre ich, spätestens im Augenblick des Betens, ob ich in einer entscheidenden Sache von meinem mir vorgegebenen Weg abgewichen bin.

Übung

Ich formuliere ein *eigenes Gebet*, mit dem ich versuche, in meiner eigenen Art und Weise eine Antwort der Liebe auf Gottes Liebe zu geben – so, wie ich es in Wahrhaftigkeit als Wunsch oder Sehnsucht vor Gott aussprechen kann.

7. Die Fülle des Lebens erspüren im stillen Verweilen vor Gott

Ich verweile im Rückblick auf diese Woche dort, wo es mir am wichtigsten erscheint.

Anliegen der elften Übungswoche: Situationen, Aufgaben und mitmenschliche Beziehungen, die mein Alltag mir anbietet, als Möglichkeiten wahrnehmen, mein geistliches Leben zu vertiefen

Überblick:

Einführung in die elfte Übungswoche

1. *Vom Alltag als Übungsfeld für das geistliche Leben*
2. *Von der Gelassenheit als Mitte des geistlichen Lebens*
3. *Von verschiedenen Gebetsweisen zur Einbeziehung des Alltags in das geistliche Leben*

Übungsangebote für die elfte Übungswoche

Anliegen der elften Übungswoche (erstes Angebot):
Situationen, die mein Alltag mir anbietet, als Möglichkeit annehmen, die Antwort meiner Liebe im Leben zu verwirklichen

Anliegen der elften Übungswoche (zweites Angebot):
Aufgaben, die mein Alltag mir anbietet, als Möglichkeit annehmen, meine Liebe zu Gott in der »Erdung« meiner geistlichen Prinzipien zu verwirklichen

Anliegen der elften Übungswoche (drittes Angebot):
Mitmenschliche Beziehungen, die mein Alltag mir anbietet, als Möglichkeit annehmen, die Antwort meiner Liebe im Umgang mit den Menschen zu verwirklichen

Einführung in die elfte Übungswoche

1. Vom Alltag als Übungsfeld für das geistliche Leben

Wenn es ein Grundsatz meditativen Lebens ist, immer im einzelnen das Ganze, im Kleinen das Große zu erfahren, dann kann man von dieser Sicht her den Wert das alltäglichen Lebens mit seinen Bewährungschancen nicht hoch genug einschätzen.

Der ganz »normale«, oft »grau« erscheinende Alltag ist das entscheidende Übungsfeld für die Verwirklichung unseres geistlichen Lebens. Hier werden unsere hochfliegenden Pläne und Prinzipien »geerdet«, das heißt, sie werden an die Wirklichkeit unseres realen Lebens gebunden. Im geistlichen Leben gibt es hin und wieder herausragende Höhen und unerwartete Abgründe – das eigentliche innere Wachstum jedoch vollzieht sich in weiten Teilen unter »Sonne, Wind und Regen« der alltäglichen Geschehnisse, Aufgaben und menschlichen Beziehungen. Der Alltag ist der eigentliche Ort der Übung für die großen Entscheidungsstunden des Lebens – er ist der Ort, wo sich die einmal getroffene Grundentscheidung Tag für Tag verwirklichen kann.

Dabei geht es, im Großen wie im Kleinen, immer neu um das »Abstimmen« meiner eigenen Pläne oder Wünsche auf den Willen Gottes. Willi Lambert[14] gebraucht in diesem Zusammenhang das Bild vom »Abschmecken«: Habe ich mich für eine Speise entschieden, kann ich diese sehr unterschiedlich abschmecken. Doch manche Gewürze fallen sofort aus den Überlegungen heraus. So kann ich die großen und kleinen Entscheidungen meines Lebens mit dem Willen Gottes »abschmecken«. Große, anscheinend einmalige Lebensentscheidungen sind nie ein einmaliger Akt, der dann abgeschlossen wäre. Jede solche große Entscheidung entfaltet sich im Lebensvollzug, sie fließt nach und nach in die kleinen Entscheidungen des Alltags ein und bestimmt diese. Daneben steht die andere Erfahrung: im Vollzug der kleinen alltäglichen Entscheidungen wachse und reife ich für die große Lebensentscheidung, die vielleicht eines Tages unerwartet vor mir steht. *Alltagsentscheidungen sind das Übungsfeld für die großen Lebensentscheidungen* – und diese wiederum verwirklichen sich im Vollzug des alltäglichen Lebens.

Und das ist eng mit etwas anderem verbunden: Nichts, was ich denke, höre oder lese, prägt mich so stark wie das, was ich tue, ja, was ich bewußt übe. Das ist ja das Anliegen dieses ganzen Kurses, mich durch eigenes Üben in den Prozeß wachsender Liebe hineinzugeben, mir diesen Prozeß bewußtzumachen und ihn konsequent zu vertiefen.

Wachsen in der Liebe ist möglich, solange ein Mensch lebt. Die Liebesantwort des Menschen auf die Liebe Gottes, in welcher Weise sie auch gegeben werden mag, ist ein lebenslanger Prozeß: der Weg des Nachfolgens. Nun wurde bereits gesagt: *Nachfolge ist nicht Nachahmung*[15] (S. 171). Ich lebe unter anderen inneren und äußeren Bedingungen als Jesus Christus in Palästina, aber ich lebe auch unter anderen inneren und äußeren Bedingungen als der Mensch neben mir. Mein konkretes Leben mit allem, was dazugehört, ist das »Material«, aus dem ich meine eigene Nachfolge gestalten soll.

Zum Verständnis des Gemeinten möchte ich ein persönliches Erlebnis erzählen. Es ist schon lange her, als in einer Predigt verdeutlicht werden sollte, daß ein Mensch nichts, absolut gar nichts besitzt, was er Gott anbieten könnte. Dazu gebrauchte der Pfarrer das Beispiel eines Kindes, das der Mutter ja nichts anderes schenken kann als das, was es erst von der Mutter bekommen muß. Bei diesem Bild erwachte ein innerer Widerstand in mir, den ich damals nicht deuten konnte. Weshalb das Bild nicht stimmt, begriff ich, als ich eigene Kinder hatte: Jede Mutter und jeder Vater erlebt es, daß ein kleines Kind, wenn es den Eltern etwas schenken will, zwar das »Material« vom Erwachsenen bekommen muß – daß aber dieses Kind dann aus dem Material selbst etwas »machen« kann. Vielleicht stickt es eine kleine Decke, vielleicht malt es ein Bild, oder es kauft vom selbstersparten Geld etwas ein. Das alles tut es mit einer Freude, die zeigt, wieviel eigenes das Kind in ein solches Geschenk hineingibt. So sehe ich oft mein Leben, wie es mir konkret im Großen und Kleinen gegeben ist: als Material, aus dem ich das Geschenk der Liebe – ganz unvollkommen – »basteln« möchte. Und dazu kommt noch eine Erfahrung, die mir immer geheimnisvoller wird: Indem das Kind sich darum müht, den Eltern etwas zu schenken, wächst und vertieft sich seine Liebe zu den Eltern. Liebe wächst im Schenken, im Sich-Mühen um und für den anderen. Das werden viele Mütter bezeugen, die für ein behindertes Kind sorgen. Und dieses innere Gesetz gilt auch für unsere Antwort der Liebe auf die Liebe Gottes: Indem wir sie wirklich zu geben versuchen, wächst die Liebe. Hier wird das

Haus unseres geistlichen Lebens auf Fels gebaut, wie Jesus sagt (Mt 7,24f.). So steht dieser Hauptteil an einer wesentlichen Stelle innerhalb der Dynamik eines geistlichen Liebesweges.

Wenn es nun mein konkreter Alltag ist, der das *»Material« für meine Liebesantwort* abgeben soll, so gewinnt dieser Alltag mit seinen ungezählten großen und kleinen Geschehnissen, Aufgaben und Begegnungen eine bisher ungeahnte Bedeutung. Versuche ich, auch nur einen Teil dieser Möglichkeiten für mein geistliches Leben fruchtbar zu machen, so öffnen sich viele neue Wege. Deshalb erfordert es die Fülle des Stoffes, diese elfte Woche in drei Varianten anzubieten, in denen der Akzent jeweils verschieden gesetzt ist: auf das Annehmen des persönlichen Lebensschicksals, auf die Bewältigung der konkreten Alltagsaufgaben oder auf die mitmenschlichen Beziehungen. Die Varianten können einander ergänzen, eine jede kann aber auch für sich stehen – auch im konkreten Alltag sind diese drei Dimensionen menschlichen Lebensvollzugs nicht voneinander zu trennen.

Aus diesem Grunde muß hier jeder selbst entscheiden, was ihm »guttut« (Ignatius) – ob er das reiche Stoff- und Übungsangebot dieser Woche voll wahrnehmen will oder ob er sich beschränken sollte: entweder, indem er sich für eine der drei Varianten entscheidet – entsprechend seiner Grundentscheidung (s. S. 153f.) – oder ob er sich aus jeder der drei möglichen Übungswochen je zwei Übungseinheiten auswählt, von deren Thematik er sich im Augenblick besonders »angesprochen« fühlt. (In jedem Falle sollte im Blickfeld bleiben, daß die anderen Übungsangebote zu gegebener Zeit ebenfalls wahrgenommen werden können.)

Exkurs:
Weshalb wurde bei dieser elften Übungswoche diese – von allen anderen Übungswochen abweichende – Form gewählt?

An keiner anderen Stelle unseres Briefkurses unterschieden sich die Erfahrungen der Teilnehmer so stark wie bei diesen Übungsangeboten, die den Alltag einbezogen. Während manche Kursteilnehmer äußerten, die Meditationen dieser Übungsthemen hätten für sie mit Abstand weniger Tiefe gehabt als die bisherigen, schrieben andere, in diesen Wochen hätten sie Ziel und Mitte des ganzen Kursangebotes erlebt. Hier endlich hätten sie zur Einheit von Gebet und Leben gefunden. Wie mögen diese unterschiedlichen Erfahrungen zu erklären sein?

- *Die erste Möglichkeit sehe ich persönlich in den verschiedenen Ansatzpunkten: »Es gibt Menschen, die von oben her leben, und es gibt andere, die von unten her leben«, wurde uns auf einem Meditationskurs gesagt. Dieses Wort unseres damaligen Leiters gründete auf einem reichen Schatz eigener und ihm anvertrauter Erfahrungen im geistlichen Leben. Er erklärte seine Ansicht genauer: »Immer geht es im geistlichen Leben um die Integration des ganzen Menschen. Wer ›von oben her‹ lebt, dessen Aufgabe ist es, mehr und mehr den ganzen Bereich des Irdischen, also seines Lebensschicksals, seiner Aufgaben, seiner Mitmenschen, in seine geistliche Dynamik zu integrieren. Das ist oft ein harter und langwieriger, ja häufig ein sehr schmerzhafter Prozeß – weil sich dieser Mensch dabei häufig so vorkommt, als hinderten ihn diese ›äußeren‹ Dinge an seinem eigentlichen Weg. Er muß es üben, gerade an diesen scheinbaren Hindernissen zur Ganzheit, zur Fülle zu reifen.*

  Wer dagegen ›von unten her‹ lebt, dem ist dieses irdische Leben mit allen Höhen und Tiefen vertraut. Hier ist seine Welt – und seine Aufgabe besteht darin, immer wieder, Stück um Stück, die irdischen Gegebenheiten in ihrer Vorläufigkeit zu sehen, sie auf ihre letzte Tiefe und ihren tiefsten Sinn hin zu transzendieren – um so auf seine Weise immer neu und immer tiefer auf Gott zu treffen und so mehr und mehr zur Ganzheit zu reifen.«

  Niemand kann sich seine Weise, zu sein, aussuchen – sie ist ihm vorgegeben. Deshalb liegt in unserer Unterscheidung auch keinerlei Wertung. Jedoch ist es möglich, daß diese verschiedene Ansatzweise bei einzelnen auch zu ganz unterschiedlichen Erfahrungen bei den gleichen Übungsangeboten führt.
- *Die zweite Möglichkeit der Erklärung sehe ich persönlich in der Sache selbst:*

  »Wie kann ich die Begegnung mit einem Menschen im voraus meditieren, wenn ich früh überhaupt noch nicht weiß, ob

ich an diesem Tag einem Menschen begegnen werde?« fragte eine Teilnehmerin. In den Übungsangeboten dieser drei Wochen werden Möglichkeiten angesprochen, die jeder in seinem Leben erfährt und verarbeiten muß – aber wohl nicht gerade zu dem Zeitpunkt, wenn diese Übung »dran« ist. Das kann den Nachteil haben, daß mir in diesem Augenblick die konkret angesprochene Situation so fern ist, daß ich überhaupt nicht in eine echte Meditation hineinkomme. Aber es kann auch einen Vorteil haben: Im Ernstfall bin ich oft emotional so tief beteiligt, daß ich zu keiner echten Meditation fähig bin. Dann ist es gut, auf frühere Erkenntnisse und Erfahrungen zurückgreifen zu können, die ich im geschützten Raum emotionaler Ausgeglichenheit gemacht habe.

2. Von der Gelassenheit als Mitte des geistlichen Lebens

Meinen Alltag, ganz gleich, ob ich besonders die Geschehnisse, die Aufgaben oder die menschlichen Beziehungen im Blick habe, kann ich nur dort zum »Material« für meine Liebesantwort werden lassen, wo ich dieses Material als »Vorgabe« annehme und mich nicht dagegen auflehne. Dazu muß und darf ich als *erste Gabe, die mir Gott vor allen anderen gegeben hat, mein eigenes, konkretes Leben* sehen. Gehorsam, der allen anderen Akten des Gehorsams vor Gott vorausgeht, heißt: mein Leben, wie es bisher gewachsen und gereift ist, als von Gott gegeben und gleichzeitig aufgegeben anzunehmen.[16] Aus unzähligen Komponenten setzt sich dieses konkrete Leben zusammen: Es ist bestimmt durch die Zeit, in die ich hineingeboren wurde, und das Milieu, das mich als Kind aufnahm, durch meine persönliche Veranlagung und meine Erziehung, durch die Menschen, die mich prägten – sowohl positiv als auch negativ. Dazu gehört aber auch alles, was mir im Laufe dieses Lebens konkret begegnet: die verschiedenen alltäglichen Situationen mit ihren Freuden und Enttäuschungen, meine gesuchten und ungesuchten Aufgaben, die geplanten und ungeplanten Begegnungen mit anderen Menschen.

Hier liegt die entscheidende Grundlage für die Verwirklichung meines geistlichen Lebens: daß ich mehr und mehr übe, dieses alles nicht als »blindes Schicksal« zu verstehen, sondern als das Material, das Gott mir einmalig und unaustauschbar zugeordnet hat. Allein im Annehmen meines Lebens als Gabe und Aufgabe werde ich meine Form der Nachfolge Jesu finden. Nur so kann ich in, mit und unter der Verwirklichung meines menschlichen Daseins mein geistliches Leben nach dem Plan Gottes gestalten.

Dabei ist es ganz wichtig, ein häufiges Mißverständnis zu klären: Wenn ich in der genannten Weise mein reales Leben von Gott annehme, so bedeutet das *keinerlei Form von Fatalismus.* Gerade das echte Annehmen macht mich dafür wach zu unterscheiden, was ich ändern kann und soll – und was als »Rest« bleibt, den ich auf mich nehmen muß als die mir persönlich von Gott anvertraute und für ihn und den Bau seines Reiches wichtige Aufgabe, die mir kein anderer abnehmen kann. Denn solange ich mich auflehne oder in eine Scheinwelt fliehe, entziehe ich mich der Möglichkeit, das mir zugeteilte »Material« zu bearbeiten. Also nicht ein resigniertes Mich-Abfinden, sondern das nüchterne »So ist es« gibt mir die Voraussetzung, sachgerecht zu reagieren und dadurch eine echte Antwort der Liebe zu geben.

Damit rückt ein anderes Wort in den Gesichtskreis – ein Begriff, um den das ganze Denken Meister Eckeharts[17] und der von ihm beeinflußten Mystiker kreist: *die »Gelassenheit«.* Nur wenn ich mich mit allem, was ich bin und habe, ja mit allem, was mir begegnet, Gott über»lasse«, nur wenn ich im Vertrauen auf seine Liebe zu»lasse«, was auf mich zukommt, wenn ich mich darauf ein»lasse«, daß mein ganzes Leben in seinem »So«, »Hier« und »Nun« Gabe und Aufgabe Gottes für mich ist, werde ich Schritt um Schritt in die Erkenntnis eingeführt, an welcher Stelle dieses Lebens Gott mich in meiner unaustauschbaren Eigenart einsetzen möchte – an welcher Stelle er mich aber auch mit seiner ganzen Fülle beschenken will.

Die Fülle Gottes, die uns als Angebot der zehnten Übungswoche vor Augen stand, kann mich plötzlich überfluten, ohne daß ich einen Grund dafür nennen könnte. Es kann aber auch sein, daß ich in einem allmählichen Wachstumsprozeß in solche

Fülle mehr und mehr hineinwachse, ohne daß ich dieses Geschehen jeweils als einen kontinuierlichen Fortschritt registrieren könnte. Bei Gott geht es anders zu – vielfältiger. Was mir aber überhaupt hilft, einen inneren Wachstumsprozeß zu spüren und vor allem zu vertiefen, ist allein das regelmäßige Beten, das den Alltag nicht ausklammert, sondern ihn einbezieht.

3. *Von verschiedenen Gebetsweisen zur Einbeziehung des Alltags in das geistliche Leben*

– *Gebet der liebenden Aufmerksamkeit*

Das Grundelement eines geistlichen Weges ist die innere Haltung einer hellen Wachsamkeit: »Seid gleich den Menschen, die auf ihren Herrn warten ... damit, wenn er kommt und anklopft, sie ihm sogleich auftun« (Lk 12,36). Der Ruf zum Warten durchzieht das ganze Neue Testament: Christen sind wartende Menschen. Ihr Warten braucht sich nicht auf die endzeitliche Wiederkunft Christi zu beschränken. Wer auf den Herrn wartet, der immer anders kommen wird, als es sich der Mensch vorstellt (Mt 24,23–27; 42–44; 50), übt sich in der wartenden, wachen Aufmerksamkeit für den Herrn, der mir in, mit und unter den alltäglichen Geschehnissen meines konkreten Lebens begegnet. Meister Eckehart gebraucht das Bild von den verschiedenen Kleidern, in denen Gott auf den Menschen zukommt – manchmal ist es die Freude, ein anderes Mal das Leid, heute begegnet er mir in der Fülle, morgen in der Leere. Und Meister Eckehart warnt vor der großen Gefahr, das »Kleid Gottes« mit Gott selbst zu verwechseln. Allein die Liebe schützt vor dieser Verwechslung: Je tiefer die Liebe eines Menschen wächst, um so leichter erkennt er auch den Herrn in seinen unterschiedlichen Weisen, in denen er ihm jeweils begegnet. Es geht um eine lebenslange Übung darin, »die Dinge zu durchbrechen und ... Gott darin zu ergreifen«[18]. Dazu kann uns eine Weise des Betens helfen, die Willi Lambert[19] als »Gebet der liebenden Aufmerksamkeit« bezeichnet. Es ist dies eine Form des Betens, die ich – außerhalb der täglichen festen

Gebetszeit – immer wieder einmal im Laufe des Tages üben kann und die reiche Frucht verspricht. Mögen es fünf oder zehn Minuten sein oder auch nur ein kurzer Weg von einer Aufgabe zur anderen, den ich bewußt langsam gehe – ich sollte solche kleinen »Pufferzonen« zwischen die großen Hauptaufgabengebiete eines Tages einschieben, damit der Tag klar strukturiert wird. Sonst reiben sich die verschiedenen Aufgaben aneinander wie die Wirbel, wenn die Bandscheiben verbraucht sind. Ein kurzer Blick liebender Aufmerksamkeit für Gott und in diesem Blick eine knappe Bestandsaufnahme, eine Bewertung dessen, was ich eben getan habe – und dann die innere Einstellung auf das, was jetzt vor mir liegt: Das ist der Sinn dieses Gebetes in seinen verschiedenen Möglichkeiten. Es kann mir helfen, meinen konkreten Alltag mehr und mehr im Licht Gottes zu erfahren.

Willi Lambert nimmt mit dieser Übung die jesuitische Tradition des »examen« auf, der Viertelstunde Besinnung mitten am Tag, die Ignatius für »das Wichtigste« im geistlichen Leben hielt. Verschiedene Worte, die diese Viertelstunde bezeichnen, geben deutliche Hinweise darauf, worum es geht und wo die Akzente liegen können: »Wenn von *Auswertung* gesprochen wird, dann drückt sich hierin die Überzeugung aus, daß das Leben, daß jeder Tag, daß jedes Erlebnis einen Wert in sich birgt, den man übersehen oder aber ahnen, ausgraben und schätzen kann ... Wenn vom Gebet der *Verantwortung* die Sprache ist, so will dies sagen ... (es geht um) schweigendes, hörendes, sprechendes Gesprächsereignis ... Dialog ... Im Gebet der Verantwortung geschieht die Standortbestimmung des Menschen im Angesicht Gottes. Wenn ... (von der) *Lebensbetrachtung* die Rede ist, dann drückt sich hier im Sprachgebrauch aus, daß der Gegenstand (der Betrachtung) ... das Leben, mein ganzes Leben ist, soweit ich darin den Menschen und Gott gegenüberstehe. *Gebet der liebenden Aufmerksamkeit* ... will sagen: Das Geheimnis des Lebens erschließt sich nur dem liebend Aufmerksamen. Der Blick für die großen Aufmerksamkeiten Gottes befähigt zu eigenen Aufmerksamkeiten der Liebe[20].«

Wer sich intensiv um diese Gebetsweise bemüht und sie wirklich übt, dem kann ich fraglos versprechen, daß sein geistliches Leben in eine größere Tiefe gelangt. Verschiedene Möglichkeiten dazu werden im Rahmen dieser Übungswochen aufgezeigt. Probieren Sie aus, was Ihnen liegt, lassen Sie beiseite, wogegen Sie innere Sperren haben – und vor allem: Entdecken Sie selbst für sich neue, eigene Möglichkeiten für diese Durchdringung des gesamten Tages mit dem Gebet.

– *Voraus- und Nachmeditation eines Geschehens*

Während ich mich vor Jahren einmal auf der Heimfahrt von Exerzitien in der Bahn um die eben besprochene Weise des Betens bemühte, stürmte ein junger Mann an mir vorüber, es machte »klick« – und der Aufhänger meiner Jacke war abgerissen. Sollte ich mich ärgern? Sollte ich darauf warten, daß er um Entschuldigung bat? Oder sollte ich statt dessen lieber fragen: Mein Gott, was willst du mir jetzt damit sagen? . . . Wo stürme ich vielleicht auch rücksichtslos an anderen Menschen vorbei und merke gar nicht, wenn dabei etwas kaputtgeht? Oder: Warum ist der Aufhänger abgerissen? Weil er schon morsch war. Wenn ich ihn nähen werde, werde ich noch andere Stellen in der Jacke entdecken, die auszubessern sind. Ist es nicht manchmal gut, einmal alles genau auf morsche Stellen hin zu überprüfen? . . . Was war geschehen? Ich hatte ein ganz alltägliches Erlebnis gehabt, aber es gelang mir an dieser Stelle, das Erlebnis in einer stillen Nachmeditation in seiner Zeichenhaftigkeit und Übertragbarkeit für mein Leben zu erkennen und fruchtbar werden zu lassen.

Situationen, Aufgaben, menschliche Begegnungen füllen den Tag oft pausenlos aus. Eines drängt das andere, kaum ein Ereignis enthüllt sich ganz in seiner möglichen geistlichen Tiefe. Deshalb sollte ich immer wieder einmal ein Geschehen aus dieser vorüberziehenden Flut herausnehmen, um »seine Botschaft an mich« im geschützten Raum einer Meditation bis in seine geistliche Tiefe hinein zu erspüren.

Das kann in anderer Weise in einer Vorausmeditation geschehen. Wenn ich eine vor mir liegende Arbeit oder eine zu erwartende Begegnung langsam und aufmerksam vorausmeditiere, wenn ich diese Arbeit in meiner Vorstellung gewissermaßen bereits verrichte oder mich meditierend schon ganz auf den anderen Menschen einstelle, der zu mir kommen will, dann kann ich in solchem abgeschirmten Raum des Meditierens das, was vor mir liegt, in seiner symbolischen Tiefe und Übertragbarkeit und in seiner geistlichen Bedeutung »erfassen«.

Solche Vorausmeditation setzt Kräfte frei für das Tun, sie läßt mich aus meiner geistlichen Mitte her dem Mitmenschen begegnen – sofern ich mich dann während des Vollzugs für das in der Meditation Geschehene offenhalte und es zulasse. Dazu hilft noch das Angebot einer weiteren Gebetsweise:

– *Wiederholungsgebet in eigener Form*

Wer hat es noch nicht erlebt: Während der Gebetszeit tauchten wichtige Erkenntnisse auf, die dessen wert gewesen wären, sie in das Leben zu übernehmen. Doch im Laufe des Tages überschwemmten neue Eindrücke das Erkannte so stark, daß es einfach aus der Erinnerung verschwunden, wie ausgelöscht war. Oder ich lese ein geistliches Buch, das mir Wesentliches zu sagen hat. Wie schnell vergesse ich das Gelesene! Gibt es einen Weg, wichtige Erkenntnisse so in mich aufzunehmen, daß sie zu einem Teil meines Wesens werden, mich durchdringen und prägen? An dieser Stelle habe ich persönlich das selbstgeformte Wiederholungsgebet als eine entscheidende Hilfe erfahren. Was mir für die nächste Zeit bedeutungsvoll erschien, formulierte ich als ein »Gesätz« für ein Wiederholungsgebet (vgl. S. 78f.). Was mir in einem Buch als so wichtig erschien, daß ich es als bleibenden inneren Besitz behalten wollte, brachte ich ebenso in diese Form. Damit hatte ich das Wesentliche vom Unwesentlichen geschieden und dabei Worte formuliert, die bis in die meditative Schicht eindringen konnten. In dieser selbstgestalteten Form konnte ich nun dieses Wiederholungsgebet während des Tages öfter wieder aufnehmen, ja, da es formuliert vorlag, konnte ich jederzeit darauf zurückgreifen, wenn ich mich in einer Situation vorfand, die gerade diese Gebetsgedanken erforderte.

Ich möchte Ihnen Mut dazu machen, immer wieder selbst solche Gebete zu formulieren. Es bringt reiche Frucht.

Anliegen der elften Übungswoche (erstes Angebot): Situationen, die mein Alltag mir anbietet, als Möglichkeit annehmen, die Antwort meiner Liebe im Leben zu verwirklichen

Überblick:

Übungsangebot für die erste Möglichkeit der elften Übungswoche

1. *Wahrnehmen von Situationen, die mich bereichern, als Übungsfeld meiner Dankbarkeit*
2. *Wahrnehmen von Situationen, in denen ich versagt habe, als Übungsfeld des Mutes zum unermüdlichen Neubeginn*
3. *Wahrnehmen von Situationen, die mich überfordern, als Übungsfeld der Treue im Kleinen*
4. *Wahrnehmen von Situationen, die mich vor anscheinend unlösbare Probleme stellen, als Übungsfeld meines Glaubens*
5. *Wahrnehmen von Situationen, in denen ich mich enttäuscht fühle, als Übungsfeld meiner Hoffnung*
6. *Wahrnehmen von Situationen, die mir Schmerzen bereiten, als Übungsfeld meiner Liebe*
7. *Wahrnehmen der verschiedenen Situationen meines Alltags als Übungsfeld meiner Liebesantwort*

Übungsangebot für die erste Möglichkeit der elften Übungswoche

1. *Wahrnehmen von Situationen, die mich bereichern, als Übungsfeld meiner Dankbarkeit*

Übung

Psalm 92,2 *(»Das ist ein köstlich Ding, dem Herrn danken«)*

- Ich gehe die letzte Stunde, die hinter mir liegt, noch einmal durch, lasse die kleinen und kleinsten Geschehnisse wie einen inneren Film an mir vorüberziehen – und danke für das, was gut war, was möglich war, was mich bereichert hat – oder wofür ich sonst noch danken kann ...

Als Anregung zur Übertragung auf das eigene Leben möchte ich den Beginn eines Gebets von Michel Quoist[21] nennen:
»Danke, Herr, danke!
Dank für alle Geschenke, die Du mir heute angeboten hast,
Dank für alles, was ich gesehen, gehört und empfangen habe.
Dank für das Wasser, das mich wach gemacht hat, für die Seife, die so gut riecht, für die erfrischende Zahnpasta.
Dank für die Kleider, die mich bedecken, für ihre Farbe und für ihren Schnitt ...
Dank für den Müllabfuhrwagen und die Männer, die ihn begleiten, für ihre morgendlichen Rufe und die Geräusche der erwachenden Straße.
Dank für meine Arbeit, mein Werkzeug, meine Kräfte ... usw.«

Varianten
- Martin Luther: »Ich glaube, daß mich Gott geschaffen hat usw.« (Erklärung zum 2. Glaubensartikel, EKG-Anhang)
- Lukas 17,11–19 *(Dankbarer Samariter)*
  Ich wende diese Geschichte an auf meinen Alltag ...

Gebet der liebenden Aufmerksamkeit
Im Laufe des Tages halte ich zwischen zwei größeren Arbeitseinheiten inne und nehme mir ein paar Minuten Zeit. Im Bewußtsein, vor Gott zu stehen, schaue ich auf die vergangene Tätigkeit zurück, taste gewissermaßen noch einmal darüber, wie ein Blinder mit seinem feinen Fingerspitzengefühl über die Erhebungen der Blindenschrift tastet – spüre das, was sich an Positivem hervorgehoben hat, wofür ich danken kann, und verweile ein wenig dabei. Dann schaue ich voraus auf die vor mir liegende Aufgabe und erspüre auch hier wieder in heller Wachsamkeit, was mir Grund gibt zum Danken ...

Bemerkung: Wenn bei den Übungen dieser Woche verschiedenartige Möglichkeiten für das »Gebet der liebenden Aufmerksamkeit« angeboten werden, so geschieht das, damit ein jeder neue

Möglichkeiten kennenlernen und für sich ausprobieren kann, was ihm hilfreich ist. Wem diese Gebetsweise wichtig wird, findet gewiß selbst weitere eigene Möglichkeiten.

2. *Wahrnehmen von Situationen, in denen ich versagt habe, als Übungsfeld des Mutes zum unermüdlichen Neubeginn*

Übung

Michel Quoist[22] *(Gebetsmeditation):*

»Herr, ich bin gefallen.
Wieder.
Ich kann nicht mehr, ich werde niemals ans Ziel kommen,
Ich schäme mich vor mir, ich wage nicht mehr,
  Dich anzublicken . . .
Deine Stimme,
Und Dein Blick,
Und Deine Liebe tun mir weh.
Sie lasten auf mir, drückend,
Drückender als meine Sünde . . .

Komm, mein Kind, erhebe dein Haupt.
Ist es nicht vor allem dein Stolz, der verletzt ist?
Wenn du mich lieben würdest, hättest du Kummer,
  aber du hättest auch Vertrauen.
Glaubst du, daß die Liebe Gottes Grenzen hat?
Glaubst du, daß ich auch nur einen einzigen Augenblick
  aufgehört habe, dich zu lieben?
Doch du zählst immer noch auf dich, mein Kind,
Du darfst aber nur auf mich zählen.

Bitte mich um Verzeihung,
Und dann steh kraftvoll wieder auf;
Denn, siehst du, das Ärgste ist nicht das Fallen,
Sondern das Liegenbleiben.«

Variante

Lukas 5,30–32 *(Die Kranken bedürfen des Arztes)*

Gebet der liebenden Aufmerksamkeit
Während des Tages mit seinen Anforderungen lausche ich wachsam – wie mit einem sechsten Sinn – auf die »Sprache meines Leibes«, die ich mit der Zeit besser und besser verstehen lerne: Mein Herzschlag, mein Atem sagen mir zum Beispiel vieles über meinen inneren Zustand. Oft sind es deutlich spürbare Reaktionen, die mich fragen lassen: Weshalb fühlst du dich eigentlich nach diesem Gespräch so wenig wohl »in deiner Haut«? Warum klopft plötzlich dein Herz so stark? Aus welchem Grund bist du mit einem Mal so müde und deprimiert? Wo ich ein solches oder ähnliches Signal empfange, halte ich – wenn es möglich ist – für einige Minuten inne und gehe diesem Signal nach: Hast du irgend etwas Falsches getan, etwas, hinter dem du nicht wirklich stehst? Hast du an einer wichtigen Stelle versagt? Wo liegt die Ursache für diesen Zustand? Ist mir die Tatsache meines Versagens ins klare Bewußtsein getreten, dann kann ich mich später nach der Unruhe des Tages, wieder daran erinnern. Ich darf auch die Bitterkeit, die Schwere meines Versagens »wahrnehmen« (annehmen, was wahr ist), um es dann bewußt an Gott abzugeben und mich dabei vor seinem Angesicht zu fragen, wie ich konkret den Kampf gegen diesen Fehler aufnehmen kann.

Hinweis: Solche bewußte Wachheit im konkreten Alltag gegenüber meinem Versagen bereitet mich vor für eine sinnvolle, umfassende »Kurskorrektur« meines Lebens (»Gewissenserforschung«), die in jedem geistlichen Leben ihren festen Platz finden wird – in welcher Form ich sie auch vollziehe und sich entfalten lasse. Dabei sollte ich mich wieder bewußt daran erinnern, welch großes Angebot Jesus den Seinen macht mit der Möglichkeit, ihre Sünde vor einem Menschen zu bekennen und in, mit und unter dem Wort jenes Menschen die Vergebung Gottes zugesprochen zu bekommen (Mt 16,19; Joh 20,23). Sich der Größe dieses Angebots neu bewußt zu werden ist sowohl für denjenigen wichtig, dem die regelmäßige Beichte zur Selbstverständlichkeit in seinem Leben geworden ist, als auch für den, der bisher vor diesem Weg zurückschreckte.

3. *Wahrnehmen von Situationen, die mich überfordern, als Übungsfeld der Treue im Kleinen*

Hinführung

Michael Ende[23] erzählt in seinem Buch »Momo« von Beppo, dem Straßenkehrer, wie er seine Lebensweisheit vor den aufmerksamen Augen Momos darlegt: »Siehst du, Momo, es ist so: Manchmal hat man eine sehr lange Straße vor sich. Man denkt, die ist so schrecklich lang; das kann man niemals schaffen, denkt man ... Und dann fängt man an, sich zu eilen. Und man eilt sich immer mehr. Jedesmal, wenn man aufblickt, sieht man, daß es gar nicht weniger wird, was noch vor einem liegt. Und man strengt sich noch mehr an, man kriegt es mit der Angst, und zum Schluß ist man ganz außer Puste und kann nicht mehr. Und die Straße liegt immer noch vor einem. So darf man es nicht machen ... Man darf nie an die ganze Straße auf einmal denken, verstehst du? Man muß nur an den nächsten Schritt denken, an den nächsten Atemzug, an den nächsten Besenstrich ... Schritt – Atemzug – Besenstrich ... Und immer wieder nur an den nächsten ... Dann macht es Freude; das ist wichtig, dann macht man seine Sache gut. Und so soll es sein ... Auf einmal merkt man, daß man Schritt für Schritt die ganze Straße gemacht hat. Man hat gar nicht gemerkt wie, und man ist nicht außer Puste ... Das ist wichtig.«

Übung

Ich meditiere diese Lebensweisheit im Schauen auf mein Leben ...

Varianten

- Johannes 6,9 *(»Für so viele?«)*
- Matthäus 25,14–30 *(Anvertraute Talente)*
- Lukas 16,10 *(Treue im Geringsten)*
- Matthäus 14,30.31 *(»Als er aber sah, wie heftig der Wind war«)*

Gebet der liebenden Aufmerksamkeit

Wenn ich mitten im Alltag spüre, daß die Hektik mich in ihren Bann ziehen will, reiße ich für ein paar Minuten meinen Blick bewußt los von den vor mir liegenden Aufgaben und schaue auf den Herrn: »Herr, was will ich denn eigentlich? Will ich meinen Plan erfüllen – oder will ich tun, was du im Augenblick von mir erwartest?« ... Oder ich schaue in einer kurzen Zeit der Besinnung mitten am Tage auf die Zeit, die hinter mir liegt, und auf die Zeit, die vor mir liegt: Wo bin ich einer Hektik erlegen, die mir nichts nützt? Wo muß ich wachsam sein gegenüber dieser Gefahr?

4. Wahrnehmen von Situationen, die mich vor anscheinend unlösbare Probleme stellen, als Übungsfeld meines Glaubens

Hinführung

Was ich nicht durchschaue, macht mir Angst. Das gilt nicht nur für Aufgaben, die mich überfordern, sondern für alle undurchsichtigen Lebensstrecken. Probleme, die unlösbar scheinen, kommen irgendwann auf jeden Menschen zu; einem geistlichen Leben scheinen sie in besonderer Weise zugeordnet zu sein – weshalb wohl?

Vielleicht kann uns ein Beispiel aus dem Zen, einer buddhistischen Meditationsweise, einen Weg zum Verstehen öffnen: In bestimmten Zen-Klöstern gibt der Meister seinem Schüler einen Rätselspruch, ein »Koan«, zum Meditieren, der gedanklich nicht zu lösen ist. So kann er etwa die Aufgabe stellen: »Höre den Ton der rechten Hand.« Indem der Schüler über Wochen oder gar Jahre hin versucht, eine Lösung zu finden und sich in der Meditation immer neu auf diese gedanklich nicht zu lösende Aufgabe einstellt, gerät er mehr und mehr in einen Zustand innerer Verzweiflung. Doch eines Tages öffnet sich für ihn ein neuer Weg des Erkennens, jenseits des Verstandes. Dieses Erkennen ist mit einer großen Freude verbunden, weil dadurch plötzlich alles Erkennbare in einem neuen Licht erscheint: Hier spricht der Buddhist von der »Erleuchtung«.

Weshalb habe ich hier dieses Beispiel angeführt? Mir hat es – als Symbolbild – geholfen, besser zu verstehen, weshalb häufig gerade solche Menschen von Gott vor scheinbar unlösbare Probleme gestellt, so oft in geradezu »ausweglose« Situationen geführt werden, die sich ernsthaft um ein Leben in der Nachfolge Jesu Christi bemühen. Vielleicht gibt Gott den Seinen darin so etwas Ähnliches wie einen »Koan des Lebens«, damit sie lernen sollen, allein auf Gott zu vertrauen – ohne jeden Rückhalt und ohne jede Sicherheit? Wie ein Zen-Schüler die Dimension des Denkens zurücklassen soll, um zu neuer Erkenntnis fähig zu werden, so muß ein Christ eines Tages den festen Grund der menschlichen Sicherheiten loslassen (»Sprung des Petrus«), um wirklich zu lernen, was Glauben ist. Und das ist entscheidend wichtig, denn *allein im Vollzug solchen vertrauenden Glaubens wird Gott zu einer Realität des Lebens.* Hier lernen wir, auf Gott zu vertrauen, nicht nur in Gedanken und Vorsätzen, sondern mitten im wirklichen Lebensvollzug.

Übung

- Ich schaue zurück auf eigene Erfahrungen, in denen ich mich vor anscheinend unlösbare Probleme gestellt sah, die sich später doch lösten ...
- Ich verweile meditierend dabei, wie ich selbst jetzt im Rückblick die damalige Situation anders sehen kann, als es damals möglich war ...
- Ich versuche zu erspüren, wie anders sich mein Leben für Gott darstellt als für mich selbst und was es bedeuten mag, der Führung Gottes mehr zu vertrauen als meiner eigenen augenblicklichen Einsicht und Erkenntnis ...

Varianten

- Römer 8,28 *(Denen, die Gott lieben, muß alles zum Besten dienen)*
- Lacordaire: »Was bedeutet mir der Schiffbruch, wenn Gott der Ozean ist?«
- Matthäus 14,22–33 *(Sinkender Petrus)*

Gebet der liebenden Aufmerksamkeit

Im Vorausschauen auf die nächsten Stunden dieses Tages (oder die nächsten vor mir liegenden Wochen) suche ich mit meinem inneren Blick bewußt das anzuschauen, was dunkel und undurchsichtig erscheint und was ich deshalb gern verdrängen möchte. Ich richte meinen Blick darauf, wie ich mein Fernglas auf ein bestimmtes Objekt richte und dadurch mehr sehe als mit bloßem Auge. Dabei begebe ich mich innerlich ganz bewußt in die Haltung eines hoffnungsvoll wartenden Menschen und versuche, durch das Dunkle hindurch auf das Licht zu schauen, das sich dahinter verbirgt – das ich zwar nicht sehen, aber glauben darf: »Meine Seele wartet auf den Herrn mehr als die Wächter auf den Morgen« (Ps 130,6).

5. Wahrnehmen von Situationen, in denen ich mich enttäuscht fühle, als Übungsfeld meiner Hoffnung

Hinführung

Haben wir uns schon einmal bewußtgemacht, was das Wort »Enttäuschung« eigentlich aussagt? Irgendwo war ich einer Täuschung erlegen, sonst wäre keine »Enttäuschung« möglich. Solch eine Erfahrung kann hart sein, manchmal fast unerträglich hart – aber Gott hat letztlich auch damit seinen Plan. Christen sollten sich dadurch von Nichtchristen unterscheiden, daß sie aus einer lebendigen Hoffnung leben. »Die Hoffnung aber, die man sieht, ist nicht Hoffnung« (Röm 8,24), darum nimmt Gott uns manches Mal das, was wir »sehen«, aus den Händen, damit wir uns nach dem ausstrecken, was wir »nicht sehen«. Denn es ist eine Täuschung, wenn wir meinen, was »sichtbar« ist, sei deshalb auch »sicherer« als das »Unsichtbare« – als das Hoffen auf den lebendigen Gott. In diesem Zusammenhang wird besonders deutlich, wie weit entfernt voneinander geistliche Prinzipien und deren Verwirklichung im Alltag oft sind – und wie wichtig die »Erdung« dieser Prinzipien im konkreten Alltag ist (s. S. 205).

Übung

Christliche Hoffnung ist für mich wie . . . *(Metaphermeditation, s. S. 97)*

Variante
Ernst Barlach – »Hoffnung und Verzweiflung« *(Bildmeditation, Bild Nr. 13)*

Gebet der liebenden Aufmerksamkeit
Segelflieger sprechen vom »Aufwind«, den der Pilot suchen muß, damit sein Flugzeug in die Höhe getragen wird. Es gibt in unserem geistlichen Leben immer wieder Perioden, Augenblicke, Geschehnisse, die wir als »Aufwind« erleben – und wieder vergessen. In einigen Minuten der Besinnung während der Tagesarbeit versuche ich, mir solch eine »Aufwind-Situation« in Erinnerung zu rufen, mich neu hineinzubegeben und mich davon aufheben zu lassen.[24]

6. *Wahrnehmen von Situationen, die mir Schmerzen bereiten, als Übungsfeld meiner Liebe*

Hinführung
Es ist ein großes Geheimnis um echte Liebe – wir brauchen uns hier nicht bei dem aufzuhalten, was weithin unter diesem Wort angeboten wird. Wahre Liebe verlagert ihren Akzent immer mehr vom »Ich« auf das »Du«. Liebe im tiefsten Sinne sagt: »Nur du« zu dem, den sie liebt – und erfährt dabei nicht ein Auslöschen des Ich, sondern seine tiefste Vollendung. Das Wachsen und Reifen zu dieser vollkommenen Liebe hin aber ist oft ein dunkler Weg – wie überhaupt immer der Schmerz so eng mit der Liebe verbunden ist, daß man von zwei Seiten einer Münze sprechen könnte. Nur für den wahrhaft liebenden Menschen wächst und reift die Liebe im Schmerz. Deshalb können mir Schmerz und Leid, wenn ich sie von Gott annehme, auch da, wo es sich um geringfügige Dinge des Alltags handelt, zum Material meiner Liebe zu Gott werden.

Übung
Meister Eckehart[25] *(Wortmeditation)*:
»Wollte ich einem Menschen mit allem Fleiß gefallen und wüßte ich dann für gewiß, daß ich diesem Menschen besser gefiele in

einem grauen Kleide als in irgendeinem andern, wie gut es auch wäre, so gibt es darüber keinen Zweifel, daß mir dieses Kleid wohlgefälliger und lieber wäre als irgendein anderes, wär's auch noch so gut. Wär's denn, daß ich einem jeden gefallen wollte: wovon ich dann wüßte, daß es einer gern hätte an Worten und an Werken, das täte ich und nichts anderes. Wohlan, nun prüft euch selbst daraufhin, wie es mit eurer Liebe bestellt ist!«

Gebet der liebenden Aufmerksamkeit

Wer einen Garten hat, weiß, daß im Herbst mancher Abfall zu verbrennen ist. Auch dieses Verbrennen ist eine Kunst. Gerade wenn die Flamme hoch auflodert, muß ich ihr neues Brennmaterial zuführen. Es scheint die Flamme zuerst zu ersticken, bis sie auch das neue Holz ergriffen und zum Brennen gebracht hat. Dieses Bild wurde mir einmal in einer schmerzhaften, fast unerträglichen inneren Situation zur Hilfe: Was die Flamme in mir zu ersticken droht – nämlich aller Schmerz –, ist letztlich nur Brennmaterial für neues Feuer der Liebe.

Ich halte inne und schaue auf die kleinen oder großen Schmerzen und Kümmernisse der vergangenen Stunden: Was davon kann ich nehmen und als »Brennmaterial« ins »Feuer« meiner Liebe werfen?

7. Wahrnehmen der verschiedenen Situationen meines Alltags als Übungsfeld meiner Liebesantwort

In einem stillen, wachen und wartenden Dasein vor Gott spüre ich dem noch einmal nach, was an mir und mit mir in der vergangenen Woche geschehen ist, und verweile bei dem, was ich als bleibenden inneren »Besitz« in meinem Leben behalten und nicht wieder verlieren möchte ... Oder ich verweile ganz einfach wach und wartend vor Gott ...

Anliegen der elften Übungswoche (zweites Angebot): Aufgaben, die mein Alltag mir anbietet, als Möglichkeit annehmen, meine Liebe zu Gott in der »Erdung« meiner geistlichen Prinzipien zu verwirklichen

Überblick:
Übungsangebot für die zweite Möglichkeit der elften Übungswoche

1. *Wahrnehmen meiner alltäglichen Aufgaben als Übungsfeld des Verbleibens in innerer Sammlung und im inneren Frieden*
2. *Wahrnehmen meiner alltäglichen Aufgaben als Übungsfeld des Lebens im Bewußtsein der Gegenwart Gottes*
3. *Wahrnehmen meiner alltäglichen Aufgaben als Übungsfeld des selbstlosen Dankes und Gotteslobes*
4. *Wahrnehmen meiner alltäglichen Aufgaben als Übungsfeld des Annehmens meiner Grenzen, die meine Ohnmacht der Macht Gottes öffnen*
5. *Wahrnehmen meiner alltäglichen Aufgaben als Übungsfeld des Betens ohne Unterlaß*
6. *Wahrnehmen meiner alltäglichen Aufgaben als Übungsfeld des Betens im symbolischen Tun*
7. *Wahrnehmen meiner alltäglichen Aufgaben als Übungsfeld der »Erdung« meiner geistlichen Prinzipien*

Übungsangebot für die zweite Möglichkeit der elften Übungswoche

1. *Wahrnehmen meiner alltäglichen Aufgaben als Übungsfeld des Verbleibens in innerer Sammlung und im inneren Frieden*

Hinführung

Eine große Versuchung unserer Zeit ist die Hektik. Diese aber ist weniger abhängig von äußeren Umständen als von der inneren

Einstellung des Menschen. Wer innerlich ständig im voraus lebt, wer das Vergangene nicht loszulassen vermag, lebt in einer dauernden inneren Spannung. Er läßt sich von den Aufgaben »bannen«, indem er auf sie starrt. Dadurch gewinnt die Hektik eine geradezu versklavende Macht über den Menschen. Immer mehr stellt dieser sich selbst unter einen Leistungszwang, seine innere Befriedigung findet er nur noch dort, wo er einen sichtbaren Erfolg verbuchen kann.

Damit verliert er aber seine ihm von Gott angebotene und zugedachte innere Freiheit. Diese Freiheit möchte ungehindert schwingen wie eine Kompaßnadel, die sich von selbst auf die Nordrichtung einstellt, wenn kein anderes Magnetfeld in der Nähe ist. So findet der Mensch diese Freiheit im Schauen auf Gott und in der Frage: »Was willst du jetzt von mir?« (s. S. 189f.) Allein das ist wichtig – nicht das, was andere von mir fordern, und nicht das, was ich mir selbst als Plan aufstelle. Doch das ist leichter gesagt als getan, das fällt mir nicht von selbst zu, das muß ich bewußt und immer neu üben. Das Übungsfeld für diese innere Haltung ist der konkrete Alltag mit seinen Aufgaben.[26]

Übung

Philipper 2,14f. *(»Tut alles ohne Murren und ohne Zweifel, damit ihr ohne Tadel und lauter seid, Gottes Kinder«)*

- Das Ziel wird hier in seltener Klarheit sichtbar: »ohne Tadel sein – lauter sein« (lassen Sie dieses aussterbende Wort einmal ganz tief in sich ein!) – Gottes Kind sein – als Licht in der Welt scheinen ...
- Und der Weg dahin? Anscheinend so einfach: Tut alles ohne Murren und ohne Zweifel – ohne Murren, äußerlich oder nur innerlich – ganz tun, ohne Zweifel, ob es nicht eigentlich etwas Wichtigeres gäbe für mich – es gibt nur das einzig Wichtige: Was ich nach Gottes Willen jetzt tun soll ...

Vorausmeditation einer Tätigkeit (s. S. 183f.)

Im inneren Schauen auf eine vor mir liegende Arbeit (ich sollte eine einfache, aber notwendige Arbeit wählen) meditiere ich mein Tun:

- Herr, ich will versuchen, das, was ich tue, ganz zu tun, ohne mit meinen Gedanken noch bei der vorangegangenen oder schon bei der nachfolgenden Aufgabe zu sein: Ich vollziehe in der Vorstellung meine Arbeit in dieser Weise ...
- Herr, ich will versuchen, mich ganz gesammelt in dieses Tun hineinzugeben im inneren Frieden, der aus der Gewißheit strömt, daß du jetzt nichts anderes von mir willst als das, was ich tue: Ich vollziehe in der Vorstellung meine Arbeit in dieser Weise ...
- Herr, ich will versuchen, mich von dem Zwang zu befreien, etwas leisten und einen Erfolg buchen zu müssen, den ich selbst von mir erwarte oder den andere Menschen erwarten, anstatt im Tun selbst das Entscheidende zu sehen: Ich vollziehe in der Vorstellung meine Arbeit in dieser Weise ...

Für die vorausmeditierte Tätigkeit lasse ich mir dann während des Tages bewußt ein wenig mehr Zeit als sonst; ich bereite mich in einer kurzen Zeit der Stille darauf vor: Hier nehme ich noch einmal auf, was in der Vorausmeditation geschehen ist, und lasse dieses in das vor mir liegende Tun hineinfließen.[27]

Achtung: Bitte erwarten Sie hier keine umwerfenden »Erfolge«. Was auf solche Weise geschieht, ist Same, der Zeit braucht zum Aufgehen, Wachsen und Reifen.

Vorschlag für ein Wiederholungsgebet

O Gott, komm mir zu Hilfe, Herr, eile, mir zu helfen,

1. daß ich das, was ich heute tun muß, als deinen Willen annehme (ohne etwas anderes zu wollen) ...
2. daß (ich mir bewußt bleibe, daß) es nichts Wichtigeres für mich gibt, als zu tun, was du von mir willst ...
3. daß ich meine Gedanken und meinen Willen an die augenblickliche Arbeit binde (ohne noch bei der vorangehenden oder schon bei der folgenden Arbeit zu sein) ...
4. daß ich meine Arbeit allein aus der Freude heraus tue, dir die Antwort meiner Liebe (in diesem Tun) geben zu dürfen ...
5. daß ich das, was ich tue, in tiefer Sammlung und Ruhe tue, in der ich mich deiner Gegenwart öffnen kann ...

Herr Jesus Christus, dessen Speise es war, den Willen des Vaters zu erfüllen, erbarme dich unser (meiner) . . .[28]

Bemerkung: Wo solche Wiederholungsgebete angeboten werden, gelten sie als Vorschläge, die jeder nach seinen eigenen Bedürfnissen abändern möge. Die Sätze sind häufig für den Gebetsvollzug zu lang. Was in Klammern steht, ist als Hintergrund zum besseren Verstehen gemeint.

2. Wahrnehmen meiner alltäglichen Aufgaben als Übungsfeld des Lebens im Bewußtsein der Gegenwart Gottes

Hinführung

Theoretisch weiß ich, daß Gott immer gegenwärtig ist und daß alles, was ich tue, unter seinem »Blick« (auch ein Symbolwort für eine sonst nicht begreifbare Wirklichkeit) geschieht. Doch ist es ein weiter Weg von diesem theoretischen Wissen bis dahin, daß ich diese Gegenwart Gottes ständig »spüre« – so wie ich mir der Anwesenheit eines Menschen in einem dunklen Zimmer bewußt sein kann. Die Mönche früherer Zeiten übten sich ganz bewußt in diese innere Haltung ein. Wo immer sie waren, fühlten sie den Blick Gottes auf sich ruhen, was immer sie taten, vollzogen sie im Bewußtsein seiner Gegenwart. Damit haben sie Weichen gestellt und Wege gewiesen, die auch für unser christliches Leben heute wichtig sein können.

Übung

1. Mose – Genesis 16,13 *(»Du bist ein Gott, der mich sieht«)*

Variante

Psalm 139,1–6 *(» Von allen Seiten umgibst du mich«)*

Vorausmeditation

In einer kurzen »Vorausmeditation«, entweder am Morgen im Zusammenhang mit der Gebetszeit oder während eines Innehaltens im Laufe des Tages, lasse ich mich darauf ein, die vor mir liegende Arbeit in diesem Bewußtsein zu tun:

»Ein Auge schaut auf uns herab,
das über unserm Leben wacht.
Es sieht voll Güte unser Tun
vom frühen Morgen bis zur Nacht.«[29]

Dann lasse ich im ruhigen Tun dessen, was ich vorausmeditiert habe, das in der Meditation Geschehene zu.

3. Wahrnehmen meiner alltäglichen Aufgaben als Übungsfeld des selbstlosen Dankes und Gotteslobes

Hinführung
Die Bibel ist angefüllt mit Aufrufen zur Dankbarkeit und zum Gotteslob. Damit ist nicht nur das Loben und Danken in den Situationen unseres Lebens gemeint, in denen uns danach zumute ist. Selbst das geschieht viel zuwenig. Aber der Epheserbrief geht bedeutend weiter, wenn er dazu auffordert: »Sagt Gott Dank allezeit für alles« (5,20).

Wer sein ganzes Leben als ein Stück versuchter Antwort der Liebe auf die Liebe Gottes versteht, der möchte dieser Liebe mit der Ganzheit seiner Existenz danken. Denn Liebe hat immer etwas mit Totalität zu tun. »Gott loben, das ist unser Amt« – davon können wir die Zeit, die wir arbeitend verbringen, nicht ausnehmen.

Übung
Vorausmeditation einer Tätigkeit im Zusammenhang mit Epheser 5,20 *(»Sagt Gott Dank allezeit für alles«)*
- Ich schaue auf die Hauptaufgabe, die mein Leben im Augenblick ausfüllt, oder auf eine andere, mir wichtige Arbeit . . .
- Ich danke Gott für meine Gaben und Fähigkeiten – für den Sinn dieser Arbeit – für alle Hilfe, die mir zuteil wird – für . . . für . . . für . . .
- In einer kurzen Besinnungspause unmittelbar vor der in der Gebetszeit vorausmeditierten Arbeit öffne ich mich bewußt dem dort Geschehenen, damit es die Arbeit durchdringen kann

– und tue das, was ich zu tun habe, als Dank gegen Gott (»Nun danket alle Gott mit Herzen, Mund und *Händen*«) …

Hinweis: Mit solchem betenden Tun erfahre ich etwas davon, daß ich nicht nur mit meinen Gedanken und Lippen beten kann, sondern auch mit meinem Tun. Es gibt ein »Gebet der Tat«, auf das auf S. 203ff. näher eingegangen wird.

Variante
Nikolaus Herman[30] *(Liedmeditation)*:

»Laß unser Werk geraten wohl,
was ein jeder ausrichten soll,
daß unsre Arbeit, Müh und Fleiß
gereich zu deim Lob, Ehr und Preis.«

4. Wahrnehmen meiner alltäglichen Aufgaben als Übungsfeld des Annehmens meiner Grenzen, die meine Ohnmacht der Macht Gottes öffnen.

Übung
2 Korinther 12,5–10 *(Kraft in der Schwachheit)*
Vorschlag für ein Wiederholungsgebet:
O Gott, komm mir zu Hilfe, Herr, eile, mir zu helfen,

1. daß ich mich übe, in der Überfülle von Aufgaben auf dich zu schauen, damit ich das Maßhalten und das Unterscheiden (des Wichtigen vom Unwichtigen) lerne …
2. daß ich mich übe, meine Grenzen zu sehen und als deinen Willen anzunehmen …
3. daß ich mich übe, mich (an der Grenze meiner Kraft) deiner Gnade zu öffnen, die in den Schwachen mächtig ist …
4. daß ich mich übe, auch (den Zustand totaler Erschöpfung als) den Zustand der Leere anzunehmen, der mich für deine Fülle empfänglich macht …
5. daß ich mich übe, (auch) in Überforderung und Erschöpfung zu loben und zu danken (um mich selbst mehr und mehr loszulassen im Schauen auf dich) …

Herr Jesus Christus, dessen Speise es war, den Willen des Vaters zu erfüllen, erbarme dich unser (meiner) . . .[31]

Gebet der liebenden Aufmerksamkeit
Meine Grenzen sind der »Zaun«, hinter dem Gott auf mich wartet. Ich halte meine Müdigkeit und Schwachheit Gott hin: Fülle sie mit deiner Kraft . . .

5. *Wahrnehmen meiner alltäglichen Aufgaben als Übungsfeld des Betens ohne Unterlaß*

Hinführung
Gleichförmige, sich immer wiederholende praktische Tätigkeiten empfinde ich oft als das, was man den »grauen Alltag« nennt. Das Gefühl, innerlich leer zu bleiben, wird immer stärker, wenn diese »Grauzone« über längere Zeit hin mein Leben bestimmt. Diese Leere kann für unser geistliches Leben positiv genutzt werden, und zwar nach drei Richtungen hin:

- Monotone Tätigkeiten bieten sich als Chance an für das Jesusgebet oder für das Wiederholungsgebet (s. S. 43ff.). Da solche Arbeiten normalerweise nicht in einem äußeren Raum stattfinden, der irgendwie das Beten trägt, muß ich durch eine feste, mich umgreifende Form den »Raum« des Betens in mir schaffen. Auch wer sonst fast ohne Worte beim Meditieren auskommt, wird in solchen Situationen oft diese Gebetsform als Hilfe erfahren. (Das gilt ebenso für längere Wartezeiten oder für längere Fahrten in Zug, Bus oder Straßenbahn.)
- Monotone Tätigkeiten geben meinen Gedanken einen Freiraum, sich unkontrolliert zu tummeln. Hier kann ich bewußt üben, die ständigen Gespräche, die ich in Gedanken führe (mit mir selbst oder mit einem anderen), mehr und mehr zum Gespräch mit Gott werden zu lassen, sie in Gebet zu verwandeln.
- Monotone Tätigkeiten geben mir die Chance, meine aufsteigenden Gedanken, Gefühle und Emotionen zu beachten. Bin ich wachsam dafür, dann werde ich beobachten, wie gerade während solcher eintönigen Arbeiten negative Gefühle wie

Ärger, Unzufriedenheit, Groll, Eifersucht, Überdruß, Lustlosigkeit, schlechte Laune und ähnliches in mir aufsteigen und mich durchdringen wollen. Anstatt mich von diesen Gefühlen beherrschen zu lassen, kann ich sie bewußt wahrnehmen. Dann kann ich fragen, wodurch sie letztlich ausgelöst wurden – und welche Fehlhaltung in mir ist, die sich in solchen Gefühlen kundtut.[32]

Übung
1. Thessalonicher 5,17 (*»Betet ohne Unterlaß«* in Verbindung mit einer *Vorausmeditation*)

Ich schaue auf den vor mir liegenden Tag mit seinen routinemäßigen Aufgaben, die meinen Gedanken freien Spielraum lassen:
- An welcher Stelle könnte ich heute die Zeit bewußt für das Wiederholungsgebet nutzen?...
- Bei welcher Tätigkeit möchte ich mich heute bemühen, ganz bewußt einmal alle aufsteigenden Gedanken in Gebet zu verwandeln?...
- An welchen Einschnitten des Tages kann ich mich im »Gebet der liebenden Aufmerksamkeit« einfach nach den Gefühlen fragen, die während der letzten Zeit in mir waren?...

Ich schaue am Abend des Tages in einer *Nachmeditation* auf den vergangenen Tag zurück (oder während des Tages in einem *»Gebet der liebenden Aufmerksamkeit«* auf die vergangenen Stunden):
- An welcher Stelle des Tages ist mir ein wenig von dem gelungen, was ich mir vorgenommen hatte?...
- Was habe ich als hilfreich erfahren?...

Achtung: Verweilen Sie nicht bei dem, was Ihnen nicht gelungen ist, sondern registrieren Sie es sachlich und nüchtern, wobei Sie sich fragen mögen, wo der Grund dafür gelegen haben könnte. Aber entscheidend ist, daß Sie das noch einmal aufnehmen, was Sie als hilfreich erlebt haben – mag es noch so gering gewesen sein –, damit Sie dort ein wenig verweilen und es vertiefen können.

So wird es zum »Sauerteig«, der allmählich auch die anderen Bereiche durchsäuern kann.

Variante
Lukas 18,1–8 *(Nicht nachlassen im Beten!)*

6. *Wahrnehmen meiner alltäglichen Aufgaben als Übungsfeld des Betens im symbolischen Tun*

Hinführung
Ein gewisses Maß an praktischer Tätigkeit gehört zur äußeren Gesundheit eines Menschen. Nach zwei Tagen Meditation sagte mir ein Teilnehmer: »Jetzt hätte ich die größte Lust, einmal Holz zu hacken!« – Ein gesundes Gefühl! Und ebenso gehört solches körperliches Tun auch zur Gesunderhaltung unseres inneren, unseres geistlichen Lebens. Der Mensch ist eine Einheit von Geist, Seele und Leib, die sich jeweils in der ihnen gemäßen Art und Weise entfalten wollen. Was ich in meinem Verstand als richtig erkenne, was ich ehrlich will, muß sich in meinem Tun »verleiblichen«, sonst ist mein »Haus auf Sand« gebaut (Mt 7,26). Erst wo ich mein Wollen ins Tun umsetze, geschieht ein Stück *Verwirklichung* – und solches »Wirken« ist wirksamer und wirklicher als alle Pläne und guten Vorsätze. Ich möchte diese Linie sogar noch weiter ausziehen: »Das Wort ward Fleisch« (Joh 1,14). Weil Gott Fleisch wurde, hat das Umsetzen unseres Wollens in das wirkliche Tun etwas mit dem Geheimnis der Leibwerdung Gottes, mit seiner Inkarnation zu tun.

Deshalb geht es nun darum, auch unser Beten zu verleiblichen und es damit aus dem Eingeschlossensein in den Raum unseres Denkens und Wollens zu befreien: Ich kann und soll nicht nur während meines Arbeitens, während meines Tuns beten, sondern ich möchte Wege finden, das Tun selbst zum Gebet werden zu lassen, zum »Gebet der Tat«. Wie ist das gemeint?

Das Beten beim Arbeiten oder während des Tuns hat seine Grenzen. Diese können in der Form der Arbeit liegen: Wo ich geistige Arbeit leiste, ja, wo eine Arbeit meine gesammelte Aufmerksamkeit braucht, da kann ich nicht nebenbei noch beten – und soll es auch nicht tun. Und wenn ich mit Menschen zu tun habe, gilt das in noch stärkerem Maße. Wollte ich während eines Gesprächs versuchen, gleichzeitig in Gedanken und Worten zu beten, würde ich mich selbst überfordern und gleichzeitig der mir jetzt zugeordneten Aufgabe – mich ganz auf den anderen Menschen einzustellen – ausweichen.

Doch die Grenzen können auch in meinen eigenen Begrenzungen liegen: Wenn ich bei einer gleichmäßigen, kontinuierlichen Arbeit – wie zum Beispiel beim Unkrautjäten – vielleicht eine Stunde lang intensiv gebetet habe, bin ich innerlich müde und erschöpft. Selbst wenn ich noch weitere zwei Stunden jäte, kann ich dabei nicht mehr in dieser mündlich-geistigen Form beten. Gibt es einen Weg, die Arbeit selbst zum Gebet werden zu lassen?

Vielleicht ist mir beim Ausgraben eines Wurzelunkrautes mit seinen tiefverzweigten Wurzeln in den Sinn gekommen, welche Symbolkraft dieses Tun besitzt: Gibt es nicht auch in mir ähnlich tiefsitzende Fehlhaltungen, deren »Wurzeln« so verborgen in mir liegen, daß es unmöglich ist, jede einzelne zu entfernen? Und wachsen aus diesen Wurzeln nicht immer und immer wieder neue Triebe heraus? Indem nun meine Hände weiterarbeiten, eine Wurzel nach der anderen ausgraben, wird dieses Tun selbst zum »Gebet der Tat«. Meine Hände sind es nun, die beten: »Befreie mich von den Wurzeln meiner Schuld – vernichte auch die kleinen, verborgenen Wurzelstücke, die ich nicht finden und entfernen kann – schaffe in mir, Gott, ein reines Herz . . .«

Je einfacher und wesentlicher eine Alltagsarbeit ist, desto müheloser wird sie sich mir in ihrer Symbolkraft erschließen, und damit in ihrer Übertragbarkeit. Damit aber habe ich einen Weg gefunden, mit meinem Tun zu beten und gleichzeitig meinem Alltag eine neue »Dimension der Tiefe«[33] zu verleihen.

Übung

In einer Symbolmeditation (s. S. 64ff.; 80) meditiere ich eine vor mir liegende Arbeit, die ich mit meinen Händen ausführe. Dabei lasse ich dieses Tun »transparent« werden, ich übertrage es auf ein geistliches Anliegen, wie es sich aus der Gleichnishaftigkeit des jeweiligen Tuns ergibt ...

Hinweis: Die Bibel ist reich an Metaphern. Bestimmte Berufe werden gleichnishaft sowohl für das Handeln Gottes als auch für die Arbeit des Menschen in seinem Dienst gebraucht. Gott wird zum Beispiel »Arzt«, »Meister«, »Hirte« oder »Hausvater« genannt. Paulus spricht von sich selbst als von einem, der »pflanzt« und der »baut«.

Doch niemand braucht sich auf biblische Symboltätigkeiten zu beschränken. In unserem Kurs wurde beispielsweise mehrfach die Tätigkeit des Fensterputzens sowie die Aufgabe des Heizens meditiert.

Gebet der Tat

Nach einer kurzen Vorausbesinnung vor Beginn der Arbeit lasse ich mich ganz auf die vorausmeditierte Tätigkeit ein, tue sie in innerer Ruhe und Sammlung und lasse das Wirken meiner Hände zum »Gebet der Tat« werden ...
- für ein eigenes Anliegen ...
- für einen anderen Menschen ...
- für einen Dienst im Auftrag Gottes ...

7. Wahrnehmen meiner alltäglichen Aufgaben als Übungsfeld der »Erdung« meiner geistlichen Prinzipien

Zur Vertiefung des Anliegens dieser Übungswoche lasse ich noch einmal die einzelnen Angebote an mir vorüberziehen, um sie in ihrem Zusammenklang wahrzunehmen. Dabei mag ich mich fragen, worauf ich in der nächsten Zeit besonderes Gewicht legen möchte, und suche nach einer Möglichkeit, dieses Anliegen an ein bestimmtes, regelmäßiges Tun »anzubinden«, damit es nicht wieder in Vergessenheit gerät. Denn nur, wenn ich regelmäßig wenigstens an einer Stelle meines Alltags eine praktische Tätigkeit als »Gebet der Tat« verrichte – und das über Wochen hin –, wird die Einheit zwischen geistlichem und Alltagsleben wachsen ...

Anliegen der elften Übungswoche (drittes Angebot): Mitmenschliche Beziehungen, die mein Alltag mir anbietet, als Möglichkeit annehmen, die Antwort meiner Liebe im Umgang mit den Menschen zu verwirklichen

Überblick:

Übungsangebot für die dritte Möglichkeit der elften Übungswoche

1. *Wahrnehmen meines alltäglichen Umgangs mit Menschen als Übungsfeld meiner Begegnung mit Gott*
2. *Wahrnehmen meines alltäglichen Umgangs mit Menschen als Übungsfeld für das Erfahren der Gegenwart Christi*
3. *Wahrnehmen meines alltäglichen Umgangs mit Menschen als Übungsfeld, mich immer neu als Beschenkter zu erleben*
4. *Wahrnehmen meines alltäglichen Umgangs mit Menschen als Übungsfeld der Verwirklichung meiner Liebe zu Gott*
5. *Wahrnehmen meines alltäglichen Umgangs mit Menschen als Übungsfeld eines Lebens aus der täglichen Vergebung*
6. *Wahrnehmen meines alltäglichen Umgangs mit Menschen als Übungsfeld der Barmherzigkeit*
7. *Wahrnehmen meines alltäglichen Umgangs mit Menschen als Übungsfeld für die vielfältigen Antwortmöglichkeiten meiner Liebe*

Vorbemerkung zu dieser Übungswoche:

Eine wesentliche Erkenntnis unserer Zeit ist es, wie eng und unlöslich sich die innere Einstellung, die ich zu mir selbst habe, auf mein Verhältnis zu meinen Mitmenschen auswirkt. Wer an anderen Menschen immer nur das Negative sieht, wer häufig andere tadelt oder an ihnen herumnörgelt, lebt fast mit Sicherheit auch mit sich selbst in Unfrieden. Wer sich selbst dagegen mit seinen Fehlern und Unvollkommenheiten annehmen kann, hat damit eine tragfähige Grundlage gefunden, auch andere Menschen ohne Vorleistung und ohne Vorbehalt annehmen zu können. Auf welche Weise ich anderen Menschen begegne, läßt ziemlich sichere Rückschlüsse darauf zu, wie ich zu mir selbst stehe und mich selbst sehe.

Das bedeutet für das Übungsangebot dieser Woche, daß ich alles, was als Übung für den Umgang mit anderen Menschen angeboten wird, zuerst einmal auf den Umgang mit mir selbst anwenden darf. Das ist kein Umweg, keine Selbstbespiegelung und kein Verstoß gegen die von Jesus geforderte Selbstverleugnung, sondern die Voraussetzung echter geistlicher Erfahrungen in den Beziehungen zu anderen Menschen. Gleichzeitig liegt hier überhaupt erst die Voraussetzung dafür, wirklich »mich selbst verleugnen«, mich selbst verschenken zu können. Denn verschenken kann ich nur das, was ich wahrhaft besitze und über das ich verfügen kann. Sonst verzichte ich nur deshalb auf die Trauben, weil sie mir zu hoch hängen, wie es die bekannte Fabel so anschaulich schildert.

Übungsangebot für die dritte Möglichkeit der elften Übungswoche

1. Wahrnehmen meines alltäglichen Umgangs mit Menschen als Übungsfeld meiner Begegnung mit Gott

Hinführung

Meister Eckehart[34] sagt: »Des Menschen Seele (hat Gott) so recht als ihm selbst gleich gebildet und geschaffen, wie wir lesen: ›Machen wir den Menschen nach unserm Bilde und zu unserm Gleichnis‹ (1Mose – Genesis 1,26). Und dies hat er auch getan. So gleich ihm selber hat er des Menschen Seele gemacht, daß ... unter allen herrlichen Kreaturen, die Gott so wundervoll geschaffen hat, keine ist, die ihm so gleicht, wie einzig des Menschen Seele.« »Als Gott alle Kreaturen erschaffen hatte, waren sie so geringwertig und so eng, daß er sich in ihnen nicht regen konnte. Die Seele jedoch machte er sich so gleich und so ebenbildlich, auf daß er sich der Seele geben könne.«

Dieses verborgene Bild Gottes im Menschen zu erspüren ist das Anliegen dieser Übungseinheit – aber letztlich ist es ein Grundanliegen jedes Menschen, der als Christ einem anderen Menschen gerecht werden möchte. Daß das nicht einfach ist, wissen wir alle.

In einem Gespräch über die Angst vieler Menschen, ihr »Unterbewußtes« und »Unbewußtes« an das Licht kommen zu lassen, fiel ein mir unvergeßliches Wort: »Es gibt vieles Dunkle in mir, das in meinem Unterbewußtsein verborgen ist – aber noch tiefer als dieses Dunkle, in der allertiefsten Tiefe meines Seins, da bin ich der, als den mich Gott nach seinem Bilde geschaffen hat.«

Im Schauen auf das, was einen Menschen – auch einen schwierigen und sonderbaren Mitmenschen – zum »Ebenbild Gottes« (Symbolbild) macht, darf ich es immer neu glauben, daß diese Gottesebenbildlichkeit vorhanden ist, wenn auch verborgen; ich darf immer neu an der Hoffnung festhalten, daß sich dieses ursprüngliche Bild einmal enthüllen wird; und schließlich ist es die Liebe zu diesem Menschen, die dazu hilft, daß sich das verborgene Bild Gottes überhaupt entfalten kann. So wird der Mitmensch für mich zum Ort, an dem ich Gott begegnen kann. Im glaubenden und liebenden Umgang mit ihm wachsen in mir Glaube, Hoffnung und Liebe überhaupt, durch die mir der Zugang zu Gott geschenkt wird. Aber das Umgekehrte gilt ebenso: Je lebendiger in mir Glaube, Hoffnung und Liebe zu Gott sind, desto leichter wird es mir auch fallen, in dieser Weise meinen Mitmenschen zu begegnen.[35]

Übung

1 Mose – Genesis 1,27 *(Geschaffen zum »Ebenbild« Gottes)*

- Ich meditiere einen bestimmten Menschen und lenke dabei meinen inneren Blick bewußt auf das, was ich Gutes an ihm entdecken kann – hellwach für jedes noch so kleine und unscheinbare Zeichen seiner Gottesebenbildlichkeit – seiner Christusähnlichkeit – seiner Geisterfülltheit (Liebe, Freude, Friede, Geduld, Freundlichkeit, Güte, Glaube, Selbstbeherrschung nennt der Galaterbrief als Gaben des Geistes) . . .
- Ich danke Gott für seine Gaben in diesem Menschen und verweile an einer Stelle: ehrfürchtig – schauend – verkostend – im Verweilen vor Gott, dem ich in, mit und unter diesem Menschen wahrhaft und wirklich (s. S. 67f. – zweiter Aspekt eines

geistlichen Symbols) in einer Dimension seines Wesens begegnen kann . . .

- Ich lenke in aller Behutsamkeit meinen Blick auf das, was mir dunkel an diesem Menschen vorkommt, und warte gewissermaßen in dieses Dunkel hinein, ob vielleicht ein kleiner Lichtschein durch dieses Dunkle hindurchleuchtet (jeder Fehler hat auch eine positive Kehrseite!) . . .

Achtung: Auf den dritten Teil der Übung darf ich mich nur dann einlassen, wenn ich es in emotionaler Ausgeglichenheit tun kann. Brechen starke negative Emotionen in mir auf, dann ist es wichtig, daß ich sie »gesund« abreagieren kann, vielleicht durch einen kräftigen Marsch oder ähnliches.

Variante
Michelangelo – *»Die Erschaffung des Adam« (Bildmeditation, Bild Nr. 5)*

Vorschlag für ein Wiederholungsgebet
Jesus Christus, du Bild des lebendigen Gottes, hilf mir,

1. daß ich an deine wahre Gegenwart in N. glaube, trotz allen gegenteiligen Scheins . . .
2. daß ich auf die Entfaltung deines Bildes in N. hoffe, trotz aller gegenteiligen Erfahrungen . . .
3. daß ich dein Bild, Herr, in N. liebe, ohne mich vom äußeren Erscheinungsbild täuschen zu lassen . . .

Jesus Christus, der du mir in N. begegnen willst, öffne mir die Augen für deine Gegenwart.[36]

Hinweis zu den Angeboten der Wiederholungsgebete in dieser Übungswoche: Was auf S. 184 allgemein gesagt wurde, gilt in besonderem Maße für meinen Umgang mit Menschen. Gerade bei menschlichen Begegnungen scheinen oft die guten Vorsätze und Erkenntnisse der morgendlichen Gebetszeit wie aus dem Gedächtnis ausgelöscht zu sein. Hier hat sich für mich persönlich das Wiederholungsgebet als hilfreich erwiesen. Was sich durch atmendes Wiederholen so in mich eingeprägt hat, daß es in mir unbewußt »weiterbetet«, übt auch dann noch seine Wirkung auf mich aus, wenn ich mich mit meinen bewußten Kräften ganz auf einen anderen Menschen einstelle, wie es etwa ein wichtiges Gespräch erfordert – selbst dort, wo dieses mich emotional erregt.

2. Wahrnehmen meines alltäglichen Umgangs mit Menschen als Übungsfeld für das Erfahren der Gegenwart Christi

Hinführung

Es war in Italien, gegen Ende des letzten Weltkrieges. Unersetzliche Werte lagen bereits in Trümmern – was würde alle Vernichtung überstehen als bleibender Wert? Unter solchem Fragen wuchs in einigen jungen Menschen eine neue Erkenntnis: »Wo die Liebe ist, da ist Gott« – wo sich Christen in echter Liebe begegnen, da ist Christus in einer Weise gegenwärtig, die fast »sakramental« genannt werden kann. So entstand die Bewegung der »Focolare«, die sich in wenigen Jahrzehnten in alle Erdteile ausbreitete[37]. »Wo zwei oder drei versammelt sind in meinem Namen, da bin ich mitten unter ihnen« (Mt 18,20), sagt Jesus und macht damit die gegenseitige Liebe unter den Christen zum wahren geistlichen Symbol.

Übung (Symbolmeditation)

Ich meditiere eine durch echte Zuneigung bestimmte mitmenschliche Beziehung meines Lebens als ein geistliches Symbol (s. S. 66f.) in seinen verschiedenen Dimensionen:

- Ein Symbol erschließt meine tiefste Sehnsucht, die Gott erfüllen möchte ...
- Ein Symbol hat und vermittelt wahren Anteil an dem, worauf es hinweist ...
- Ein Symbol weist über sich hinaus auf etwas, das dieses Symbol weit übersteigt ...
- Ein Symbol steht immer in der Gefahr, zum dämonischen Zerrbild zu werden, wo es seines Symbolcharakters entkleidet und in sich absolut gesetzt wird ...

- Ein Symbol macht mir bewußt, daß ohne seine Vermittlung mein Gottesbild blutleer und abstrakt bleiben würde ...

Varianten

- Ich meditiere angesichts der Rubljow-Ikone – »Dreifaltigkeit« *(Bild Nr. 1)* das Geheimnis, daß es in Gott selbst die Beziehung der Liebe gibt – und daß alle echte menschliche Liebe ein Abglanz dieser Liebe ist ...
- Johannes 17,20–22 *(»Damit sie alle eins seien«)*
- Matthäus 18,20 *(»Da bin ich mitten unter ihnen«)*

Vorschlag für ein Wiederholungsgebet
(vor einem Gespräch, in dem Entscheidungen zu treffen sind)

O Gott, komm mir zu Hilfe, Herr, eile, mir zu helfen,

1. daß ich heute dem (den) anderen so begegne, daß ihm (ihnen) Christus durch mich begegnen kann ...
2. daß ich heute dem (den) anderen so begegne, daß mir Christus durch ihn (sie) begegnen kann ...
3. daß ich mich bemühe, während unseres Gesprächs mit meinem Herzen zu hören und wahrhaftig zu sprechen ...
4. daß ich mich während unseres Gesprächs offenhalte, die Wirklichkeit Jesu Christi in unserer Mitte zu spüren ...
5. daß ich bei unterschiedlichen Meinungen allein nach deinem Willen frage, ohne mich durch Sympathie oder Antipathie, durch Trotz oder Leidenschaft bestimmen zu lassen ...

Herr Jesus Christus, der du mir im Bruder begegnen willst, öffne die Augen meines Herzens für deine Gegenwart.[38]

Vorschlag für ein Wiederholungsgebet
(vor einem persönlichen Gespräch)

1. Herr Jesus Christus, hilf mir,
2. daß ich daran glaube, daß du selbt durch diesen Menschen zu mir sprechen willst ...
3. daß ich geöffnet warte, ob der andere mir ein wichtiges Wort von dir zu sagen hat ...
4. daß ich es dankbar annehme, daß du uns als Glieder deines Leibes aneinander verwiesen hast ...

Ehre sei dem Vater ... (oder ein anderer Schluß, wie er sich nahelegt).[39]

3. Wahrnehmen meines alltäglichen Umgangs mit Menschen als Übungsfeld, mich immer neu als Beschenkter zu erleben

Hinführung

Es ist schön, beschenkt zu werden – aber ist es für uns nicht auch oft schwer? Wer vermag es, sich über ein Geschenk zu freuen, ohne sofort innerlich zu fragen: Was erwartet der andere von mir als Gegenwert? Was muß ich ihm zurückschenken? Wie anders dagegen kann sich ein Kind über ein Geschenk freuen!

Wo wahre Liebe ist, schenkt sie von innen heraus, ohne zu rechnen. Und ebenso kann sich wahre Liebe beschenken lassen, ohne Wert und Gegenwert aufzurechnen. Im zwischenmenschlichen Bereich erleben wir hier etwas Entsprechendes zu dem, was die Bibel als Weg des Gesetzes oder als Weg der Gnade, als Leben aus dem Buchstaben oder als Leben aus dem Geist, vor uns hinstellt. Und mitmenschliches Verhalten wird hier wieder zum Symbol, das mir »begreiflich« macht, was es heißt, mich von Gott beschenken zu lassen – »aus Gnade« – »umsonst«.

Übung

- Ich lasse innerlich an mir Menschen vorüberziehen, die mich – ohne jede Vorgabe meinerseits – von Kindheit an beschenkt und bereichert haben, in welcher Weise auch immer ...
  Ich verweile: Was wäre ich ohne diese Menschen ... du beschenkst mich durch sie – aus Gnade ...
- Ich lasse innerlich einige Menschen an mir vorüberziehen, die mich in den letzten Tagen in irgendeiner Weise – ohne mein Verdienst – bereichert haben, gelobt haben, einfach angenommen haben ...
  Ich verweile: Herr, ich danke dir ... du beschenkst mich durch sie – aus Gnade ...
- Ich öffne mich innerlich den unzähligen Diensten, die mir unbekannte Menschen täglich verrichten, damit ich menschenwürdig leben kann ...
  Ich verweile: Ich lebe im Angewiesensein auf viele andere Menschen ... du beschenkst mich durch sie alle – aus Gnade ...

Variante
Jesaja 55,1–3 *(»Kauft ohne Geld«)*

4. Wahrnehmen meines alltäglichen Umgangs mit Menschen als Übungsfeld der Verwirklichung meiner Liebe zu Gott

Hinführung
Es ist verhältnismäßig leicht, von Liebe zu sprechen; schwerer ist es, Liebe zu verwirklichen, und zwar dort, wo ein anderer Mensch konkret meine Zeit, meine Kraft, mein Geld, meine Phantasie oder etwas anderes von mir braucht. Ignatius[40] sagt vor seiner Betrachtung, um Liebe zu erlangen: »Die Liebe muß mehr in die Werke als in die Worte gelegt werden.« Noch schwerer ist es, einen anderen Menschen zu lieben, der mir keine Gegenliebe entgegenbringt. »Wenn ihr nur die liebt, die euch lieben, welchen Lohn könnt ihr dafür erwarten? ... Was tut ihr damit Besonderes?« sagt Jesus in der Bergpredigt (Mt 5,46f.). Es gibt keinen Weg, der daran vorbeiführt, daß sich meine Liebe zu Gott, die Antwort meiner Liebe, die ich auf seine Liebe geben möchte, in der Liebe zum Mitmenschen zeigt, ja »symbolisiert«. Ganz scharf sagt es der erste Johannesbrief: »Wer seinen Bruder nicht liebt, den er sieht, wie kann er Gott lieben, den er nicht sieht?« (4,20). Liebe zu Gott muß sich in der Liebe zum Menschen verwirklichen. Das ist nicht nur belastend, das kann beglückend sein. In diesem Menschen braucht mich Gott selbst wahrhaft und wirklich. In der Liebe zu diesem Menschen, die sich im Tun verwirklicht, wird dieses Tun zu einem Symbol meiner Liebe zu Gott, das die Wirklichkeit in sich trägt (s. S. 67f.)!

Übung
Matthäus 25,31–40 *(»Das habt ihr mir getan«)*

Varianten
- Jesaja 58,2–8 *(Entzieh dich nicht deinen Mitmenschen)*
- Josef Hegenbarth – »Fußwaschung« *(Bildmeditation, Bild Nr. 9)*
- Jakobus 2,15f. *(»Was könnte ihnen das helfen?«)*

5. *Wahrnehmen meines alltäglichen Umgangs mit Menschen als Übungsfeld eines Lebens aus der täglichen Vergebung*

Hinführung

Nirgends wird es so deutlich wie im Zusammenleben mit anderen Menschen, daß ich unvollkommen bin, ja, daß ich trotz aller guten Vorsätze immer wieder Schuld auf mich lade. Menschliches Zusammenleben ist überhaupt nicht möglich, ohne daß immer wieder – ausdrücklich oder unausgesprochen – Vergebung geschieht. Daß ich so immer wieder neu auf menschliche Vergebungsbereitschaft angewiesen bin, läßt mich wirklichkeitsnah »begreifen«, in welcher Tiefe ich davon lebe, daß Gott mir meine Schuld täglich vergibt.

In dieser Übungseinheit geht es darum, im meditativen Durchdringen einer konkreten Situation, in der ich an einem anderen Menschen schuldig geworden bin, die Wurzeln dieser Schuld, ihr »Gewicht« und darin *meinen* Anteil am Leiden Christi in den Blick zu bekommen – um mich bis in diese verborgenen Wurzeln meiner Schuld hinein der Barmherzigkeit Gottes zu öffnen.

Übung

Ich öffne mich einer Situation, in der ich einem anderen Menschen unrecht getan habe – und meditiere dieses Erleben auf dem Hintergrund des Wortes Jesu: »Was ihr für einen meiner geringsten Brüder getan habt, das habt ihr mir getan – das habt ihr auch mir nicht getan (Mt 25,40.45).

Gebet (vor einem Kruzifix, vor dem Bild *»Kreuzigung« von Josef Hegenbarth – Bild Nr. 4* oder vor dem Bild *»Der Erlöser«, Bild Nr. 2)*

- Herr, schau mich an – wie konnte es zu dieser Schuld kommen? Zeige mir die Wurzeln meines Versagens ...
- Herr, schau mich an, du kennst meine Schuld – und liebst mich dennoch – öffne mir die Augen für das Gewicht dieser Schuld, wo immer sie geschieht ...

- Herr, schau mich an – du kennst und liebst mich – an welcher Stelle deines Kreuzweges bin ich unter denen, die dir Leid zufügen? ...
- Herr, schau mich an, du kennst und liebst mich – brich mich auf für dich, wo sich mein Kummer in Schmerz und Tränen ausweinen möchte, und laß mich nicht davor zurückschrecken ...
- Herr, schau mich an, du kennst und liebst mich – zeige mir, wo ich wenigstens ein klein wenig wiedergutmachen kann – und damit deine einmalige Sühne für alle Schuld zeichenhaft in meinen Lebensraum einfließen lassen kann ...

Variante

Paul Gerhardt[41] *(Liedmeditation)*:

»Nun, was du, Herr, erduldet,
ist alles meine Last;
ich hab es selbst verschuldet,
was du getragen hast.
Schau her, hier steh ich Armer,
der Zorn verdienet hat;
gib mir, o mein Erbarmer,
den Anblick deiner Gnad.«

6. *Wahrnehmen meines alltäglichen Umgangs mit Menschen als Übungsfeld der Barmherzigkeit*

Hinführung

In dieser Übung geht es um eine der schwersten Aufgaben christlichen Lebens. Wie in allen Übungsangeboten dieser drei Wochen können hier nur Weichenstellungen geschehen, Wege aufgezeigt werden, die jeder dann im Ernstfall selber bis in die Tiefe ausloten muß. An einfachem, alltäglichem »Material« sollen Erfahrungsmöglichkeiten aufleuchten, die später in einer konkreten Situation, wenn mir Unrecht geschieht, wieder aufgenommen und vertieft werden können. Auch dort, wo mir durch andere Menschen Schmerz zugefügt wird, besteht die Möglichkeit, dieses Erleben so zu verarbeiten, daß ich nicht daran zerbreche, sondern im Gegenteil innerlich wachse und reife.

Die Grundlage für den heilsamen Umgang mit erlittenem Unrecht ist der Blick auf das Geheimnis des Kreuzes Jesu Christi, der uns in Gottes Möglichkeit einbezieht, aus erlittenem Unrecht Frucht wachsen zu lassen. Dabei wäre es nicht gut, wenn ich versuchte, alle Schmerzen, die ich erfahre, sogleich zu verdrängen. Ich darf sie in ihrer ganzen Schwere wahrnehmen, ja ich darf sie sogar in aller Leidenschaft vor Gott herausschreien, wie es die Psalmsänger taten. Doch es hat keinen Sinn, hierbei stehenzubleiben. Das ist der erste Schritt – und er ermöglicht den zweiten: daß ich nicht mehr nur um meine eigenen Schmerzen kreise, sondern meinen Blick wieder auf Gott, besonders auf Jesus als den Gekreuzigten, lenke. Dieses Wegschauen von meiner Bitterkeit und von meinen eigenen Schmerzen ist harte innere Arbeit. Hier muß ich mich wirklich loslassen (s. S. 39ff.). Doch dieses Mich-Loslassen ermöglicht mir, daß ich mir dann gewissermaßen selbst gegenüberstehen und mich selbst Wichtiges fragen oder auch fragen lassen kann.

Übung

1 Korinther 6,7: *(»Warum laßt ihr euch nicht lieber Unrecht tun?«)*
Im Schauen auf das Kreuz Jesu frage ich mich:

- Herr, weshalb fühle ich mich eigentlich in dieser Situation so (tief) verletzt? ... Wie würde ich wohl reagieren, wenn mir ein anderer Mensch als gerade dieser solches angetan hätte? ... Wie würde ich das gleiche beurteilen, wenn es nicht mir, sondern einem anderen zugefügt worden wäre? ...
- Herr, ist das, was mich so verletzt hat, etwas, wodurch ich noch niemals selbst schuldig geworden bin? ... Verurteile ich vielleicht die Schuld des anderen gerade deshalb so hart, weil ich selbst in dieser Richtung gefährdet bin und vor mir selbst Angst habe? ...

  Ist es möglich, daß das, was mich so »kränkt«, in meinem eigenen inneren »Kranksein« begründet sein könnte?[42] ...
- Herr, wie kam es beim anderen eigentlich dazu, daß er das tun konnte? Wo liegen die Gründe dafür, wo könnten sie liegen? ...

(Dazu muß ich meinen Ärger oder mein Verletztsein beiseite legen, um mich in den anderen einzufühlen.) Ob diese mich so verletzende Sache auch vor deinen Augen so schwer wiegt? ...

- Herr, bin ich eigentlich bereit, in deiner Nachfolge auch Unrecht zu ertragen, und ist meine Liebe zu dir stärker als meine Eigenliebe, so daß ich im Schauen auf dich meinen Ärger und meinen Schmerz loslassen kann? ...
- Herr, bin ich mir bewußt, daß meine Verzeihung ein die Wirklichkeit in sich tragendes Symbol deiner Verzeihung ist? ... Weiß ich, daß es meine Möglichkeit ist, dem anderen deine Verzeihung anzubieten? ...

Wenn ich nach diesen Vorfragen noch immer meine, mit dem anderen sprechen zu müssen, dann mit den Fragen: Herr, *wie* soll ich es ihm sagen, damit ich ihm wirklich helfe, anstatt nur meinen Unmut loszuwerden? Herr, *wann* kann ich es ihm am besten sagen, damit er spürt, daß es mir wirklich auch um ihn geht, nicht nur um mich selbst? ...

Varianten

- Matthäus 7,1–5 *(Splitter und Balken)*
- Matthäus 6,12 *(» Wie auch wir vergeben«)*
- Matthäus 18,21–35 *(» Wenn ihr nicht vergebt«)*

Vorschlag für ein Wiederholungsgebet

Herr, laß mich dir danken für alles, selbst fur den Menschen, durch den mir Unrecht geschieht:

1. weil du mich durch sein Verhalten erproben und läutern willst ...
2. weil du ihn mir schickst, damit ich mich selbst wahrhaftiger sehe und dadurch offener werde für dich ...
3. weil sich durch ihn dein Plan an mir erfüllt ...
4. weil du mir durch ihn Gelegenheit gibst, meinen Schuldigern zu vergeben, so wie ich selbst Vergebung erfahren habe ...
5. weil deine Liebe auch ihn umfaßt und er, ebenso wie ich, unter Schwachheit, Verhüllung und Schuld, dein Ebenbild ist ...

Herr Jesus Christus, der du deine Feinde bis zum Tod geliebt hast, gib mir Anteil an deiner Liebe.[43]

Geht das über meine Kraft? Gewiß – aber ohne Vergebungsbereitschaft verbaue ich mir selbst den Weg zu Gott. Die Pforte ist eng – vielleicht so eng, daß ich kaum hindurchkomme –, aber erst dahinter wartet die Fülle Gottes auf mich.

7. Wahrnehmen meines alltäglichen Umgangs mit Menschen als Übungsfeld für die vielfältigen Antwortmöglichkeiten meiner Liebe

In der Rückschau auf die vergangene Woche lasse ich noch einmal die verschiedenen Weisen an mir vorüberziehen, in denen ich Gott in der Begegnung mit Menschen die Antwort meiner Liebe geben und damit gleichzeitig für die Menschen Gottes Liebe aufleuchten lassen kann (s. S. 267f.; 270f.; 273f.) Und ich versuche, wenigstens an einer Stelle etwas von den Erfahrungen dieser Woche in meinen alltäglichen Lebensvollzug einfließen zu lassen. Das geschieht am leichtesten in der Weise, daß ich eine regelmäßige menschliche Begegnung mit diesem Anliegen verbinde ...

Anliegen der zwölften Übungswoche: Die Hilfe des Heiligen Geistes erbitten, die allein ein geistliches Leben ermöglicht

Überblick:

Einführung in die zwölfte Übungswoche

1. Vom eindringlichen und beharrlichen Beten
2. Vom ganzheitlichen Beten
3. Vom wartenden und vertrauenden Beten
4. Vom einfachen Beten

Übungsangebot für die zwölfte Übungswoche

1. Bitten um den heiligen Geist Gottes, der mir die Gnadenquelle meiner Taufe erschließt
2. Bitten um den heiligen Geist Gottes, der mein Herz mit der Kraftquelle des Wortes verbindet

3. *Bitten um den heiligen Geist Gottes, der meinem Herzen die Quelle des Gebets entspringen läßt*
4. *Bitten um den heiligen Geist Gottes, aus dessen Fülle ich Gnade um Gnade empfange*
5. *Bitten um den heiligen Geist Gottes, der mich als Glied am Leibe Christi mit dessen Leben durchpulst*
6. *Bitten um den heiligen Geist Gottes, der mich aus der Lebensquelle der Eucharistie nährt*
7. *Bitten um den heiligen Geist Gottes, der selbst die Gnadenquelle meines Lebens ist*

Einführung in die zwölfte Übungswoche

Geistliches Leben ist Leben aus der Kraft des Heiligen Geistes. Dieser ist uns verheißen, wenn wir um ihn bitten. Solchem Bitten ist sogar unbedingte Erhörung zugesagt: »Wenn nun schon ihr, die ihr böse seid, euren Kindern gebt, was gut ist, wieviel mehr wird der Vater im Himmel den heiligen Geist geben denen, die ihn bitten!« sagt Jesus (Lk 11,13).

Nun mag vielleicht mancher die Frage stellen, weshalb wir trotz unseres Bittens oft so wenig von diesem guten Geist Gottes in unserem Leben oder auch in der Kirche spüren. Das mag mancherlei Gründe haben – könnte einer dieser Gründe etwa sein, daß wir noch längst nicht alle Möglichkeiten intensiven Bittens ausgelotet haben? Ein Beten, das nicht nur punktueller Vollzug im Leben ist, sondern mehr und mehr alle Dimensionen unseres Daseins durchdringt und integriert, ist meditatives Beten. Hat Jesus in seinen Gleichnissen über das intensive Gebet nicht solches Beten im Sinn gehabt? Meditatives Gebet ist eindringlich, ganzheitlich, vertrauensvoll, und es wird nach und nach immer einfacher. Schauen wir uns das im einzelnen an, damit das Gebet in uns mehr und mehr die Kraftquellen erschließt, aus denen sich unser geistliches Leben Tag für Tag speist.

1. Vom eindringlichen und beharrlichen Beten

Mit dem Gleichnis von der bittenden Witwe macht Jesus anschaulich deutlich, in welch *eindringlicher Weise* ein Mensch bitten kann und bitten soll (Lk 18,1–8a). Und genau das übe ich ja beim Meditieren: in etwas einzudringen und es in mich eindringen zu lassen. Wiederholendes Umkreisen und damit Vertiefen statt eines konsequenten Fortschreitens kennzeichnet eines der wesentlichsten Anliegen des Meditierens (vgl. dazu S. 27f.; 49ff.). Niemand wird durch Beten und Meditieren entscheidende und bleibende innere Wandlungen erfahren, der diesen Weg nicht in Treue und *Beharrlichkeit* über Jahre hindurch geht. Der Mensch lebt nicht nur in der Dimension der Zeit, sondern auch in der Dimension der Oberfläche und Tiefe. Und nur das, was wahrhaft in ihn eindringt, wird ihn von innen her prägen können (s. S. 49f.) Nur das »gute Land«, das Tiefe hat, bringt Frucht (Mt 13,8). Das gilt auch für das betende Mich-Öffnen für den Heiligen Geist.

2. Vom ganzheitlichen Beten

Wer etwa schon einmal die Plastik von Barlach »Russische Bettlerin« meditiert und sich in die Haltung dieser Frau eingefühlt hat, der weiß etwas mehr vom *ganzheitlichen* Beten, als er vorher vielleicht wußte. Die Frau, die in dieser Plastik Gestalt gewonnen hat, bittet nicht nur, nein, sie ist selbst ganz zur Bitte geworden.

Wir haben verschiedene Gebetshaltungen kennengelernt (siehe S. 46ff.) und auf ihre eigene »Sprache« zu hören versucht. Wie eine Tätigkeit zum »Gebet der Tat« werden kann, so kann eine Haltung, eine Geste meines Lebens mein Gebet tragen, ja sogar manchmal gleichsam »stellvertretend« übernehmen. Roger Schutz rät seinen Brüdern, daß sie – wenn es innerlich trocken und leer in ihnen ist – ihren »Leib darbieten«, indem sie einfach vor Gott knien.[44]

Aus diesem Grunde werden in dieser Übungswoche mit dem »Gebet mit Leibwahrnehmung« Gebetshilfen angeboten, die

Wege zum ganzheitlichen Beten aufzeigen sollen, zu einem Beten, das »mit Leib und Seele« geschieht.

Gott wurde Mensch – das ist die christliche Botschaft –, und er will uns bis in unsere Leiblichkeit hinein formen und durchdringen. Was ich mit meinem Leib aufnehme, das nehme ich als ganzer Mensch auf, und das wird mich oft tiefer prägen als das, was ich nur gedanklich erfasse. Gerade uns »verkopften« Menschen können Übungen, die den Leib einbeziehen, sehr hilfreich sein, um Nachfolge Christi ganzheitlich zu leben. Nicht erst in unserer Zeit, schon im württembergischen Pietismus[45] wurde das Wort geprägt: »Leiblichkeit ist das Ende (das Ziel, auf das alles hinstrebt – Anm. des Autors) der Wege Gottes.«

Eine Form solchen Betens mit Leib und Seele ist uns allen vertraut: das Singen. Im Singen des christlichen Liedes nehme ich die Gottesbotschaft mit meinem Leib auf – mit den Stimmbändern, mit der Resonanz meines Brustkorbes: Gebet des Leibes. Und wie befreiend kann Singen wirken! Auch wenn Menschen über Jahre hin erleben, wie hilfreich ihnen die Haltung des Kniens beim Beten ist, dann liegt das auf der gleichen Ebene: Der Mensch ist Leib, Seele und Geist in einem, auch wenn er betet.

3. Vom wartenden und vertrauenden Beten

Beim Meditieren weiß ich nie vorher, was geschehen wird. Täglich muß ich es neu üben, einfach zu warten: zu warten, *was* geschieht, zu warten, *wann* etwas geschieht, zu warten, *wie* etwas geschieht – und dennoch vollzieht sich solches Warten in der festen und vertrauensvollen Gewißheit, *daß* etwas Wichtiges geschehen wird.

In diesem Zusammenhang steht mir immer wieder das Bild der Jünger vor Augen, die nach der Himmelfahrt Jesu auf das Kommen des Heiligen Geistes warteten. Ihre einzige Aufgabe bestand darin, sich wartend und betend auf das Kommen dieses Geistes Gottes vorzubereiten, ohne daß sie wußten, wann und wie sich diese Verheißung erfüllen würde (Apg 1,7f.). Es war ein Beten, das sich in Vertrauen und Hoffnung nach der Verheißung ausstreckte – und diesem Beten wurde die Erfüllung geschenkt.

4. Vom einfachen Beten

Daß in Gott alles »eins« ist, was wir Menschen als »unterschieden« wahrnehmen, ist eines der großen Geheimnisse, um die das Denken und Meditieren Meister Eckeharts[46] kreist. Und weil Gott so einfach ist, deshalb *wird* auch *der Mensch um so einfacher, je näher er Gott kommt.*

Das wirkt sich auch auf unser Beten aus. Es kann sein, daß ich nach einer langen Zeit intensiven inhaltlichen Meditierens, bei dem ich immer wieder neue, frohmachende Erkenntnisse hatte, eines Tages spüre, daß ich eigentlich gar nicht mehr soviel Stoff zum Meditieren brauche wie vorher (vgl. S. 88f.), ja, daß ich vielleicht sogar ganz ohne »Stoff« einfach still vor Gott dasein möchte. Wenn ich das erlebe, könnte es sein, daß mich Gott zu einer neuen Weise des Betens ruft; und dann ist es entscheidend wichtig, daß ich diesem Ruf folge. Das bedeutet, daß ich mir die innere Freiheit nehmen darf, allen Stoff, der mir zum Beten angeboten wird, so weit zu reduzieren, wie es für mich wohltuend ist.

Wer aber darf sagen, daß er sich zu dieser Gebetsform gerufen fühlt? Lassen Sie mich *drei Erfahrungsmöglichkeiten* nennen, die unter anderem darauf hinweisen können:

- Wenn ich während einer längeren Meditationszeit mit ganz wenig Stoff, vielleicht mit einem einzigen Wort oder einem inneren Bild auskomme,
- wenn mir trotz des geringen Stoffes und kaum erkennbarer »Ergebnisse« oder Erfahrungen eine Gebetszeit schneller vergangen ist, als ich vermutet hätte,
- wenn ich nach solcher Gebetszeit ganz im verborgenen das Gefühl habe, hier ist etwas Wesentliches geschehen, ohne daß ich es erkennen oder benennen könnte,

dann mag der Zeitpunkt für mich gekommen sein, daß mich Gott zum Gebet der Einfachheit ruft. Auch wenn ich nun den inhaltlichen Gebetsstoff auf ein Minimum reduziere oder ohne jeden Stoff »einfach« vor Gott anwesend bin, werde ich nichts dabei verpassen – im Gegenteil! Gerade hier kann sich intensives geistliches Wachstum vollziehen, aber so verborgen, daß es sich meinem Erkennen entzieht. Aus diesem Grunde wird in der folgenden Übungswoche an manchen Stellen auf das Gebet der Einfachheit als Möglichkeit hingewiesen.

Es ist das Anliegen dieser zwölften Übungswoche, daß wir uns betend, eindringlich, ganzheitlich, vertrauend und vielleicht auch ganz einfach für die Fülle des Heiligen Geistes öffnen.

Übungsangebot für die zwölfte Übungswoche

1. Bitten um den heiligen Geist Gottes, der mir die Gnadenquelle meiner Taufe erschließt

Hinführung

Als reines und unverdientes Geschenk habe ich als Kind die Taufe empfangen – so werden die meisten, die diese Zeilen lesen, sagen können. Ehe ich selbst etwas dazutun konnte, ist mir die »neue Geburt« geschenkt worden (Joh 3,3–6), wurde ich reingewaschen von meiner Schuld (Eph 5,26), bin ich als »Zweig« mit dem »Baum« Jesus Christus »zusammengewachsen, verwachsen« (Röm 6,5, wörtlich übersetzt; Joh 15,5), wurde ich als ein »Glied« in den Leib Christi »einverleibt« (1Kor 12,13), wurde ich aus einem »Fremdling« zum »Hausgenossen« Gottes (Eph 2,19). Die Symbolbilder, mit denen das Neue Testament das Geschenk des Getauftseins in die Herzen malen möchte, sind es wert, daß ich mich meditierend darauf einlasse – und damit die Größe dieses Gnadengeschenks immer tiefer erfasse und begreife. In solchem Meditieren öffne ich mich der Wirklichkeit, die bereits von mir Besitz ergriffen hat. »Werde, was du bist«, sagt der Apostel Paulus seinen Gemeinden: Lebe aus dem Geschenk, das bereits dein Eigentum ist, laß das Lebenswasser strömen, das durch die Taufe bis in dein Leben hineingeleitet wurde.

Dazu begegnet uns, vor allem in der Apostelgeschichte, als weiterer Gesichtspunkt: wie eng und fast unlöslich Taufe und Gabe des Heiligen Geistes miteinander verbunden sind (z. B. 2,38). Erst im Empfang des Heiligen Geistes wird die Gabe der Taufe zur Fülle gebracht. Und umgekehrt ist es der Heilige Geist, der mir bewußtmacht, was für ein unbegreiflich großes Geschenk ich in der Taufe empfangen habe. Deshalb soll ich mit allen meinen Möglichkeiten darum bitten, daß mir der Geist Gottes die Gnadenquelle meiner Taufe immer tiefer erschließt.

Übung
Symbolmeditation:
Ich wähle mir eines der genannten Symbolbilder und meditiere unter diesem Bild das Geschenk meines Getauftseins ...

Varianten
- »Ich bin getauft auf deinen Namen« *(Liedmeditation – EKG 152)*:

  Ich bin getauft auf deinen Namen,
  Gott Vater, Sohn und Heilger Geist;
  ich bin gezählt zu deinem Samen,
  zum Volk, das dir geheiligt heißt.
  Ich bin in Christus eingesenkt,
  ich bin mit seinem Geist beschenkt.

  Du hast zu deinem Kind und Erben,
  mein lieber Vater, mich erklärt.
  Du hast die Frucht von deinem Sterben,
  mein treuer Heiland, mir gewährt.
  Du willst in aller Not und Pein,
  o guter Geist, mein Tröster sein.

- *Gebet mit Leibwahrnehmung:*
  Hesekiel – Ezechiel 37,1–14 *(»Daß ihr wieder lebendig werdet«)*
  Ich lese den Text mehrmals langsam und mit lebendiger innerer Einfühlung – dann lege ich mich flach auf den Boden –

»tot« – und lasse an mir geschehen, was in dem Text geschildert wird. Dabei lasse ich die Bewegungen so langsam wie möglich von innen her wachsen, wie sie sich aus dem inneren Erleben ergeben – ohne sie vom Verstand her zu steuern oder zu dirigieren: Gott hat mir das neue Leben in der Taufe geschenkt ...

– Wilhelm Willms[47] *(Wortmeditation):*

ich bin der prophet
ezechiel
eine stimme sprach zu mir

siehst du die toten
über das ganze land
siehst du die toten
geh und erwecke sie

ich sagte
wie soll ich sie erwecken
woher soll ich das leben nehmen
woher den geist
daß ich diese erwecke
die stimme sagte zu mir

sprich zu diesem totengebein ...
sag ihnen
etwas ganz schönes

ich sagte
was soll ich ihnen sagen
sag mir was ganz schönes

ja – sagte die stimme –
sag ihnen
sie sollten aufstehn
sie sollten aufstehn
zum fest kommen
zum tanz sollten sie kommen

hauche ihnen
diese hoffnung ein
diesen geist

aber woher nehme ich
diesen geist
der sie lebendig macht

und die stimme
sagte
es gibt einen
der hat einen geist ausgehaucht
einen herrlichen geist
jesus
hat einen geist ausgehaucht
der macht lebendig

dieser geist liegt in der luft
sag ihnen
sie sollten tief atmen
den geist jesu
einatmen
er liegt in der luft
sag ihnen
sie sollten atmen
diese hoffnung
einatmen
tief einatmen
hoffnung ...

(Aus diesem Meditationstext suche ich mir eine Zeile aus, bei der ich verweile – eindringlich und vertrauensvoll betend.)

2. Bitten um den heiligen Geist Gottes, der mein Herz mit der Kraftquelle des Wortes verbindet

Hinführung

»Herz« ist für die Bibel die Mitte des Menschen, der Ort des Liebens, aber auch der Freude und des Leides. André Louf[48] spricht davon, daß Jesus, das »Wort des Vaters«, seit unserer Taufe unserem Herzen »eingesämt« ist. Das Wort der Bibel soll uns helfen, den im Inneren verborgenen Schatz zu entdecken. Es ist der gleiche Geist, der uns im Wort Gottes anrührt – und der unser Herz so bewegt, daß es das Wort empfangen kann. Wenn unser Herz durch den Geist Gottes mehr und mehr gereinigt wird – das ist wichtig –, dann schwingen immer neue Töne in ihm selbst mit, wenn ihm das Wort Gottes begegnet. »Wenn Gottes Wort unser Herz anspricht, vermögen beide, dank dem gemeinsamen Geist, der sie bewohnt, einander plötzlich und unerwartet zu erkennen.« Dann versteht das Herz, daß ihm gewissermaßen ein neues Organ gegeben wurde, mit dem es das Wort in immer neuer Weise verstehen und aus ihm leben kann. Das Wort öffnet sich ihm immer tiefer und wird ihm mehr und mehr zur »Speise« (Jer 15,16), zur Quelle der Kraft und der Gnade.

Übung

Matthäus 13,1–8 *(Vierfacher Acker)*

- Ich sehe mich im Symbol des Ackerlandes. Welchem Land gleicht mein Herz? . . .
- Ich bitte um ein Herz, das dem guten Erdreich gleicht – beharrlich, eindringlich und vertrauensvoll . . .

Gebet mit Leibwahrnehmung

Hesekiel – Ezechiel 36,26f. *(Steinernes und fleischernes Herz)*

- Ich nehme einen etwa handtellergroßen Stein in meine rechte Hand (Linkshänder links) und fühle den Stein in seinem Gegensatz zu meiner Hand: hart – weich; kalt – warm; tot – lebendig u. ä. . . .
- Ich behalte den Stein in meiner Hand, lenke aber jetzt meine Aufmerksamkeit bewußt auf die Beziehungen, die zwischen dem Wort Gottes und meinem Herzen bestehen: Wo war oder ist etwas im lebendigen Gespräch? . . . wo hat sich etwas verhärtet? . . . ist in dieser Beziehung etwas lebendiger geworden, was vorher wie tot war – oder hat sich etwas versteinert, was ehemals mein Herz zum »Brennen« brachte? . . .

- Ich suche in mir den Ort, an dem die Qualität dieser Beziehungen entspringt – mein »Herz« ... wie fühle ich diesen Raum in mir auf der Skala zwischen »tot« und »lebendig«? ...
- Ich nehme nun wieder bewußt den Stein in meiner Hand wahr und spüre dem nach, was sich gegenüber der ersten Wahrnehmung verändert hat ...
- Ich öffne mein »Herz« der lebendigen Fülle Gottes – bittend, daß sein Leben in mein Herz einströmen möchte ... und daß er mein steinernes Herz in ein lebendiges, fleischernes Herz verwandeln wolle ... und verweile in solcher Bitte ...[49]

Hinweis: Diese Übung eignet sich gut für eine Gruppe zum Meditieren; der Anleitende muß vorher die (sauberen) Steine bereit haben, um sie den Teilnehmern anzubieten. Dabei können die Bereiche, deren »Versteinerung« ich in mir nachspüre, variieren: mein eigener Körper, wo bin ich versteinert? – meine mitmenschlichen Beziehungen, wie lebendig sind sie? – und ähnliches.

Gebet der Einfachheit
»Schaffe in mir, Gott, ein reines Herz« (ein neues Herz) ...

3. Bitten um den heiligen Geist Gottes, der meinem Herzen die Quelle des Gebets entspringen läßt

Hinführung
Nicht der Verstand oder das Gefühl, sondern allein das »Herz« ist der Ort des Gebetes. Im Herzen des Getauften möchte der Heilige Geist immerfort beten und rufen: »Abba, Vater« (Röm 8,15; Gal 4,6). Aber wir haben diese Quelle oft verstopft, sie scheint versiegt zu sein. Nur ein »fleischernes«, lebendiges, nicht ein »steinernes«, totes Herz in uns kann seine eigentliche Aufgabe erfüllen, Quellort des Gebetes zu sein. Wo diese Quelle aber wieder freigelegt wird, ist »Beten nicht mehr wirklich schwer. Das Gebet ist uns ja seit langem geschenkt«. Das schreibt

André Louf[50], überwältigt von der Erfahrung des in uns betenden Gottesgeistes. Keine Gebetsmethode kann etwas anderes erreichen, als dieses verborgen in uns betende Herz wiederzufinden, aufzuwecken und freizulegen. Deshalb sind methodische Meditationsübungen als Weg nach innen notwendige Vorarbeit des Betens für viele Menschen, aber auch nicht mehr. Wo das Gebet selbst von uns Besitz ergreift, entwickelt es seine eigenen Methoden, es wird in uns zur Quelle, die immer gleichmäßiger unser ganzes Leben ständig bewässert und fruchtbar werden läßt.

Übung
Johannes 4,6–14 *(»Das Wasser wird in ihm zur sprudelnden Quelle werden«)*

Gebet der Einfachheit
Ich versuche, die verborgene Quelle des Betens in meinem Herzen zu spüren, und verweile, indem ich das »Wasser« in mich hineinströmen lasse, bis es weiterströmt, aus mir heraus ...

Variante
Römer 8,26;14–16 und Galater 4,6 *(»Abba, Vater«)*

4. Bitten um den heiligen Geist Gottes, aus dessen Fülle ich Gnade um Gnade empfange

Hinführung
Der Prophet Hesekiel – Ezechiel sieht in einer Vision ein eindrucksvolles Bild, das sich zu einer fruchtbaren Symbolmeditation anbietet: Aus dem Heiligtum, unter der Schwelle des Tempels, strömt Wasser hervor, das bald zum tiefen Strom wird. Wohin die Wasser kommen, wird gesund, was krank war (Hes-Ez 47,1–12). Auch der Prophet Sacharja sieht die lebendigen Wasser, die von Jerusalem aus ins Land hineinströmen, nach Osten und nach Westen, im Sommer wie im Winter (Sach 14,8).

Das Bild des sich verströmenden Lebenswassers mag im Hintergrund stehen, wenn wir unseren Blick auf die verschiedenen Gaben lenken, durch die der Geist Gottes unser Leben von innen her heilen will.

Übung

Galater 5,22 *(Früchte des Geistes)*

- Ich schaue auf Jesus Christus, wie er in seinem Dasein diese Gaben sichtbar gemacht hat . . .
- Ich lasse einzelne Szenen, die mir dazu einfallen, langsam – wie in einem Film – an mir vorüberziehen . . .
- Ich verweile bei einem der Bilder im geöffneten Schauen auf den Herrn, bittend, ihm ähnlich zu werden . . .

Gebet mit Leibwahrnehmung

Ich verweile bei einer der genannten Geistesgaben und versuche zu erspüren, wie sie sich in meinem Leibe, in meinem Atem oder Herzschlag, in meiner Mimik oder meiner Gestik verleiblichen möchte. Dabei mache ich mir bewußt, wie Gottes heiliger Geist mich ganz, Seele und Leib, durchdringen will, und stelle meinen Leib betend zur Verfügung . . .

Gebet der Einfachheit

Ich beschränke mich auf eines der genannten Worte aus Galater 5,22, das mir besonders wichtig ist, und wiederhole es atmend (wenn ich dagegen keine Sperre in mir habe). Ich benutze es wie einen Schild, der andere Gedanken abwehrt[51].

5. *Bitten um den heiligen Geist Gottes, der mich als Glied am Leibe Christi mit dessen Leben durchpulst*

Hinführung

Therese von Lisieux, die Ende des letzten Jahrhunderts in Frankreich lebte, meditierte eines Tages das neutestamentliche Bild vom Leibe Christi mit seinen verschiedenen Gliedern. Dabei stellte sie sich die Frage: Welches Glied an diesem Leibe möchte ich sein?

Übung

Römer 12,4f.; 1. Korinther 12,12–21 *(Ein Leib – viele Glieder)*

- In welchem Glied am Leibe Christi finde ich mich wieder?
- Was bedeute ich für die anderen Glieder des Leibes?
- Was bedeuten die anderen Glieder des Leibes für mich?

Übung mit Leibwahrnehmung

Nachdem ich mich als ein bestimmtes Glied am »Leibe Christi« gesehen habe, nehme ich dieses Glied, dieses Sinnesorgan (oder was es auch sei) meines Körpers besonders wahr – verweile in dieser Wahrnehmung, fühle mich ein in die Funktionen und das Daseinsgefühl dieses Teiles meines Leibes – und nehme mich dann in dieser Weise wahr als Glied am Leibe Christi, dessen »Blut« mich durchströmt, dessen Leben mich mit allen anderen Gliedern dieses Leibes gemeinsam durchpulst ...

6. *Bitten um den heiligen Geist Gottes, der mich aus der Lebensquelle der Eucharistie nährt*

Hinführung

Eucharistie – heiliges Abendmahl ist schon von seiner ihm eigenen Symbolbedeutung her Quelle der Kraft, Nahrung für mein geistliches Leben. Darum hat ja Jesus Christus gerade das Symbol des Brotes und des Weines – der alltäglichen Nahrungsmittel seiner Zeit – gewählt, um durch diese Zeichen deutlich zu machen, was er uns schenken will: Nahrung für unser Leben.

Übung mit Leibwahrnehmung

- Ich esse meditierend ein Stück trockenes Brot und trinke bewußt ganz langsam einen Schluck Wasser oder Wein ...
- Ich meditiere das Geheimnis des Essens und Trinkens, das den mir fremden Stoff in mich – in meine Körperzellen, in meine Kraft, in meine Gedanken verwandelt ...

– Ich verweile vor dem Geheimnis: »Nehmet, esset; das ist mein Leib – trinket alle daraus; das ist mein Blut.«

Hinweis: In Brot und Wein werden Leib und Blut Christi zum »geistlichen Symbol« in der dichtesten Form, die möglich ist.

Gebet der Einfachheit
Ich nehme mir nach dem Empfang der Kommunion noch zehn Minuten Zeit (das kann auch zu Hause sein) und lasse mich einfach von der empfangenen Speise durchdringen – bis in die einzelnen Glieder und Sinne hinein. In der gleichen Weise kann ich auch einen Kommunionsempfang, der schon eine Zeit zurückliegt, neu »aufleben« und wirksam werden lassen.

Hinweis: Meister Eckehart[52] spricht hier von der »geistigen Kommunion«, die der Mensch tausendmal am Tag und öfter empfangen könne, sofern er sich nur »recht dazu bereite«. Und Johannes Tauler[53] ist davon überzeugt, daß die volle Wirkung der heiligen Kommunion überhaupt erst dadurch eintritt, daß der Mensch nach dem Empfang der »heiligen Speise« noch eine längere Zeit in innerer Sammlung verweilt, um sich von dem Geschehenen durchdringen zu lassen.

7. Bitten um den heiligen Geist Gottes, der selbst die Gnadenquelle meines Lebens ist

Quellen der Kraft und der Gnade, aus denen sich mein geistliches Leben täglich speist – ich lasse sie in einer Rückschau auf die gesamte Woche noch einmal vor meinem inneren Auge vorüberziehen und verweile dankend angesichts dieser Fülle . . .

In dieser zwölften Übungswoche haben wir versucht, uns an verschiedenen Stellen den Kraftquellen zu öffnen, durch die uns Gott seinen heiligen Geist zuströmen lassen möchte. Wir werden bis ans Ende unseres Lebens mit dieser Aufgabe nicht fertig werden, denn der heilige Geist Gottes bleibt mit seiner Fülle immer jenseits unserer Fassungskraft. Und doch spüren wir vielleicht:

Dieser Geist schenkt Licht und Erkenntnis, er führt uns ein in die innersten Geheimnisse Gottes. Dieser Geist schenkt Kraft und Stärke, er macht möglich, was ohne ihn unmöglich ist. Dieser Geist hat ein großes Ziel vor Augen: Er will uns von innen her mehr und mehr einformen in das Bild Jesu Christi – und will uns dadurch wieder zu dem machen, wozu Gott uns ursprünglich bestimmt hat: Ebenbild Gottes zu sein (1Mose – Genesis 1,27; 2Kor 5,17). Der Apostel Paulus schreibt: »Die er ausersehen hat, die hat er auch vorherbestimmt, daß sie gleich sein sollten dem Bild seines Sohnes, damit dieser der Erstgeborene sei unter vielen Brüdern« (Röm 8,29).

Damit hat uns diese letzte Übungswoche des vierten Hauptteils vorbereitet auf den letzten und fünften Hauptteil, in dem es immer tiefer um unsere Verähnlichung mit Christus, um unser Einbezogenwerden in sein Leiden und Sterben, aber auch in sein neues, unverlierbares Leben geht.

FÜNFTER HAUPTTEIL

»Hineinwachsen in den Lebensstil des Hauses« – An mir geschehen lassen, daß nicht mehr ich lebe, sondern daß Christus in mir lebt

EINFÜHRUNG IN DEN FÜNFTEN HAUPTTEIL

1. Vom »Lebensstil« eines Hauses

Es gibt Häuser, die einen ganz klaren und eindeutigen Lebensstil haben. Die Prägung durch diesen Stil ist so stark, daß jeder Besucher davon etwas spürt.

Was für Häuser standen mir persönlich vor Augen, als ich über diese Frage nachsann? Zuerst waren es die Exerzitienhäuser der katholischen Kirche, in denen wir mit unseren Einkehrtagen zu Gast sein dürfen; Häuser, deren Stil bestimmt ist durch das stille Sorgen weniger Ordensschwestern. Diese Häuser sind ausgerichtet auf die Aufgabe, der sie sich verpflichtet fühlen: anderen Menschen zur Stille zu verhelfen. So kann jede große und wichtige *Aufgabe* den Stil eines Hauses prägen.

Dann hatte ich andere Häuser vor Augen, die geprägt waren durch eine *starke Persönlichkeit*, deren Strahlkraft den Stil des Lebens in diesem Hause bestimmte. Nicht durch eine autoritäre Struktur, sondern durch freiwillige Einordnung und Zusammenarbeit aller Mitarbeiter wirken solche Häuser oft wie Magneten, die andere Menschen anziehen, weil sie ihnen ein Stück Heimat und Geborgenheit geben können.

Und schließlich sah ich Häuser vor mir, in denen die *Struktur einer Familie* den Stil des Hauses in ihrer eigenen Weise formt. Hier hat die »Harmonie«, die das »harmonische« Zusammenleben ermöglicht, eine tragfähige Grundlage, indem sich die Glieder solch einer Familie bewußt »aufeinander einstellen« und »miteinander abstimmen«.

2. Von der Aussage des Bildes

In unserem Zusammenhang wollen wir das Bild vom »Lebensstil eines Hauses« auf die große Verheißung anwenden, die Christus ausspricht, wenn er sagt: »Wenn jemand mich liebt, wird er an meinem Wort festhalten; mein Vater wird ihn lieben, und wir werden zu ihm kommen und bei ihm wohnen« (Joh 14,23) – oder, wie es Paulus sagt: »Nicht mehr ich lebe, sondern Christus lebt in mir« (Gal 2,20). Der »Stil« meines Lebens als Christ soll mehr und mehr davon »geprägt« (s. S. 49f.) werden, daß ich mein Leben in allen Dimensionen bewußt von Christus prägen lasse, so daß er in mir und durch mich – in aller menschlichen Begrenztheit, die meinem Leben eigen ist – in dieser Welt gegenwärtig sein kann. Nach drei Richtungen hin soll das entfaltet werden:

- *Erstens* geht es dabei um *eine Gewichtsverlagerung vom Ich zum Du*, die in der inneren Dynamik echter Liebe angelegt ist. Dieser fünfte Hauptteil hat die Einübung in eine innere Wachsamkeit vor Augen, durch die ich mir mehr und mehr dessen bewußt werde, was sich oft unmerklich in mir vollzieht. Schritt um Schritt – einmal schneller, einmal langsamer, häufig von Rückschlägen unterbrochen – ereignet sich in einem Leben, das durch die Liebe zu Gott bestimmt wird, eine Akzentverlagerung: Das innere Schwergewicht verlagert sich allmählich von meinem eigenen Ich auf das Du Gottes. Wir könnten auch sagen: Es geschieht eine Gewichtsverschiebung von der Meditation auf die Kontemplation.

Dabei soll hier unter »Meditation« ein Vorgang verstanden werden, in dem sich der Mensch um die Öffnung und Bereitung für Gott bemüht, wobei der Akzent auf dem Tun des Menschen liegt, während »Kontemplation« in dem Sinne verstanden wird, wie sie Johannes vom Kreuz[1] beschrieben hat: daß Gott selbst in unmittelbarer Weise in der »dunklen Beschauung« (»dunkel« ist diese Beschauung, weil ein Mensch das »überhelle« Licht Gottes nicht zu erkennen vermag) auf den Menschen einwirkt, wobei sich der Mensch eigentlich nur noch passiv verhalten, etwas an sich geschehen lassen kann. In der Wirklichkeit sind diese beiden Aspekte kaum je ganz zu trennen. All unser Tun ist ja immer schon umgriffen und ermöglicht von der Gnade Gottes – und Gott wirkt in diesem Leben an uns immer unter Einbeziehung, nicht unter Ausschluß unserer menschlichen Möglichkeiten und Fähigkeiten. Und doch gibt es Situationen, in denen ich im nachhinein recht deutlich erkenne: Hier lag das Hauptgewicht auf meiner eigenen Aktivität – oder: Hier hat Gott fast ohne mein Zutun das Wirken übernommen. Zwischen diesen beiden Möglichkeiten spielt sich in einer breiten Skala unser geistliches Leben ab.

– *Zweitens* geht es in diesem Hauptteil um das große Angebot der *Teilhabe des Christen am Lebensschicksal Jesu Christi*. Hier begegnen wir einem zentralen Anliegen des Apostels Paulus: Durch die Taufe und durch die Teilnahme an der Eucharistie wird ein Christ einbezogen in eine wahrhaftige Lebens- und Schicksalsgemeinschaft mit Christus.[2] Was hier geschieht, ist so neuartig, so einzigartig, daß die zur Verfügung stehende Sprache nicht ausreicht, um davon zu sprechen. Deshalb bildet der Apostel eine Reihe von neuen Worten, mit denen er seine große Vision eines christlichen Daseins auszusagen versucht. Er benutzt dazu bekannte Verben, die er mit der Vorsilbe »syn« zusammensetzt. Dieses »syn« heißt »mit«, wird aber in der damaligen Zeit nicht in der gewöhnlichen griechischen Umgangssprache verwendet, sondern bleibt der gehobenen, feierlichen Sprache vorbehalten. Diese Silbe »syn« verbindet nun Paulus mit verschiedenen Worten, die das Schicksal Jesu Christi beleuchten, und wendet es auf den Christen an: Ein Christ kann mit Christus – mitarbeiten – mitleiden – mitgekreuzigt werden – mitsterben – mitaufgeweckt werden – mit das Leben erhalten – mitleben – mitthronen – mitherrschen – mitverherrlicht werden. Wir kennen eine solche Zusammensetzung aus dem Fremdwort Sympathie, was wörtlich heißt: Mitleiden. Es geht also um ein wirkliches Eingehen des Christen in das Leben, Sterben und Auferstehen Jesu Christi, die das ganze Leben mehr und mehr formen und durchdringen.

Diese Schicksalsgemeinschaft des Christen mit Christus ist von Gott gewollt. Ermöglicht ist sie durch das »für euch« Jesu, das sein ganzes Leben durchzieht. Es durchbricht die Isolierung, die zwischen Mensch und Mensch besteht, und schafft damit eine neue Qualität des Lebens – eben diese Möglichkeit des Mitlebens mit Christus. Der evangelische Neutestamentler Harald Riesenfeld[3] entfaltet diesen Gedanken aus einer gründlichen Kenntnis der Gedankenwelt des Apostels Paulus heraus: Daß der Tod Jesu »für uns« geschah, ist grundlegend für die Verkündigung der ersten Christenheit. Dieses »für euch« Christi ermöglicht das »mit Christus« des Christen. Es öffnet gewissermaßen eine Tür in der Trennwand, die normalerweise zwischen Mensch und Mensch besteht. Durch diese »Tür« kann der Christ nun in diese Schicksalsgemeinschaft eintreten.

Das Eintreten in diese Schicksalsgemeinschaft mit Christus kann in zweierlei Weise geschehen: Einerseits öffnet mir das »für euch« die Möglichkeit, in einer tiefen Wirklichkeit am Leben und am Schicksal Jesu Christi Anteil zu bekommen. Andererseits kann es mir gerade eine Seinswirklichkeit vermitteln, auf die Jesus »für mich« verzichtet hat. Weil Jesus gestorben ist, deshalb darf ich nun leben:

»Er wechselt mit uns wunderlich:
Fleisch und Blut nimmt er an
und gibt uns in seins Vaters Reich
die klare Gottheit dran.
Er wird ein Knecht und ich ein Herr,
das mag ein Wechsel sein!
Wie könnt es doch sein freundlicher,
das herze Jesulein!«[4]

oder:

»Dein Kampf ist unser Sieg, dein Tod ist unser Leben;
in deinen Banden ist die Freiheit uns gegeben.
Dein Kreuz ist unser Trost, die Wunden unser Heil,
dein Blut das Lösegeld, der armen Sünder Teil.«[5]

Und noch etwas ist in diesem Zusammenhang zu sagen: Vielleicht wundert es manchen, daß häufig das »für euch« Jesu Christi in ein »für dich« umgeändert wurde. Es ist der Sinn des meditativen Erkennens, daß ich allgemeingültige Wahrheiten nicht nur zur Kenntnis nehme, sondern sie in mein Leben einlasse – ganz konkret. Damit aber lasse ich sie an meiner Stelle in diese Welt ein. Nur was mich selbst durchdrungen hat, kann ich auch glaubhaft weitergeben, und so stelle ich durch solche Schicksalsgemeinschaft mit Christus mein Leben zur Verfügung, so daß Christus in mir und durch mich »symbolisch« in dieser Welt gegenwärtig sein kann.

– *Drittens* geht es deshalb um die Möglichkeit, mein *konkretes Leben als ein geistliches Symbol* zu sehen, und zwar im vollen Sinne dessen, was wir als die verschiedenen Möglichkeiten eines geistlichen Symbols immer wieder angesprochen haben (s. S. 66ff.):

Wo mein Leben mehr und mehr in das Mitleben, Mitleiden, Mitsterben und Mitauferstehen mit Christus einbezogen wird, kann es für andere Menschen zum Zeichen werden – und damit zum geistlichen Symbol. Dieses Symbol kann in dem, der ihm begegnet, eine tief verborgene Sehnsucht aufbrechen lassen:

vielleicht eine Sehnsucht nach einem erfüllteren Leben als bisher.

In der frühen Kirche wurde das Wort geprägt: »Das Blut der Märtyrer ist der Same der Kirche.«[6] Im Hintergrund eines solchen Wortes muß eine Erfahrung stehen, die nicht selten gewesen sein mag: Nichtchristen erlebten, mit welcher sieghaften Freude manche der Märtyrer um ihres Glaubens willen in den Tod gingen. Das erweckte in ihnen die Sehnsucht nach einer ähnlichen Gelassenheit gegenüber der Todesfurcht. Und viele von ihnen suchten nach der Erfüllung dieser Sehnsucht: Sie ließen sich taufen und nahmen die Botschaft der Auferstehung an. *(Erste Dimension eines geistlichen Symbols)*

Ein Leben in der Schicksalsgemeinschaft mit Christus hat und vermittelt als geistliches Symbol wahren und echten Anteil an dem, worauf es hinweist: am Leben und Heilswerk Jesu Christi. Mich hat es tief bewegt, als ich eines Tages entdeckte, daß Paulus mit großer Selbstverständlichkeit das »für euch« Jesu auch für sein eigenes Leiden gebraucht: »Wie uns nämlich die Leiden Christi überreich zuteil geworden sind, so wird uns durch Christus auch überreicher Trost zuteil. Sind wir aber in Not, so ist es zu (wörtlich übersetzt »für«) eurem Trost und Heil« (2Kor 1,5f.). *(Zweite Dimension eines geistlichen Symbols)*

Daß jedes Symbol weit über sich selbst hinausweist auf etwas, das jedes sinnfällige Zeichen weit übersteigt, das wird gerade dort unübersehbar deutlich, wo mein Leben selbst in seiner Schwachheit und Unvollkommenheit zu einem Symbol des Lebens und des Weges Jesu Christi werden soll. »Steh auf, ich bin auch nur ein Mensch«, sagt Petrus zu dem, der vor ihm niederfällt (Apg 10,26). Niemals darf es zu einer undifferenzierten Identifikation des Christen mit Christus kommen – der Abstand bleibt immer weit größer als jede Nähe. *(Dritte Dimension eines geistlichen Symbols)*

Wie groß die Gefahr einer dämonischen Verzerrung für ein Symbolbild ist, wird kaum an einer anderen Stelle so sichtbar wie dort, wo ein Christenleben zu einem Symbol des Lebens Jesu Christi werden soll, das diese Wirklichkeit wahrhaft in sich trägt. Wer den Abstand vergessen würde, wer sein Leben nicht mehr nur als ein Zeichen, als einen Hinweis auf das unendlich viel Größere verstünde, dessen Leben wäre kein Symbol mehr, sondern ein dämonisches Zerrbild dessen, worauf es hinweisen sollte. Der uralte Mythos berichtet vom Fall der Engel: Satan wollte sich selbst an die Stelle Gottes setzen – und er verlor damit seine Engelnatur. Auch an die großartige Prophetie vom »Sündenfall« der Menschen können wir uns hier erinnern: »Ihr werdet sein wie Gott« – das war die große Versuchung, der der Mensch erlag. *(Vierte Dimension eines geistlichen Symbols)*

Und dennoch sind wir – als Menschen – an sinnenhafte Eindrücke und leibhaftes Erleben gebunden. Wir alle sind darauf angewiesen, daß wir die Zuwendung, die Nähe und die Liebe Gottes in, mit und unter der Zuwendung, Nähe und Liebe anderer Menschen erfahren. Ja, die Welt ist darauf angewiesen, daß es Christen gibt, die sich von Gott dazu rufen lassen, daß sie in ihrem Leben – in aller Begrenztheit und Schwachheit – »symbolisch« das Leben Christi sichtbar werden lassen. Nicht als neutrale Verkündiger einer von uns unabhängigen Botschaft sind wir als Christen von Gott gerufen, sondern als Zeugen: »Ihr werdet meine Zeugen sein ... bis an das Ende der Erde« (Apg 1,8). Ein Zeuge im biblischen Sinne aber ist ein Mensch, der die Botschaft, die er verkündet, mit seinem Leben deckt, »verleiblicht«. *(Fünfte Dimension eines geistlichen Symbols)*

3. Von der entscheidenden Wichtigkeit eigener Erfahrungen

Noch mehr als für die bisherigen Hauptteile wird für diesen letzten Teil gelten, daß allein eigene Erfahrungen den Zugang zum Verstehen schaffen. Solche Erfahrungen können auf ganz verschiedenen Stufen, in ganz unterschiedlichen Tiefen geschehen. Wie tief solche Erfahrungen jeweils gehen, ist bei weitem nicht nur eine Frage der Übung und der eigenen Anstrengung eines Menschen, sondern es ist vor allem eine Frage danach, wohin Gott einen Menschen führen will. Das ist nun sehr unterschiedlich, und die Gründe dafür sind im Geheimnis Gottes verborgen. Doch sollte ein jeder um das bitten, was Gott ihm zugedacht und zugemessen hat. Und wenn ihm das zuteil wird, dann wird er »volle Genüge haben« (Joh 10,10).

So bewegt sich unser Weg hier wieder auf einem schmalen Grat: Auf der einen Seite besteht die Gefahr, daß ich meine, Gott müsse mich unbedingt mit der größtmöglichen Fülle begnaden, sonst ginge mir etwas verloren. Je mehr ich aber nach dieser Fülle verlange, je mehr ich sie haben will, je mehr ich versuche, danach zu greifen, desto weniger Chancen habe ich, sie zu bekommen. Darüber sind sich alle geistlichen Lehrer einig.

Auf der anderen Seite besteht aber auch die Gefahr, daß ich mich vor der Fülle verschließe, die Gott mir zugedacht hat. Dies geschieht sowohl dort, wo ich zu gering von Gottes Möglichkeiten denke und zu wenig an seinen Willen glaube, daß er mich in das Bild Jesu Christi einformen will – als auch da, wo ich das, was mir bereits gegeben ist, zuwenig erkenne; wo ich es nicht genügend wahrnehme. Dabei versäume ich, mich der Gabe entsprechend zu verhalten und immer neu dafür zu danken.[7]

Deshalb ist es nicht nur entscheidend, daß ich meine eigenen Erfahrungen mit Gott mache, sondern daß ich mir diese Erfahrungen auch wieder und wieder bewußtmache, das heißt, daß ich sie reflektiere, um Gott dafür zu danken, ihn zu loben und zu preisen. Das ist ganz besonders wichtig für diese Wegstrecke, auf der uns dieser fünfte Hauptteil mit seinen Übungsangeboten begleiten will.

ÜBUNGSANGEBOT FÜR DEN FÜNFTEN HAUPTTEIL

Anliegen der dreizehnten Übungswoche: In der Bereitschaft wachsen, mich in das Mit-Leiden mit Christus einbeziehen zu lassen

Überblick:
Einführung in die dreizehnte Übungswoche
Übungsangebot für die dreizehnte Übungswoche

1. *Bereit werden, mein Leben mit dem Heilsweg Jesu zu verbinden, weil er – für mich – seinen Leib und sein Blut in den Tod gab*
2. *Bereit werden, mein Dienen mit dem Heilsweg Jesu zu verbinden, weil er – für mich – seinen Jüngern die Füße wusch*
3. *Bereit werden, meine Angst mit dem Heilsweg Jesu zu verbinden, weil er – für mich – seiner Todesangst ausgeliefert war*
4. *Bereit werden, meine Enttäuschungen mit dem Heilsweg Jesu zu verbinden, weil er – für mich – von seinen Freunden verlassen, verraten und verleugnet wurde*
5. *Bereit werden, meine Demütigungen mit dem Heilsweg Jesu zu verbinden, weil er – für mich – von seinen Feinden verspottet und gequält wurde*
6. *Bereit werden, meine Schmerzen mit dem Heilsweg Jesu zu verbinden, weil er – für mich – sein Kreuz auf sich nahm*
7. *Bereit werden, mein Leiden mit dem Leiden Jesu zu verbinden, weil er – für mich – in den Tod ging*

Einführung in die dreizehnte Übungswoche

Der erste »Raum«, in dem sich mein Einbezogenwerden in die Schicksalsgemeinschaft mit Christus abspielen kann, ist der *Raum des »Mit-Leidens« und »Mit-Sterbens« mit ihm.*

Meine Schmerzen und mein Leid kann ich jeweils in zwei verschiedenen Blickrichtungen sehen: als meinen Anteil – schuldhaft – am Tode Jesu, aber auch als ein Hineingezogenwerden in dieses Sterben. »Hineingezogenwerden« ist hier wieder ein bewußt gewählter passiver Ausdruck; denn in dieses Mit-Leiden mit Jesus Christus kann ich nicht einfach einmal eintreten, wenn mir danach zumute ist – dahinein werde ich *berufen*. In vielerlei verschiedenen Weisen versuchen die Lehrer des geistlichen Lebens diesen Zustand, diese Wegstrecke zu beschreiben. Johannes vom Kreuz spricht von den »Nächten«, in die der Christ hineingeführt wird; zuerst in die »Nacht der Sinne« und dann – viel später vielleicht – in die »Nacht des Geistes«. Diese zweite Nacht ist wohl kaum anders zu verstehen als ein solches Hineingezogenwerden in das Mit-Leiden mit Christus.

Ignatius[8] unterscheidet in seinen »Geistlichen Übungen« die »Krise« der ersten Woche – in der die Erkenntnis meiner Schuld im Vordergrund steht – bewußt von der »dritten Woche«, die mich in dieses Passionsgeschehen einbeziehen soll. In dieser Woche läßt er die Leidensgeschichte Jesu meditieren. Viele Begleiter von Einzelexerzitanden (Menschen, die Einzelexerzitien machen) sind heute der Meinung, daß das Geschehen der dritten Woche eigentlich gar nicht mehr seinen Platz in den Exerzitien, sondern mitten im Leben habe – wenn Gott einen Menschen dahin führt. Weg der Nachfolge ist Kreuzesnachfolge. Das gilt nicht nur für eine kürzere oder längere Übergangszeit, sondern es prägt ein solches Leben immer tiefer und immer intensiver. Wach zu werden für die Möglichkeit, daß Gott mich in der Weise, wie es meinem Leben und meinem Auftrag entspricht, in das Mitleiden mit Christus einbeziehen will, ist das Anliegen der Übungen dieser Woche.

Das erfordert von mir, daß ich nicht beim »Stoff« stehenbleibe, sondern wirklich ein bestimmtes Ereignis oder einen Zustand meines konkreten Lebens an das Christusgeschehen anschließe, wie man – ich benutze einmal den banal klingenden Vergleich – einen Stecker in die stromführende Steckdose steckt. Wenn ich mich bemühe, immer neu im Alltag diese Verbindung herzustellen, dann wird diese Geste zum echten Symbol: Ich erkläre damit meine *Bereitschaft*, mich von Christus in seinen Leidensweg einbeziehen zu lassen, so wie es für mich gut und für die Welt, in der ich lebe, nötig ist. So folge ich der Aufforderung Jesu: »Wer mir folgen will, der nehme sein Kreuz auf sich täglich und folge mir nach« (Luk 9,23), und so bereite ich mich in aller meiner Schwachheit darauf vor, eines Tages »gewürdigt« zu werden, »für seinen Namen Schmach zu erleiden« (Apg 5,41). Das kann ich jedoch überhaupt nur tun in dem wachsenden Glauben an die Verheißung Jesu: »Selig sind, die da Leid tragen; denn sie sollen getröstet werden« (Mt 5,4), und in der Gewißheit, die das Leben des Paulus trug: »Wenn wir mit Christus gestorben sind, werden wir auch mit ihm leben« (2Tim 2,11).

Übungsangebot für die dreizehnte Übungswoche

1. Bereit werden, mein Leben mit dem Heilsweg Jesu zu verbinden, weil er – für mich – seinen Leib und sein Blut in den Tod gab

Hinführung

Noch einmal, hier aber mit einem anderen Akzent, wollen wir in dieser Übung das Geheimnis der Eucharistie in die Mitte stellen. Damit knüpfen wir an die letzte Übungseinheit der zwölften Woche an. Wir nehmen das gleiche Thema auf, um dieses letzte Abschiedsgeschenk Jesu an die Seinen in einer noch tieferen Weise zu verstehen: Hier ist der Ort, an dem er uns ermöglicht, mit unserem Leben in die Schicksalsgemeinschaft mit ihm einzutreten.

Es ist der evangelische Neutestamentler Professor Friedrich Hauck[9], der in der eingehenden Erforschung des Wortes »Gemeinschaft« im Blick auf das Abendmahl Jesu wesentliche Aspekte aufzeigt: Wer am Abendmahl Christi teilnimmt, wird dadurch an den einzelnen Phasen des Christuslebens beteiligt. Diese Gemeinschaft bedeutet nicht nur ein Nacherleben von Christi Leiden, sie bedeutet auch nicht nur eine persönliche Gleichmäßigkeit oder gar eine rückschauende Passionsdogmatik

– sondern: Durch die »mystische Teilnahme an Christus« sind die Leiden des Christen ein »wirklicher Teil an dem Gesamtleiden, das Christus auferlegt ist« (Kol 1,24).

Diese biblisch-theologische Überlegung bildet die Grundlage für die erste Übung und damit für die Übungen dieser ganzen Woche.

Übung

Meister Eckehart *(Wortmeditation)*:
»Gott gibt sich mit allem, was er ist, im Abendmahl seinen lieben Freunden zur Speise. Sankt Augustinus graute es vor dieser Speise, da sprach eine Stimme zu ihm im Geiste: Ich bin eine Speise der Großen; wachse und nimm zu und iß mich! Du verwandelst mich (aber) nicht in dich, sondern du wirst in mich gewandelt!«[10] »Nie ward so nahe Einung! Denn die Seele ist viel näher mit Gott vereint als Leib und Seele, die einen Menschen ausmachen.«[11]

Varianten

– Luk 22,19f. *(»Für euch gegeben – für euch vergossen«)*
– *Symbolmeditation:*
Ich meditiere das Symbol des Pelikans, der der Sage nach seine Jungen mit seinem eigenen Blut speist – ein altes christliches Symbol für den Tod Jesu (manchmal hilft das Meditieren eines Symbols, gewachsen in langer Zeit, zum neuen Verstehen einer geistlichen Wirklichkeit) . . .

2. Bereit werden, mein Dienen mit dem Heilsweg Jesu zu verbinden, weil er – für mich – seinen Jüngern die Füße wusch

Übung

Johannes 13,2–17 *(» Wenn ich dich nicht wasche, so hast du kein Teil an mir«)*

Varianten

– Josef Hegenbarth – »Fußwaschung« *(Bildmeditation, Bild Nr. 9)*

- 1. Korinther, 3,5–9a *(Gottes Mitarbeiter)*
  Ich übertrage dieses Bild auf mein Dienen, in welcher Weise es auch geschieht.
- *Vorausmeditation:* Ich schaue auf einen anscheinend ganz unauffälligen Dienst, den ich an einem Menschen zu tun habe; einen Dienst, aus dem mir selbst keinerlei sichtbarer Vorteil erwächst ...
  Ich öffne dieses Tun dem »Mit-Dienen« mit Christus – schaue auf sein Tun – und lasse seine Kraft in mich einströmen ...

3. Bereit werden, meine Angst mit dem Heilsweg Jesu zu verbinden, weil er – für mich – seiner Todesangst ausgeliefert war

Hinführung

Viele Menschen heute leiden unter Ängsten. Angst ist eine Geißel, die vor keinem Menschen haltmacht. Zwei Möglichkeiten gibt es, mit der Angst umzugehen: Manche Menschen lassen ihre Angst zu und versuchen, damit zu leben. Andere verdrängen jede aufkommende Angst sofort ins Unterbewußtsein. Damit aber beginnt die Angst, wie ein »Dämon« aus der Verborgenheit ihre zerstörerische Macht zu entfalten. Ist es doch ihre Art, den Menschen gerade zu dem zu treiben, wovor er die größte Angst hat.

Wie in einem Brennspiegel sammelt sich im Gebetskampf Jesu in Gethsemane, in seinem Ringen mit der Todesangst, die Angst aller Menschen und aller Zeiten: für uns durchlitten, damit nun unsere Angst einen »Ort« hat, wohin wir sie bringen können.

Übung

Lukas 22,39–46 *(Kampf im Ölberggarten)*

Varianten

- Gebet der Einfachheit:
  Ich lasse meine Angst zu, die in mir ist – schaue hinein in das Dunkel der Angst und versuche, gewissermaßen durch die

Angst in mir hindurchzuschauen, sie zu durchbrechen bis in die tiefste Tiefe in mir, wo das Urvertrauen liegt. In dieser innersten Tiefe in mir finde ich Jesus mit seiner Todesangst – aber auch mit seinem Sieg über die Angst.

– *Gebet mit Leibwahrnehmung:*
Willi Lambert[12] schlägt als Übung vor: Manchmal kann man im Frühjahr in der Morgensonne frisch gepflügte Felder sehen, aus denen die Nebelschwaden nach oben wegdampfen. »Es gibt eine Weise des Betens, die diesem Nach-oben-wegdampfen gar nicht so unähnlich ist. Am besten legt man sich dazu ausgestreckt hin; eben wie ein kleines Stück Land ... Dann pflügt man mit der Frage ... [was einem Angst macht] sein Inneres auf. Dann kann man sich eine Stunde offenhalten und alle [Angstnebel] emporsteigen lassen – Angst im Blick auf die Vergangenheit, auf die Gegenwart, auf die Zukunft. Daliegen und sagen: ›Herr, wenn ich ehrlich bin, dann habe ich Angst vor ...!‹ Und dies die ganze Gebetszeit über. Aus meiner Erfahrung kann ich sagen, daß kaum eine Weise des Betens so befreiend und verlebendigend wirken kann wie diese.« Und diese »Angstnebel« lasse ich nicht nur einfach wegdampfen, sondern weiß sie aufgenommen von der mich umgebenden Gegenwart Jesu Christi, der in Gethsemane auch meine Angst mit durchlitten hat.

4. Bereit werden, meine Enttäuschungen mit dem Heilsweg Jesu zu verbinden, weil er – für mich – von seinen Freunden verlassen, verraten und verleugnet wurde

Übung

Markus 14,50–52 *(»Da verließen ihn alle«)*
- Welche Stelle meines Lebens läßt mich nachempfinden, was Jesus empfunden hat, als das geschah?
- Ich öffne mein Erleben dem »mit dir« ...

Varianten
- Lukas 22,47–48 *(»Verrätst du den Menschensohn mit einem Kuß?«)*

- Lukas 22,61a *(»Und der Herr wandte sich und sah Petrus an«)*
  Ich fühle mich in Jesus und sein Empfinden ein ...
  Ich öffne ein eigenes Erleben dem »mit dir« ...

5. *Bereit werden, meine Demütigungen mit dem Heilsweg Jesu zu verbinden, weil er – für mich – von seinen Feinden verspottet und gequält wurde*

Übung

Johannes 19,5 *(»Seht, welch ein Mensch!«)*

- Ich verweile vor diesem Bild, das ich mir so lebendig wie möglich vorstelle ...
- Ich schaue die vordergründigen Zeichen des Spottes ... und schaue »hindurch« auf das Bild des Menschen, wie ihn Gott gemeint hat ...
- Ich horche auf die Botschaft: Ich für dich – du mit mir ...

Variante

Bildmeditation eines frei gewählten »Ecce-Homo«-Bildes

6. *Bereit werden, meine Schmerzen mit dem Heilsweg Jesu zu verbinden, weil er – für mich – sein Kreuz auf sich nahm*

Hinführung

»Christus hat nicht aufgehört zu sterben«, heißt es in einem Gebet von Michel Quoist[13]. Sein Kreuzweg geht weiter in allen Menschen, die auch heute Schmerz und Leid tragen. »Die Menschen rings um uns, die jeden Tag leiden und sterben, sind immer noch er.«

Als eine Symbolgestalt, deren Geheimnis wir immer neu meditieren könnten, stellt die Leidensgeschichte Simon von Cyrene vor unsere Augen – den Mann, der gezwungen wurde, das Kreuz Jesu ein Stück zu tragen, und der darüber wohl zum Christen geworden ist. Seine Söhne finden wir später in der ersten

Christengemeinde. Wir können – symbolhaft – einander ein wenig das Kreuz tragen; wir können mit Menschen mit-leiden und ihnen sogar ab und zu ein wenig von ihrem Leiden abnehmen. Das braucht nicht immer so bedeutsam zu sein, wie es zum Beispiel Maksymilian Kolbe[14] getan hat, der wirklich für einen anderen in den Tod ging. Wo ich mein eigenes Kreuz annehme – wobei »Kreuz« schon im Neuen Testament zum Symbolwort für alles Schwere im Leben des Christen geworden ist –, und wo ich mich mit unter das Kreuz eines Mitmenschen stelle und den Schmerz aushalte, dort werde ich in das Geheimnis Jesu einbezogen, das uns in der Gestalt des Simon vor Augen steht: Ich mit dir, für dich – du mit mir, für mich.

Übung

Matthäus 27,32 *(»Den zwangen sie, daß er ihm sein Kreuz trug«)*

Varianten

- Ich meditiere Johannes unter dem Kreuz Jesu . . . *(Bildmeditation, Bild Nr. 3)*
- Paul Gerhardt *(Liedmeditation)*:
  »Ich will hier bei dir stehen, verachte mich doch nicht;
  von dir will ich nicht gehen, wenn dir dein Herze bricht;
  wenn dein Haupt wird erblassen im letzten Todesstoß,
  alsdann will ich dich fassen in meinen Arm und Schoß.«[15]
- Josef Hegenbarth – »Kreuzigung« *(Bildmeditation, Bild Nr. 4)*

7. Bereit werden, mein Leiden mit dem Leiden Jesu zu verbinden, weil er – für mich – in den Tod ging

Ich wiederhole und vertiefe die Meditationen dieser vergangenen Woche, vielleicht vor dem Bild von Josef Hegenbarth – »Kreuzigung« *(Bild Nr. 4)* oder unter dem stillen Wiederholen der Worte: »Du für mich – ich mit dir« . . .

Anliegen der vierzehnten Übungswoche: Im Glauben immer neu ergreifen, daß ich bereits in das Mit-Leben mit Christus einbezogen bin

Überblick:
Einführung in die vierzehnte Übungswoche
Übungsangebot für die vierzehnte Übungswoche

1. *Wachsam werden für die neue Weise der Gegenwart des Auferstandenen, wo ich ihn in Liebe und Sehnsucht suche*
2. *Wachsam werden für die neue Weise der Gegenwart des Auferstandenen, wo wir gemeinsam an die Aufgaben unseres Alltags gehen*
3. *Wachsam werden für die neue Weise der Gegenwart des Auferstandenen, wo ich es wage, meine Zweifel zu äußern*
4. *Wachsam werden für die neue Weise der Gegenwart des Auferstandenen, wo der Schmerz über mein Versagen mein Herz belastet*
5. *Wachsam werden für die neue Weise der Gegenwart des Auferstandenen, wo ich meinen Kummer ausspreche und auf die Antwort der Schrift höre*
6. *Wachsam werden für die neue Weise der Gegenwart des Auferstandenen, wo wir ihn einladen, mit uns das Abendmahl zu feiern*
7. *Wachsam werden für die neue Weise der Gegenwart des Auferstandenen, um mich in das »Mit-Leben« mit ihm einbeziehen zu lassen*

Einführung in die vierzehnte Übungswoche

Der zweite »Raum«, in dem sich mein Einbezogensein in die Schicksalsgemeinschaft mit Christus abspielen kann, ist der *Raum des »Mit-Lebens«* mit dem Auferstandenen – der Anteil an dem neuen Leben, das von keinem Tod mehr bedroht ist.

Ignatius[16] legt in der vierten Woche seiner Exerzitien Ostertexte zum Meditieren vor und läßt den Exerzitanden um die

Gnade bitten, Mitfreude mit dem Auferstandenen zu erleben. Nun war gewiß das Erleben der Jünger zwischen Ostern und Himmelfahrt einmalig und einzigartig: Ihnen begegnete der Auferstandene in klaren und ihr Leben verwandelnden Erscheinungen, die mit seiner Himmelfahrt ein Ende nahmen. Wie können wir heute, nach fast zweitausend Jahren, beim Meditieren der Ostergeschichten so mit ihnen umgehen, daß sie ihre Bedeutung für unser Leben enthüllen? Die Antwort setzt wieder unsere »Symbolfähigkeit« voraus: Auch diese Erscheinungen waren Zeichen, Symbole, die über sich hinausweisen. Was damals zeichenhaft sichtbar war, das ist noch heute die gleiche Wirklichkeit für uns, nur in anderer Weise: »Siehe, ich bin bei euch alle Tage bis an der Welt Ende« (Mt 28,20).

In dieser Woche müssen wir wieder aufnehmen und noch einmal vertiefen, was wir als »Gebet der liebenden Aufmerksamkeit« eingeübt haben (S. 181ff.). Hier möchte ich den Ausdruck ändern in »Gebet der liebenden Wachsamkeit«. Das soll wieder nach drei Seiten hin entfaltet werden:

- *Erstens:* Diese *Wachsamkeit ist wichtig*, weil ich von mir aus nichts tun kann, um die Wirklichkeit des Auferstandenen in meinem Leben zu erfahren. Ich kann nur warten, ob, wann und wie sie mir geschenkt wird. Wenn schon das Eintreten in das »Mit-Leiden« mit Christus etwas ist, wozu der Mensch von Gott selbst gerufen werden muß, wohin er zu einer bestimmten Zeit geführt werden kann oder auch nicht, dann gilt dies in noch höherem Maße für alles, was das »Mit-Leben« mit Christus betrifft: für das Erfahren der Osterwirklichkeit mitten in dieser Zeit und in diesem Leben. Es liegt nicht in meiner Macht, Anteil am Auferstehungsleben des Herrn zu erringen. Hier setzt jede menschliche Aktivität aus – und was geschehen soll, gibt sich nur als reines Geschenk dem Empfangenden.
- *Zweitens:* Diese *Wachsamkeit ist nötig*, weil mich die Osterwirklichkeit oft gerade dort berührt, wo ich sie nicht vermute: mitten in der Todeswirklichkeit des Lebens. Auch wo mir Christus als der Auferstandene begegnet, entnimmt er mich damit nicht endgültig den Schmerzen und Leiden dieses Lebens; ja, sein »Führen, wohin du nicht willst« beginnt für

Petrus gerade dort, wo er dem Auferstandenen begegnet ist (Joh 21,18). Und das stimmt überein mit dem, was wir im konkreten Leben erfahren: Die Osterwirklichkeit leuchtet uns auf, hier und dort, einmal schwächer, einmal intensiver. Aber sie bleibt gebunden an den Raum des Todes, des Schmerzes und des Leidens dieser Welt. Deshalb ist es nicht das Suchen der Freude, das mich für den Empfang der Osterwirklichkeit empfänglich macht und mich in das »Mit-Leben« mit dem Auferstandenen einbeziehen kann, sondern im Gegenteil gerade das Annehmen des Schmerzes in der Verbindung mit Christus. Bereitschaft zum Mit-Leiden mit Christus, nicht nur in hochgesteckten Vorsätzen, sondern ganz konkret im Jasagen, im Annehmen dessen, was mir von Gott auferlegt wird, das ist das einzige, was ich wirklich von mir aus tun kann, um mich für die Ostererfahrung in meinem Leben vorzubereiten. Dieses punktuelle Aufleuchten der Osterwirklichkeit mitten in der Todeswirklichkeit des Lebens scheint in einem engen Zusammenhang zu stehen mit der Tatsache, daß Jesus als der Auferstandene nicht mehr ständig bei seinen Jüngern blieb, sondern ihnen wenige Male erschien – und daß dieses genügte, um ihnen an seinem Ostersieg Anteil zu vermitteln.

- *Drittens:* Diese *Wachsamkeit ist entscheidend*, weil die Wirklichkeit des Auferstandenen mein Leben manchmal in einer Weise berührt, die ich leicht übersehen kann. So zart und leise ist diese Berührung, fast unmerklich oft, daß mir der Auferstandene selbst immer neu die »Augen des Herzens« öffnen muß, damit ich ihn, den Lebendigen, darin erkenne.

Vielleicht habe ich es schon einmal erfahren, daß eines Tages mein Leben von einer Freude angerührt wurde, die nicht das Leid ablöste, sondern plötzlich, ungesucht und ungewollt, gewissermaßen auf dem Grunde meines Leides, mitten im Schmerz selbst, aufleuchtete. Wo das geschieht, wo ich, in welcher Form auch immer, etwas von der eigentlich unmöglichen Möglichkeit erfahre, Freude auf dem Grunde des Schmerzes zu erleben, ein Ja mitten im Nein zu finden, dort kann ich ahnen, was ein »Mit-Leben« mit dem Auferstandenen meinen könnte. Ich kann etwas davon spüren, wie der Auferstandene mich in eine neue Lebensqualität, in eine neue Lebenswirklichkeit hineinziehen kann, die nicht mehr vom Tod bedroht ist.

Wie das für jeden einzelnen geschehen mag, ist völlig verschieden. Auch für uns gilt noch, was die ersten Zeugen der Auferstehung erfuhren: daß ihnen der Lebendige in immer neuer Weise erschien. Selten erkannten sie ihn sogleich. Es wäre also möglich, daß ich in meinem Leben auch schon Ostererfahrungen gemacht habe, ohne sie deuten zu können: daß auch mir der Auferstandene schon begegnet ist, ohne daß ich ihn erkannt hätte. Vielleicht waren meine Augen gehalten, und es war niemand zugegen, der mir hätte sagen können: »Es ist der Herr!« (Joh 21,7). Deshalb ist es so entscheidend wichtig, diese Osterwirklichkeit, wo immer sie aufleuchtet, in heller Wachsamkeit wahrzunehmen – mit einer Wachsamkeit des Herzens, die untrennbar verbunden ist mit der intensiven, wortlosen Bitte, daß Gott selbst mir die Augen meines Herzens dafür öffnen möge.

Vor kurzem erfuhr ich etwas, das mir zum Symbolbild für dieses wachsame, wartende Beten geworden ist: Ein jüdischer Besucher erzählte mir, noch heute begänne jeder Festtag für die jüdische Familie dann, wenn am Vorabend des Tages der dritte Stern am Himmel erschienen sei. Der älteste Junge würde hinausgeschickt, um auf diesen Augenblick zu warten und dann sofort im Hause Bescheid zu sagen: »Jetzt ist es soweit!« Warten auf die ersten Sterne, die am dunklen Himmel erscheinen, das wurde mir zum Bild für das wache Warten auf das Einbezogenwerden in das neue, unzerstörbare Leben des Auferstandenen.

Übungsangebot für die vierzehnte Übungswoche

1. Wachsam werden für die neue Weise der Gegenwart des Auferstandenen, wo ich ihn in Liebe und Sehnsucht suche

Übung

- Johannes 20,11–18 *(»Jesus sagte zu ihr: Maria!«)*
- *Gebet der liebenden Wachsamkeit*

 Wie ein Junge auf das Aufleuchten der ersten Sterne wartet, damit das Fest beginnen kann, lausche ich in mein Leben hinein: Kommt mir das irgendwie bekannt vor, daß ich suchte und suchte, fast ohne Hoffnung, finden zu können – und daß ich eines Tages plötzlich feststellte, daß mein Suchen unmerklich zur Ruhe gekommen war? ... Was hatte sich verändert? Hatte ich resigniert mein Suchen aufgegeben, oder war ich vielleicht gefunden worden, wo ich immer noch meinte, selbst etwas finden zu müssen? ... War mir hier etwa ein Stück verborgene Ostererfahrung zuteil geworden, ohne daß ich sie erkannt hatte? ...

Variante

Altrussische Ikone – »Höllenfahrt Christi« *(Bildmeditation, Bild Nr. 16)*

Einführung in das Bild

Die Form, das Osterereignis in dem Bild der Höllenfahrt Christi darzustellen, stammt aus dem syrisch-palästinensischen Kulturkreis und wird in der Ikonenmalerei der Ostkirche zu einer verbreiteten Darstellungsweise des Ostergeheimnisses. Christus bricht als der Sieger in den Bereich der Unterwelt und des Todes (die Tore der Hölle sind zerbrochen, und Jesus steht mit seinen Füßen darauf), er ergreift Adam beim Handgelenk seiner rechten Hand (alter Herrschergestus, mit dem der Sieger einen besiegten Fürsten in seine Dienste nahm – das Handgelenk ist der Ort, an dem das pulsierende Leben in der Pulsader fühlbar ist), während Eva neben ihm mit verhüllten Händen anbetet. Dahinter stehen weitere Gestalten der Unterwelt, die wartend auf den schauen, der sie erlösen will – auf der linken Seite sehen wir die Könige David und Salomo, hinter ihnen den »größten unter den Propheten«, Johannes den Täufer. Das felsige Erdreich ist aufgebrochen und gibt die abgrundtiefe Finsternis dem Blick frei – aber Christus steht in seinem strahlenden Siegesgewand mitten in diesem Todesreich als der Sieger, der in alle Finsternis einbricht. Gegenüber anderen Höllenfahrtsdarstellungen ist mir diese besonders liebgeworden, weil der Blick nicht durch vielerlei andere Einzelheiten (z. B. des gebundenen Höllenfürsten, der Marterwerkzeuge, die nun zum Zeichen des Sieges geworden sind und anderes) abgelenkt wird, sondern sich allein auf das Wesentliche sammeln kann: auf den Sieger, der in das Reich der Dunkelheit einbricht und die darin Gefangenen erlöst.

Anregungen zum Meditieren des Bildes:

- Das Schauen auf diese Darstellung des Ostersieges Jesu weckt in mir in immer neuer Gestalt das Wissen um die Dunkelheiten, die sich auch in mir befinden (s. dritter Hauptteil, S. 113ff.) – aber gleichzeitig auch die Gewißheit, daß Christus als der »Sieger über Sünde, Tod und Teufel« auch in meine inneren Dunkelheiten eingebrochen ist und diese Dunkelheiten durch sein Licht durchstrahlt und besiegt. Im Schauen auf dieses Bild, im meditierenden Mich-Aussetzen, lasse ich diesen Sieg Christi wahrhaft und wirklich (zweite Dimension eines geistlichen Symbols) in mich ein und in mir Wirklichkeit werden. Das kann ich im Laufe dieser Woche nach verschiedenen konkreten Seiten hin entfalten ...
- Auf diesem Wege finde ich dann auch mehr und mehr Zugang zu einer weiteren Möglichkeit des Meditierens: Im Erfahren des Ostersieges Christi über meine eigenen inneren Dunkelheiten wächst in mir der Glaube daran, daß der Ostersieg wirklich der ganzen Welt gilt und im tiefsten diese Welt mit ihren Dunkelheiten der Sünde, des Todes und der dunklen Gewalten in der Osternacht überwunden hat. Und wo ich mich im Glauben dieser Wirklichkeit öffne (s. S. 107), dort lasse ich sie ein in diese Welt, damit sie sich auch sichtbar »verwirklichen« kann. Dazu kann mir diese Ikone helfen ...

2. *Wachsam werden für die neue Weise der Gegenwart des Auferstandenen, wo wir gemeinsam an die Aufgaben unseres Alltags gehen*

Übung

Johannes 21,3–7 *(»Es ist der Herr!«)*

– *Gebet der liebenden Wachsamkeit*

Wie ein Junge auf das Aufleuchten der ersten Sterne wartet, damit das Fest beginnen kann, lausche ich in mein Leben hinein: Habe ich das schon irgendwie erlebt, daß ich nach einem schweren Erleben oder einem tiefen Schmerz einfach wieder an meine alltägliche Arbeit ging – vielleicht gemeinsam mit anderen, die den Schmerz mit mir teilten –, und daß dann mitten während dieser Arbeit ein innerer Friede aufkam, daß gute Gedanken von uns Besitz ergriffen und in ein wesentliches Gespräch mündeten; ja, daß vielleicht so etwas wie eine leise, verborgene Freude durchbrach – oder etwas Ähnliches? ... Hätten wir vielleicht jemanden gebraucht, der zu uns gesagt hätte: »Es ist der Herr« ...? Oder hätten wir es einander sagen sollen? ...

Variante

Altrussische Ikone – »Höllenfahrt Christi« *(Bildmeditation, Bild Nr. 16)*

Christus ist in das Reich des Todes eingebrochen. Sollte er nicht auch den Weg finden in meinen Alltag mit seinen oft schmerzvollen Erlebnissen?

3. *Wachsam werden für die neue Weise der Gegenwart des Auferstandenen, wo ich es wage, meine Zweifel zu äußern*

Übung

Johannes 20,24–29 *(»Mein Herr und mein Gott!«)*

Gebet der liebenden Wachsamkeit

Wie ein Junge auf das Aufleuchten der ersten Sterne wartet, damit das Fest beginnen kann, lausche ich in mein Leben hinein:

Wo habe ich mich mit Zweifeln, mit anscheinend unlösbaren Fragen in meinem Glaubensleben gequält? Durfte ich diese Zweifel aussprechen, vielleicht immer und immer wieder? Und habe ich vielleicht irgendwann gespürt, daß sich diese Zweifel und Fragen unmerklich gelöst oder daß sie wenigstens ihr quälendes Gewicht verloren hatten? Oder sind sie mir etwa durch ein deutliches Ereignis genommen worden? War es der Herr, der Auferstandene, der mir auf diese Weise in meinem Leben begegnet ist? (Das schließt nicht aus, daß es noch immer andere ungelöste Fragen oder auch Zweifel geben wird, solange ich noch im Glauben und noch nicht im Schauen lebe.)

Variante
Altrussische Ikone – »Höllenfahrt Christi« *(Bildmeditation, Bild Nr. 16)*
Christus kommt als der Auferstandene und Sieger hinein in die Dunkelheit meiner Verwirrung, meiner ungelösten Fragen und meiner Zweifel ...

4. *Wachsam werden für die neue Weise der Gegenwart des Auferstandenen, wo der Schmerz über mein Versagen mein Herz belastet*

Übung
Johannes 21,15–19 *(»Hast du mich lieb?»)*
- Ich fühle mich ein in Petrus, wie er nach allem, was geschehen ist, diese Begegnung empfunden hat; was in ihm vorgegangen sein mag ...
- Ich beobachte, was in mir selbst dabei zum Mitschwingen kommt, und verweile dabei ...

Gebet der liebenden Wachsamkeit
Wie ein Junge auf das Aufleuchten der ersten Sterne wartet, damit das Fest beginnen kann, lausche ich in mein Leben hinein: Wo habe ich das Glück erfahren, daß mir vergeben wurde?

- Vielleicht durch Menschen, die mich nicht fallenließen, obwohl ich ihnen unrecht getan habe ...
- vielleicht durch frohe Ereignisse meines Lebens, die mir ganz unverdient vorkamen ...
- vielleicht in einer guten Beichte, in der mir Gottes Vergebung ausdrücklich zugesagt wurde ...
- vielleicht ...

Ich lasse diese Erfahrung als Ostererfahrung ganz tief in mich ein und mich davon durchdringen ...

Varianten

- Paul Gerhardt[17] *(Liedmeditation)*:
  »Der Tod mit seiner Macht wird nichts bei mir geacht':
  Er bleibt ein totes Bild, und wär er noch so wild.«
  Ich versuche, mich in einen Menschen einzufühlen, der solche Verse dichten kann, bedrängt von der Not des Dreißigjährigen Krieges ...
  Ich beobachte meine Gefühle und verweile dabei ...
- Altrussische Ikone – »Höllenfahrt Christi« *(Bildmeditation, Bild Nr. 16)*
  Christus tritt als Sieger hinein in die dunklen Bereiche meiner Schuld ...

5. *Wachsam werden für die neue Weise der Gegenwart des Auferstandenen, wo ich meinen Kummer ausspreche und auf die Antwort der Schrift höre*

Übung

Lukas 24,13–27;32 *(»Brannte nicht unser Herz in uns?«)*

- Der Herr fordert die beiden Jünger auf, ihren ganzen Kummer vor ihm auszusprechen ...
- Der Herr öffnet ihnen die Schrift ...
- Sie spüren den Herrn im Brennen ihres Herzens, ohne ihn zu erkennen ...

Gebet der liebenden Wachsamkeit
Ich lausche hinein in mein Leben – habe ich das irgendwann einmal in der Begegnung mit dem Wort der Schrift erlebt, daß ich Antwort auf eine Not fand ... oder daß ich sagen konnte: »Brannte nicht mein Herz?« ...
Habe ich es erlebt, vielleicht ohne den Auferstandenen, den Gegenwärtigen zu erkennen? ...

Variante
Ich nehme meine Bibel in die Hand – sinne dem nach, was ich mit ihr erlebt und erfahren habe – »Wort Gottes« als echtes geistliches Symbol ...

6. *Wachsam werden für die neue Weise der Gegenwart des Auferstandenen, wo wir ihn einladen, mit uns das Abendmahl zu feiern*

Übung
Lukas 24,28–31 *(»Da wurden ihre Augen geöffnet«)*
Laden wir dich ein, Herr, oder du uns? ...

Gebet der liebenden Wachsamkeit
Ich lausche hinein in mein Leben – welche guten, besonderen Erfahrungen beim Erleben des Abendmahls, der Eucharistie, kann ich in meiner Erinnerung finden? ...
Ich verweile dabei – erkenne ich den Herrn? ...

Varianten
Blitz in der Nacht *(Symbolmeditation)*:
- Für einen »blitzartigen« Moment erkannten die Jünger den Herrn
- Der Blitz erleuchtet für einen kurzen Moment die Landschaft ...
- Auch wenn es danach wieder dunkel ist, wissen wir, wo wir uns befinden ...

7. *Wachsam werden für die neue Weise der Gegenwart des Auferstandenen, um mich in das »Mit-Leben« mit ihm einbeziehen zu lassen*

Wiederholung und Vertiefung
Im Rückblick auf die vergangene Woche verweile ich im Bewußtsein der Gegenwart des Auferstandenen, vielleicht vor der Ikone »Höllenfahrt Christi« oder im Glauben an das Wort: »Siehe, ich bin bei euch alle Tage bis an der Welt Ende« (Mt 28,20).

Anliegen der fünfzehnten Übungswoche: Das Ziel vor Augen haben, mich mehr und mehr in die Sendung Jesu Christi hineinnehmen zu lassen

Überblick:
Einführung in die fünfzehnte Übungswoche
Übungsangebot für die fünfzehnte Übungswoche

1. *Mich durch Christus zum lebendigen Bild Gottes formen lassen: zum sichtbaren Bild seiner Liebe – für die Menschen*
2. *Mich durch Christus zum lebendigen Spiegelbild der Liebe Gottes formen lassen: zur Liebesantwort des in Christus erneuerten Menschen – zum Lob Gottes*
3. *Mich durch Christus zum lebendigen Wort Gottes formen lassen: zum hörbaren Wort seiner Liebe – für die Menschen*
4. *Mich durch Christus zur lebendigen Antwort auf Gottes Liebe formen lassen: zur Liebesantwort des in Christus erneuerten Menschen – zum Lob Gottes*
5. *Mich durch Christus zur lebendigen Gabe Gottes formen lassen: zur heilsamen Gabe seiner Liebe – für die Menschen*
6. *Mich durch Christus zum lebendigen Lobopfer Gottes formen lassen: zur Liebesantwort des in Christus erneuerten Menschen – zur Ehre Gottes*
7. *Mich durch Christus in seine Sendung einbeziehen lassen – um mit ihm Weg zu werden: Weg für Gott zu den Menschen – Weg für die Menschen zu Gott*

Einführung in die fünfzehnte Übungswoche

Der dritte »Raum«, in dem sich mein Hineingenommenwerden in die Schicksalsgemeinschaft mit Christus abspielen kann, ist das *Eingehen in die Sendung Jesu Christi.*

Schon zu Lebzeiten sendet Jesus seine Jünger aus – ein symbolisches Zeichen für die große Sendung, die der Auferstandene seinen Jüngern anvertraut, die Fortsetzung seiner eigenen Sendung in diese Welt: »Gehet hin und machet zu Jüngern alle Völker« (Mt 28,19). Das ist das Ziel unseres geistlichen Lebens – ein Ziel, das uns Gott selbst vor Augen stellt. Was ein Ziel für den bedeutet, der darauf zugeht, soll hier wieder nach verschiedenen Richtungen hin entfaltet werden:

– *Erstens: Ein Ziel, das ich vor Augen habe, zieht mich an.*

Im Leben kann ein lohnenswertes Ziel eine dynamische Macht ausüben – wie ein Magnet zieht es einen Menschen zu sich hin. Früher sprach man deshalb von einer »Zielursache«, die den Menschen zu einem bestimmten Tun bewegt: die Kraft zu dieser Bewegung geht aus von dem Ziel, das mich anzieht und mir die Wege zu seiner Erreichung vor Augen stellt. Je leidenschaftlicher ich das Ziel anstrebe, desto größere Kraft setzt es in mir frei. Ich brauche mir nur einmal den Unterschied vor Augen zu halten, wie schnell ich nach einem Spaziergang müde bin – und wie ich nach der gleichen Wegstrecke bei einer großen Wanderung noch die ganze Kraft des Aufbruchs in mir fühlen kann.

Für die Übungen dieser fünfzehnten Woche gilt nun in besonderer Weise, daß ich einfach das vor mir liegende Ziel anschauen sollte, daß ich meditierend in solchem Schauen verharre – um mich dadurch mehr und mehr der Kraft seiner Anziehung auszusetzen. Dieses Schauen auf das Ziel, dieses wartende Mich-Aussetzen, damit es etwas mit mir machen kann, ist nichts anderes als intensives Gebet, Gebet ohne Worte. Dabei ist eines sicher: Erreichen kann ich dieses Ziel niemals in diesem Leben, etwa so, wie ich einen Berggipfel erklimmen kann. Und dennoch: »Der Sonne entgegen« kann zum Lebensinhalt werden – auch dann, wenn ich weiß, daß die Sonne selbst für mich immer unerreichbar bleiben wird.

– *Zweitens: Ein Ziel, auf das ich zugehe, verändert mein Leben.* Habe ich ein lohnendes Ziel vor Augen, so fällt es mir nicht schwer, andere verlockende Wege gelassen zu übersehen, einzig darauf bedacht, den richtigen Weg zu finden – den Weg, der zum Ziel hinführt. Und je konsequenter ich das Ziel allein suche, desto wichtiger wird dieses für mich, desto unwichtiger wird alles andere. Das Ziel, das Gott uns vor Augen stellt, ist das Einbezogenwerden in die große heilsgeschichtliche Sendung Jesu Christi. Indem ich mich nun mehr und mehr mit meinem ganzen Dasein auf die Dynamik dieses Zieles einlasse, werde ich vielleicht eines Tages bemerken, daß in meiner Art, wie ich die Botschaft an andere weiterzugeben versuche, eine deutliche, mir selbst aber bis dahin verborgene Akzentverschiebung stattgefunden hat. Alles, was ich selbst tue oder getan habe, verliert an Gewicht dem gegenüber, was an mir geschieht. Immer häufiger kann ich mich als jemanden erleben, durch den etwas getan wird. Auch damit hat Gott seinen Plan: Wieviel unerlöstes »Ich« ist auch noch unseren frömmsten Aktivitäten untermischt! Wie sehr suche ich bei allem, was ich als Dienst für Gott tue, doch auch immer noch mich selbst, meine eigenen Entfaltungsmöglichkeiten, meine eigene Erfüllung und Befriedigung: wie wichtig ist mir die Anerkennung der Menschen und vieles andere. Das ist so, dem muß ich einfach ins Auge sehen. Vielleicht bin ich zum Beispiel gerade dort, wo ich selbst ein starkes Erlebnis hatte und eine wichtige Glaubenserfahrung machen konnte, voll missionarischen Eifers, dieses Erleben auch anderen zu vermitteln. Und ich meine, was mir selbst entscheidend wichtig geworden ist, müsse nun auch für jeden anderen Menschen von gleichem Gewicht für sein Glaubensleben sein. Doch eines Tages stehe ich dann plötzlich vor den Trümmern meines so gutgemeinten Engagements: Ich sehe und muß mir eingestehen, daß das, was für mich das einzig Wahre und Gute schien, für den anderen durchaus nicht diesen Wert besitzt, wie ich selbst es erlebt habe. Dann muß ich lernen, daß Gott mit einem jeden Menschen seine eigenen Wege geht. Und ich werde begreifen müssen, daß mein Zeugnis nur dann vom anderen als echt und überzeugend angenommen werden kann, wenn es keine zwingende oder auch nur fordernde Macht über ihn beansprucht. Das anzunehmen mag mir zuerst recht schwerfallen. Doch vielleicht finde ich mich dann überraschenderweise selbst eines Tages in einer inneren Gelassenheit vor, die mir vordem unerreichbar schien: Ich kann es annehmen, ja, ich kann mich sogar darüber freuen, daß andere ihre eigenen Wege finden. Und ich kann gelassen feststellen, daß andere von dem, was ich ihnen zu vermitteln suchte, gerade etwas als entscheidende Hilfe erfuhren, was mir persönlich unwichtig erschien.

Oder es kann geschehen, daß ein Mensch, der sich lange Jahre seines Lebens hindurch geradezu unwiderstehlich zu bestimmten Vollzügen seines christlichen Daseins hingezogen fühlte (zur Meditation, zum Gottesdienst, zu einem Gesprächskreis oder wozu auch immer), der meinte, ohne solches nicht leben zu können, eines Tages einen inneren Abstand, eine Loslösung von diesen Dingen spürt, die er kaum deuten kann. Wenn damit aber ein noch intensiverer Eifer verbunden ist, alles zu tun, was in seinen Kräften steht, um anderen Menschen zur Freude in Gott zu verhelfen, dann kann ihm die Ahnung kommen, daß er vielleicht jetzt in den Raum des Gesendetseins eingetreten ist, wo eigene Aktivität immer mehr zurückbleibt und wo er mehr und mehr reines Werkzeug in der Hand dessen ist, der auch heute noch die Seinen in die Welt sendet.

– *Drittens: Ein Ziel, dem ich mich nähere, tritt mir immer klarer vor Augen.*

Je vertrauter mir Jesus Christus wird, desto deutlicher wird mir, welches zentrale Wort er über sich gesagt hat, als er sprach: »Ich bin der Weg« (Joh 14,6). Er zeigt uns nicht nur einen Weg; er nimmt für sich in Anspruch, der Weg zu sein, und zwar der Weg, der über den Abgrund der Unendlichkeit hinweg Himmel und Erde, Gott und Mensch verbindet. Als »wahrer Gott« ist er der Weg Gottes zu den Menschen, als »wahrer Mensch« führt er uns Menschen wieder zu Gott zurück – der gleichzeitig unser Ursprung und unser Ziel ist.

Wenn wir nun durch das »für euch« Jesu zur Schicksalsgemeinschaft mit Christus gerufen sind, dann bedeutet diese Schicksalsgemeinschaft, daß wir – je an unserer Stelle und in unserer eigenen, einmaligen und unersetzbaren Weise – in dieses »Weg«-Sein Jesu hineingenommen werden sollen. Wer Zeuge der Auferstehung Jesu ist, das heißt, wer mit seinem ganzen Dasein die Auferstehungsbotschaft bezeugt (unter Umständen bis in den Tod hinein), der ist mit seinem Leben nicht nur Botschafter, sondern selbst Botschaft der Auferstehung geworden. Solch ein Mensch ist Träger des Gottesheils zu den Menschen, in diese Welt hinein. So kann jeder an seiner Stelle, in dem Lebensraum, in den er hineingestellt ist, Träger der Liebesbotschaft Gottes für die Welt sein – und damit Weg werden, durch den die Liebe Gottes Menschen erreichen kann. Doch das gleiche gilt auch in umgekehrter Richtung: als »wahrer Mensch« hat Christus das ursprüngliche Bild des Menschen, wie es von Gott in der Schöpfung gemeint war, wiederhergestellt. Der Apostel Paulus schreibt in tiefer Freude: »Wenn ... jemand in Christus ist, dann ist er eine neue Schöpfung: Das Alte ist vergangen, Neues ist geworden« (2 Kor 5,17). Damit nimmt er den eben genannten Gedanken auf und weitet ihn aus auf jeden Menschen, der »in Christus ist«. Je mehr ein Mensch »in Christus« lebt, also in die Schicksalsgemeinschaft mit Christus eingetreten ist, desto mehr wird er zum »neuen Menschen«[18], wächst er hinein in das Bild des Menschen, den Gott ursprünglich in seiner Schöpfung gemeint und gewollt hat. Es ist der Mensch, der mit seinem ganzen Leben auf die unergründliche Liebe Gottes die Antwort seiner Liebe gibt, ja, der mit seinem ganzen Sein zur Antwort auf diese Liebe wird, wie es in Christus aufleuchtet. Solch ein Mensch ist der auf Gott bezogene, mit Gott in ursprünglicher Liebe verbundene Mensch – er lebt nicht für sich selbst, sondern »dem Herrn«: »Leben wir, so leben wir dem Herrn; sterben wir, so sterben wir dem Herrn« (Röm 14,8). Und dann wird dieser Mensch, der in Christus neu lebt, hineingenommen in die große, alle Zeiten und Räume umgreifende Heilsdynamik Gottes, die in Christus begonnen hat: »Christus ist auferstanden von den Toten als Erstling unter denen, die entschlafen sind ... In Christus werden alle lebendig gemacht werden. Ein jeder aber in seiner Ordnung: als Erstling Christus; danach, wenn er kommen wird, die, die Christus angehören ... Wenn aber alles ihm (Gott, dem Vater) untertan sein wird, dann wird auch der Sohn selbst untertan sein dem, der ihm alles unterworfen hat, damit Gott sei alles in allem« (1Kor 15,20; 22f.; 28).

Je mehr ein Mensch »in Christus« ist, desto mehr wird er in diese allumfassende Heilsdynamik der Welt hineingezogen, an deren Ende alles wieder in Gott, den Ursprung und das Ziel alles Seins, einmündet.

Mit Christus »Weg« werden, ein winziger Teil des Weges, auf dem dieses geschieht, das ist ein uns weitgehend verlorengegangener Gedanke. Aber er ist biblisch. »Priesterliches Dasein« der Christen meint das gleiche: an unserer Stelle die Welt, die sich von Gott abgewandt hat, wieder in die Richtung auf Gott hin zu bringen – das geschieht nicht nur für mich, sondern ein Stück stellvertretend für die anderen. Alles ist und bleibt in diesem Äon zeichenhaft, symbolisch – doch in solchem Symbol ist ein Stück über sich hinausweisende wahre Erfüllung bereits enthalten.

Weg werden, in und durch Christus: nicht nur vom Licht in das Dunkel dieser Erde, sondern auch aus dem Dunkel zum Licht; nicht nur von Gott zu den Menschen, sondern auch wieder von den Menschen zu Gott – darum geht es in einem geistlichen Leben, in der Nachfolge dessen, der immer sowohl für die Menschen als auch für Gott gelebt hat.

– *Viertens: Ein Ziel, dem sich Menschen aus verschiedenen Richtungen nähern, bringt diese Menschen näher zusammen.*

Als ein Grundanliegen durchzog der Wunsch Jesu nach der Einheit der Kirche das ganze Kursangebot. Darauf möchte ich in der Einführung zu dieser letzten Übungswoche noch einmal zurückkommen. Die Auffächerung der Übungen in »Bild werden«, »Wort werden« und »Gabe werden« fiel mir fast ungewollt zu. Vor Jahren formulierte ein junger katholischer Priester das Grundanliegen seines Priestertums mit den Worten: »Mache mich zur lebendigen Hostie (= Opfergabe) für die Menschen.« An diese Worte erinnerte ich mich sofort, als ich vor kurzem das Gebet einer orthodoxen Christin las: »Mache mich für die Menschen zur lebendigen Ikone.« Was lag näher, als dazu das entsprechende evangelische Gebet zu formulieren: »Mache mich zu deinem lebendigen Wort für die Menschen«?

Nicht als einander ausschließende Gegensätze, sondern als Möglichkeiten fruchtbarer Ergänzung hat Gott jedem Menschen, aber auch jeder Kirche ihre besonderen spirituellen Gaben gegeben, mit dem Wunsch: »Dient einander, ein jeder mit der Gabe, die er empfangen hat, als die guten Haushalter der mancherlei Gnade Gottes« (1Petr 4,10). Ungeklärte theologische Fragen hindern noch die sichtbare Einheit der Kirche. Was jedoch die verschiedenen Kirchen an spirituellem Reichtum haben, was in Jahrhunderten gewachsen ist, das dürfen sie einander schenken, auch heute und jetzt schon. Und so mag auch dieses Kursangebot ein kleines Stück Weg werden und geworden sein – Weg, der zueinander führt, indem er uns gemeinsam zu Gott hinführt: Je näher die Strahlen der Sonne sind, desto näher sind sie sich auch untereinander. Dieses Bild finden wir schon in den ersten Jahrhunderten der Kirche als Gleichnis.

Übungsangebot für die fünfzehnte Übungswoche

1. Mich durch Christus zum lebendigen Bild Gottes formen lassen: zum sichtbaren Bild seiner Liebe – für die Menschen

Hinführung

Der Ikonenmaler weiß seine Hand beim Malen geführt von der Person dessen, den er darstellt (s. S. 53). »Ikone« heißt »Abbild«. Wenn es Ziel unseres christlichen Lebens ist, Abbild Christi zu werden, und zwar in der mir jeweils eigenen Form und Weise, dann muß jemand dieses Bild formen. Was ich selbst dazu tun kann, wurde schon mehrmals gesagt: immer wieder meditierend auf Christus schauen, damit sein Bild mich tiefer und tiefer prägen kann (s. S. 49f.). Daneben steht gleichwertig das andere: versuchen zu leben, wie Jesus gelebt hat, versuchen zu tun, was er getan hat. Doch mit diesem allen bleibe ich noch am Anfang. Das Eigentliche, das Wichtigste, muß Gott selbst tun. Und er tut es oft wie ein Bildhauer, der sein fertiges Werk schon im Steinblock schaut – und dann Schlag um Schlag das entfernt, was nicht zu diesem Bild gehört, bis es fertig vor ihm steht. Meine Hauptaufgabe, um mich mehr und mehr in dieses Bild Christi einformen zu lassen, ist: annehmen dessen, was Gott mir nimmt oder versagt, weil es dieses Bild stört oder verdeckt. Deshalb muß ich mich immer wieder bewußt diesem Bildhauer hinhalten, wie sich der Ton dem Töpfer hinhält, der ihn gestaltet. Und dennoch wird auch das beste Bild Christi in einem Menschen immer nur unter der Verhüllung sichtbar sein, nur gerade so deutlich, daß Gott, wenn er es will, dem einen oder anderen die Augen öffnen kann, daß er unter aller Verhüllung dieses Bild entdeckt. »Er war der Allerverachtetste und Unwerteste, voller Schmerzen und Krankheit. Er war so verachtet, daß man das Angesicht vor ihm verbarg; darum haben wir ihn für nichts geachtet« (Jes 53,3); so wurde selbst Christus von den Menschen gesehen – bis Gott ihnen die Augen öffnete.

Übung

Johannes 14,9 *(»Wer mich sieht, der sieht den Vater!«)* mit Kolosser 1,15 *(»Er [Christus] ist das Ebenbild des unsichtbaren Gottes«)* und Römer 8,29 *(»Die er [Gott] ausersehen hat, die hat er auch vorherbestimmt, daß sie gleich sein sollten dem Bild seines Sohnes, damit dieser der Erstgeborene sei unter vielen Brüdern«)*

Varianten

Ich lasse innerlich eine Reihe von Bildern, in denen sich Jesus Christus den Menschen als Bild des Vaters anbot, wie eine Dia-Reihe an mir vorüberziehen ...:

- Mit welchem dieser Bilder möchte *ich* mich identifizieren, um Gott für andere Menschen sichtbar werden zu lassen? ...

- In welchem dieser Bilder könnten mich *Menschen*, die mich gut kennen, am deutlichsten finden? ...
- Als welches der Bilder könnte *Gott* mein Leben vielleicht gemeint und gedacht haben? ...

(Es könnte zum Beispiel sein, daß ich mir selbst wünschte, dem Christus zu gleichen, der sich zum Beten nächtelang zurückzieht, während Gott in mir sichtbar werden will als der, der anderen Menschen hilft und ihnen dient.)

2. Mich durch Christus zum lebendigen Spiegelbild der Liebe Gottes formen lassen: zur Liebesantwort des in Christus erneuerten Menschen – zum Lob Gottes

Hinführung

Vor mir liegt die Ikone der Höllenfahrt Christi. Ich sehe mich selbst in diesem Bild, wie Christus mich als sein Ebenbild – als das Gott mich ursprünglich gemeint hat – aus der Verdunklung des Zerrbildes, das mein Leben so oft darstellt, herausholt, um mich in die Klarheit seines Lichtes zu führen.

Übung

Ikone – »Höllenfahrt Christi« *(Bildmeditation, Bild Nr. 16)* in Verbindung mit Kolosser 1,19–22

- *»Damit er euch heilig und untadelig und makellos vor sein Angesicht stelle«* ...
- Ich lasse es an mir geschehen ...

Varianten

- Matthäus 3,13–17 *(»Mein lieber Sohn, an dem ich Wohlgefallen habe«)*

  Ich lasse meine Sehnsucht zu, dieses Wort über mir zu hören, damit Gott an mir Freude haben möge ...
- 2 Korinther 5,17 *(Neu geschaffen)*
- *Übung mit Leibwahrnehmung:*

  Bewußt und langsam ziehe ich mein bestes Kleidungsstück an, aufmerksam wahrnehmend, wie ich mich vor und nach dem Umziehen fühle ...

Ich fühle mich ein in das, was Kleidung mit mir tun kann ... Ich lasse diese Meditation einmünden in das Horchen auf den Auftrag, den uns der Epheserbrief vor Augen stellt: *»Zieht den neuen Menschen an, der nach Gott geschaffen ist« (4,24) – »Damit wir etwas seien zum Lob seiner Herrlichkeit« (1,12)...*

Gebet der Einfachheit
Neu geschaffen – durch dich – für dich ...

3. *Mich durch Christus zum lebendigen Wort Gottes formen lassen: zum hörbaren Wort seiner Liebe – für die Menschen*

Hinführung
»Wir müßten heute, mitten in der Inflation der Worte, in der die Menschen das Hören verlernt haben, so leben, daß man an unserem Leben allein (ohne Worte) ablesen könnte, wer Christus gewesen ist und was er gewollt hat.« Dieses ist ein Grundanliegen der Focolare-Bewegung, von der schon (s. S. 210) die Rede war. Nicht nur von Gott reden, sondern zum Wort Gottes werden für die Menschen, die nichts mehr von ihm wissen – darum geht es.

Übung
Johannes 1,14 *(»Das Wort ward Fleisch«)*
Ich schaue auf Jesus – das fleischgewordene Wort Gottes – verweile in diesem Schauen – und lasse mich in das Geheimnis einbeziehen: Wort werden ...

Variante
Lebensmeditation:
Ich schaue zurück auf mein bisheriges Leben mit seinen verschiedenen Wegstrecken – welches Wort der Bibel habe ich jeweils in solch einem Abschnitt zu verwirklichen versucht oder – passiv – zu verleiblichen gehabt? ...

(Hans Urs v. Balthasar[19] nennt es die Aufgabe der »Heiligen«, der großen Liebenden in der Geschichte der Kirche, daß jeder von ihnen mit seinem ganzen Leben eines der Worte Jesu sichtbar machen – verleiblichen, entfalten soll.)

4. Mich durch Christus zur lebendigen Antwort auf Gottes Liebe formen lassen: zur Liebesantwort des in Christus erneuerten Menschen – zum Lob Gottes

Hinführung

Lapidar beginnt Ignatius[20] seine Geistlichen Übungen mit dem Satz: »Der Mensch ist geschaffen, um Gott, unseren Herrn, zu loben.« Müssen wir »Traditionschristen« unseres Jahrhunderts uns erst von den Charismatikern wieder sagen lassen, welche unersetzliche Funktion das Gotteslob im Leben eines Christen hat? Vielleicht weiß es der eine oder andere noch, daß das Gotteslob eigentlich auch in unserem Leben eine größere Rolle spielen sollte; aber wir tun uns schwer damit, einfach und absichtslos Gott zu loben – das ist keine Frage. Hier liegt der Sinn des regelmäßigen Stundengebets: Dienst des Gotteslobes, dargebracht für die Menschen, die nicht mehr loben wollen oder können – ja sogar für die stumme Kreatur, in deren Stellvertretung der Mensch Gott lobt (Ps 148). Wer regelmäßig Psalmen betet, wer sein eigenes Beten mit dem Psalmgebet verbindet, der bringt damit das »Wort« der Menschen vor Gottes Angesicht. Die weite Palette des menschlichen Erlebens, von der tiefsten Not bis zur jubelnden Freude, ist in den Psalmgebeten Sprache geworden – Menschheitssprache, die auf diese Weise vor Gott gebracht wird.

Kann ich aber alle diese unterschiedlichsten menschlichen Erlebnisse und Gefühle, die in den Psalmen vor Gott ausgesprochen werden, wirklich unter dem Begriff des Gotteslobes vereinen? Kann ein Notschrei oder ein Bittgebet »absichtsloses« Gotteslob sein? Ich denke, schon: wenn ich nämlich zu Gott um Hilfe rufe im Vertrauen darauf, daß er helfen kann und helfen will – oder daß er mir seine Hilfe versagen muß, weil sein Wille nicht mein Wille ist, sondern über mein Verstehen und Begreifen hinausgeht.

So lobe ich Gott in jedem Notschrei, in jedem Bittgebet und in jeder Fürbitte durch mein Vertrauen zu ihm. Und wenn ich Schuld bekenne, für mich selbst oder auch in Stellvertretung für andere, dann geschieht auch das zur Ehre und zum Lob Gottes: Ich gebe ihm die Ehre, daß sein Urteil gerecht und richtig ist. Deshalb kann der Psalmsänger auch in seiner tiefsten Not beten: »Ich will den Herrn allezeit preisen; immer sei sein Lob in meinem Mund« (Ps 34,2).

Übung
Psalm 34 *(Gott loben allezeit)*

Varianten

- Johannes 17,20–26 *(Fürbitte Jesu)*
  Ich verweile im inneren Schauen auf Jesus, unseren »Fürsprecher bei dem Vater« (1Joh 2,1), wie er uns an dieser Stelle das Geheimnis seines Herzens öffnet . . . und ich lasse mich mit meiner Fürbitte in seine Fürbitte einbeziehen, Gott lobend durch mein Vertrauen . . .
- 1 Mose – Genesis 18,20–33 *(Abrahams Fürbitte)*
- *Liedmeditation:* »O daß ich tausend Zungen hätte«
  (EKG 238 – oder ein anderes Loblied)
- Te Deum (EKG 137 – GL 706)
- *Gebet der Einfachheit:*
  Klemens Tilmann und Hedvig-Teresia von Peinen[21] schlagen vor, sich beim Beten auf eines der folgenden Worte zu sammeln und dabei zu verweilen: »dich«, »dir«, »dein« oder »du« (»die vier kürzesten Gebete«).

5. *Mich durch Christus zur lebendigen Gabe Gottes formen lassen: zur heilsamen Gabe seiner Liebe – für die Menschen*

Hinführung
Wie Jesus das Wort »Ich bin das Licht der Welt« durch das Wort weiterführt: »Ihr seid das Licht der Welt«, so dürfen wir entsprechend das Wort vom Brot des Lebens weiterführen: »Ich bin

das Brot des Lebens« – »Werdet einander zum Brot«. »Brot« ist Symbol für alles, was der Mensch lebensnotwendig braucht (s. S. 67f.) zu seinem irdisch-leiblichen, aber auch zu seinem inneren geistlichen Leben. Das sollen wir füreinander sein. Denn in jede echte Gabe gibt der Mensch ein Stück von sich selbst hinein – mehr oder weniger. Im Bild des »Einander-zum-Brot-Werden« ist ein Schenken gemeint, das sich selbst hingibt, das sich verzehren läßt.

Übung

Lukas 6,38 *(Gebt, so wird euch im Überfluß gegeben werden)*
In dem Maße, in dem wir uns selbst an die Menschen verschenken, werden wir selbst mit der Fülle Gottes beschenkt.

Varianten

- *Liedmeditation*
  »Als Brot für viele Menschen hat uns der Herr erwählt;
  wir leben füreinander, und nur die Liebe zählt:
  Geheimnis des Glaubens – im Tod ist das Leben.«[22]
- *Übung mit Leibwahrnehmung*
  Ich meditiere das Geheimnis meines Atmens als Symbol – geben und nehmen, im Blick auf mein Dasein für die Menschen ...

6. *Mich durch Christus zum lebendigen Lobopfer Gottes formen lassen; zur Liebesantwort des in Christus erneuerten Menschen – zur Ehre Gottes*

Hinführung

Das Tieropfer, das Opfer fremden Lebens, hat wenige Jahre nach dem Tod Jesu aufgehört, auch im Tempel zu Jerusalem nach der Zerstörung der Stadt. Seitdem gibt es nur noch eine legitime Möglichkeit des Opfers: das Selbstopfer, wie es Christus vollzogen hat. Das Neue Testament, besonders der Hebräerbrief, ruft uns als »Volk von Priestern« auf, dieses Lobopfer zu feiern. Und der Schreiber des ersten Petrusbriefes nimmt in diesem Zusammenhang das Bild auf, das im Hintergrund unseres ganzen

Kursangebots stand: »Erbaut auch ihr euch als lebendige Steine zum geistlichen Hause und zur heiligen Priesterschaft, zu opfern geistliche Opfer, die Gott wohlgefällig sind durch Jesus Christus« (2,5).

Übung
Römer 12,1 *(Als lebendiges Opfer)*

Varianten
- 1 Petrus 2,5 *(Heilige Priesterschaft – geistliche Opfer)*
- Offenbarung des Johannes 4,2–11 *(Himmlischer Gottesdienst)*
- Michel Quoist[23] *(Wortmeditation)*:

»Herr, ich bin nicht allein,
Ich kann nicht mehr allein sein.
Herr, ich bin Menge,
Denn die Menschen bewohnen mich.
Ich bin ihnen begegnet,
sie sind eingedrungen in mich,
sie haben sich darinnen eingerichtet,
sie haben mich gequält,
sie haben mich in Besitz genommen,
sie haben mich gegessen,
Und ich habe sie gelassen, Herr, damit sie sich nähren und ausruhen.
Ich führe sie auch zu Dir, wenn ich mich Dir übergebe.
Ich setze sie Dir aus, wenn ich mich Dir aussetze.
Da bin ich,
Da sind sie,
Vor Dir, Herr.«

7. *Mich durch Christus in seine Sendung einbeziehen lassen, um mit ihm Weg zu werden: Weg für Gott zu den Menschen – Weg für die Menschen zu Gott*

Ich wiederhole und vertiefe die Übungen dieser letzten Übungswoche; vielleicht, indem ich auf Jesus schaue, der »Weg« ist – damit ich mich in sein »Weg«-Sein hineinnehmen lasse.

SCHLUSSWORT

Damit sind wir am Ende eines gemeinsamen Weges angelangt; an einem Ende, das nichts anderes sein kann als ein immer neuer Beginn.

Wer den ganzen Weg mitgegangen ist, wird etwas von der inneren Dynamik eines geistlichen Weges gespürt haben, in dieser oder jener Weise. Wir unterhielten uns in unserer Kursgruppe über die Ursachen dafür, daß so viele wesentliche Erfahrungen gemacht wurden – sogar von Teilnehmern, denen die regelmäßige stille Zeit des Gebets seit langem vertraut ist. Dabei wurde uns selbst bewußt, was am Anfang dieses Kurses (s. S. 15f.) gesagt wurde.

1. Es ist ein Unterschied, ob ich etwas nur lesend oder hörend in mich aufnehme, oder ob ich mich in einer Sache regelmäßig *übe*.
2. Es ist ein Unterschied, ob ich in einem geistigen Lernprozeß gradlinig vorwärtsgehe (gewissermaßen eine Erkenntnis an die andere reihend), oder ob ich meditierend über längere Zeit hin bei einer Sache *verweile*, indem ich ein Erleben wiederhole, es immer neu umkreise und es dadurch bis in meine Tiefen einlasse.
3. Es ist ein Unterschied, ob ich mich in meiner Gebetszeit täglich von neuen, unterschiedlichen Verkündigungsinhalten berühren lasse (so wie es etwa beim regelmäßigen Beten über der Tageslese nach dem Bibelleseplan geschieht), oder ob ich mich in die *innere Dynamik eines Weges* hineinbegebe, der mich Stück um Stück weiterführt und mitnimmt.

Gewiß mögen hier einige wichtige Ursachen für diese Erfahrungen liegen. Wir sollten sie nicht unterschätzen. Doch möchte ich die Hauptursache solchen Geschehens niemals lediglich in methodischen Mitteln suchen. Geistliches Leben, in welcher Form es auch wächst, ist immer Wirkung des Heiligen Geistes. Wir dürfen um ihn bitten, wir sollen uns seinem Wirken aussetzen. Und genau das hat jeder getan, der sich über viele Wochen hin im Mitgehen unseres Kursweges regelmäßig die stille

Zeit für Gott in Gebet und Meditation genommen hat – hatte Gott etwa schon lange darauf gewartet?

Kehren wir zurück zu dem, was wir zu Beginn in der Einführung zu diesem Kursangebot sagten: An uns ist es, das Land zu bereiten – aber der Same kommt von Gott, und er allein ist es, der wachsen, blühen und die Frucht reifen läßt.

Danken wir ihm für alles, was er uns gegeben hat. Und Sie alle, die Sie sich auf diesen Versuch eingelassen haben und sich jeden Tag von neuem in diese unsere Welt hineingesandt wissen – Sie alle möchte ich bitten: Laßt uns füreinander beten, damit wir nicht andern predigen und selbst verwerflich werden (1 Kor 9,27).

ANMERKUNGEN

Anmerkungen zur Einführung in den Gesamtkurs

1 *Meister Eckehart*, Deutsche Predigten und Traktate.
2 *Teresia von Jesu*, Gesammelte Werke.
3 *Johannes vom Kreuz I, Sämtliche Werke.*
4 *Münsterschwarzacher Kleinschriften*, Band 1–34; *A. Louf*, In uns betet.
5 *P. Tillich*, Systematische Theologie, Bd. 3, und *K. Rahner*, Schriften zur Theologie, Bd. 4.
6 *K. Onasch*, Ikonen; *ders.*, Altrussische Ikonen; und *V. Lasarew*, Ikonen der Moskauer Schule.
7 *Ignatius von Loyola*, Geistliche Übungen (EB).
8 *W. Lambert*, Gebet der liebenden Aufmerksamkeit (Lambert/38); *ders.*, Mit allen Kräften beten, I und II (Lambert/46.47); *ders.*, unveröffentlichte Exerzitien (Lambert/E.)
9 *W. Lambert*, 46, S. 98.
10 *E. Jungclaussen*, Der Meister, S. 73.

Anmerkungen zum ersten Hauptteil

1 *J. Moltmann*, Theologie der mystischen Erfahrung.
2 *R. Guardini*, Das Gute, S. 63ff.
3 *W. Lambert* / E. 46, S. 12.
4 *W. Lambert* / E.
5 *W. Lambert* / E. 46, S. 10.
6 *I. v. Loyola*, EB 2.
7 *M. Ende*, Momo, S. 20f. (1984).
8 Vgl. dazu *Michaelle*, Beten.
9 *G. Tersteegen*, aus »Gott ist gegenwärtig«, EKG 128, Vers 6.
10 *I. v. Loyola*, EB 66–70; 247.
11 *E. Jungclaussen*, Das Jesusgebet.
12 Konkordanz zur Lutherbibel: *»Name«* z. B. Mt 6,9; 18,20; 28,19; Lk 10,17; Joh 1,12; 10,25; 14,13; Apg 3,16; 4,12; 9,15; Phil 2,9; 1Joh 2,12; Offb 3,8 u. a.
13 *R. Guardini*, in *Gülden*, Lehre uns beten, S. 445f.
14 *J. Bours*, Das Jesusgebet.
15 Vgl. dazu *G. Volk*, Entspannung.
16 *I. v. Loyola*, EB 76.
17 *L. Goppelt*, Beitrag »typos« im ThWNT.
18 *M. Quoist*, S. 159 (^{10}1958).
19 *P. Tillich*, Die verlorene Dimension.

20 Vgl. dazu *N. Leskow*, Engel.
21 *R. Hotz*, S. 124.
22 *R. Hotz*, S. 124.
23 Vgl. dazu *F. Fichtl*, Bildmeditation, »Einige Überlegungen zu Sinn und Praxis der Bildmeditation«.
24 *V. Lasarew*, S. 27ff., i. A.
25 *A. Silesius*, Ch. W., Buch 2, Spruch 30.
26 Diese Gedankengänge bauen auf Gedanken *Paul Tillichs* auf, wie er sie in seiner Systematischen Theologie Bd. 3 entfaltet.
27 *F. Hauck*, Beitrag »kainos« in ThWNT.

Anmerkungen zum zweiten Hauptteil

1 *I. v. Loyola*, EB 23.
2 *Teresa von Avila*, Burg, 1/1.
3 s. dazu: 2Mose–Exodus 33,11; Ps 25,14; Ps 127,2; Spr 3,32; Mt 26,50; Joh 15,13; Jak 2,23.
4 *Meister Eckehart*, bei *Johne*, Ewigkeit, S. 34 (ME, T I/21).

Anmerkungen zum dritten Hauptteil

1 *W. Lambert* / E.
2 *A. Grün*, Umgang mit dem Bösen, S. 10ff. i. A.; S. 29f. i. A.
3 Vgl. dazu *Teresia von Jesu*, Gesammelte Werke, Bd. 1.
4 *W. Lambert* / E.
5 *I. v. Loyola*, EB 313–336.
6 *A. Grün*, Umgang mit dem Bösen, S. 17.
7 *Ders.* S. 51–62.
8 *P. Gerhardt*, aus »Befiehl du deine Wege«, EKG 294, V. 7.
9 *W. Lambert* / E.
10 *F. Walz* in »Gott liebt diese Welt«, I, Nr. 25, Vers 4, Evangelische Verlagsanstalt, Berlin ^{8}1983
(aus »Neue geistliche Lieder«, Bosse Verlag, Regensburg).
11 Vgl. dazu *M. u. D. Linn SJ*, Beschädigtes Leben heilen.
12 *Meister Eckehart*, bei *Johne*, Ewigkeit, S. 101 (ME, T/I, 3).
13 *Teresia von Jesu, Bd. 1, Kap. 38.*
14 *Meister Eckehart*, bei *Johne*, Ewigkeit, s. 64 (ME, P/4).
15 *W. Lambert* / E.
16 *A. Louf*, Demut, S. 30f. i. A.
17 EKG 195, GL 163.
18 *J. Lafrance*, Schrei, S. 17ff., i. A.
19 *Meister Eckehart*, bei *Johne*, Ewigkeit, S. 69 (T/II, 2).
20 *Ders.*, S. 69 (T/I, 4).

Anmerkungen zum vierten Hauptteil

1 *A. Augustinus*, Confessiones.
2 Z. B. *E. Spranger*, Psychologie des Jugendalters.
3 *I. v. Loyola*, EB 169–189.
4 *W. Lambert* / E.
5 *I. v. Loyola*, s. Anm. 3.
6 *I. v. Loyola*, EB 176.
7 *Ders.*, EB 181.
8 *Meister Eckehart* bei *Johne*, Ewigkeit, S. 68f. (ME, T/II, 2).
9 *G. Kittel*, Artikel »akoluthein«, ThWNT.
10 *H. U. v. Balthasar*, Nachfolge und Amt, Mysterium Christi, S. 136ff.
11 *W. Lambert* / 47, S. 23ff.
12 *Klaus von der Flüe*, in *Gülden*, Lehre uns beten, S. 252.
13 *Meister Eckehart*, bei *Johne*, Ewigkeit, S. 102 (ME, T/I, 1).
14 *W. Lambert*, s. Anm. 11.
15 *H. U. v. Balthasar*, s. Anm. 10.
16 *W. Lambert* / E.
17 *Meister Eckehart* bei *Johne*, Ewigkeit S. 65–108.
18 *Ders.*, S. 74 (ME, T/I, 6).
19 *W. Lambert* / 38.
20 *W. Lambert* / 38, S. 35ff. i. A.
21 *M. Quoist*, S. 70 (10. Auflage).
22 *Ders.* S. 149ff., i. A. (10. Auflage).
23 *M. Ende*, Momo, S. 32ff. (1984).
24 *W. Lambert* / E.
25 *Meister Eckehart*, bei *Johne*, Ewigkeit, S. 129f. (ME, P/4).
26 Zu den Gedanken dieser Übungswoche vgl. *Ruppert-Grün*, Bete und arbeite.
27 s. Anm. 26, S. 63–74.
28 s. Anm. 26, S. 23ff.
29 *Stundenbuch*, Bd. 3, S. 270 u. a.
30 N. Herman, aus »Aus meines Herzens Grunde«, EKG 339, Vers 4; GL 667, Vers 4.
31 *F. Ruppert*, Bete, S. 13ff.
32 *Ders.*, S. 28ff.
33 *P. Tillich*, Die verlorene Dimension.
34 *Meister Eckehart*, bei *Johne*, Ewigkeit, S. 44 (ME, P/1).
35 Zu den Gedanken dieser Übungswoche vgl. *Ruppert–Grün*, Christus im Bruder.
36 *Ders.*, S. 28ff.
37 Bewegung der Focolare, begründet von Chiara Lubich; vgl. dazu *Ch. Lubich*, Ja ja nein nein, Leipzig 1977.
38 *F. Ruppert*, Bruder, S. 10ff.
39 *Ders.*, S. 16ff.

40 *I. v. Loyola*, EB 230.
41 *P. Gerhardt*, aus »O Haupt voll Blut und Wunden«, Vers 4, EKG 63, GL 179.
42 *F. Ruppert*, Bruder, S. 20: »Die Mönche haben offensichtlich die Erfahrung gemacht, daß mich der andere, der mich kränkt, auf meine eigene Krankheit stößt.«
43 *Ders.*, S. 19ff., S. 37ff.
44 *Frère Roger*, Die Regel von Taizé.
45 *Ch. F. Oetinger*, gest. 1782.
46 *Meister Eckehart*, bei *Johne*, Ewigkeit, S. 31ff.
47 *W. Willms*, roter faden glück, lichtblicke.
48 *A. Louf*, In uns betet, S. 48ff., übersetzt von H. U. v. Balthasar.
49 Die Anregungen zu dieser Meditation stammen von Schwester *Judith Jung*, Saalgau, Kloster Gießen.
50 *A. Louf*, In uns betet, S. 18 (1974).
51 *W. Massa*, Die Wolke des Nichtwissens.
52 *Meister Eckehart*, bei *Johne*, Ewigkeit, S. 149 (T/I, 20).
53 *E. Jungclaussen*, Der Meister in dir, S. 102ff.

Anmerkungen zum fünften Hauptteil

1 *Johannes vom Kreuz*, Dunkle Nacht (Bd. 2 der Sämtlichen Werke).
2 *W. Grundmann*, Artikel »syn«, ThWNT.
3 *H. Riesenfeld*, Artikel »hyper«, ThWNT.
4 *N. Herman* (1560), aus »Lobt Gott, ihr Christen« EKG 21, Vers 4 und 5.
5 *A. Thebesius* (1596–1652), aus »Du großer Schmerzensmann«, EKG 66, Vers 3.
6 *Tertullian*, Apol. 50: »Semen est sanguis Christianorum.«
7 *Teresa von Avila*, Burg, 1/1.
8 *I. v. Loyola*, EB 24–90; 190–209.
9 *F. Hauck*, Artikel »koinonia«, ThWNT.
10 *Meister Eckehart*, bei *Johne*, Ewigkeit, S. 53 (ME, P/21).
11 *Ders.*, S. 54 (ME, T/I, 20).
12 *W. Lambert* / 38, S. 55.
13 *M. Quoist*, Herr, S. 161 (1958).
14 *K. Strzelecka OSU*, Maksymilian M. Kolbe, Leipzig 1979.
15 *P. Gerhardt*, aus »O Haupt voll Blut und Wunden«, EKG 63, Vers 6.
16 *I. v. Loyola*, EB 218–229.
17 *P. Gerhardt*, aus »Auf, auf, mein Herz, mit Freuden« EKG 86, Vers 4.
18 *J. Behm*, Artikel »kainos«, ThWNT.
19 *H. U. v. Balthasar*, Therese.
20 *I. v. Loyola*, EB 23.

21 *K. Tilmann, v. Peinen*, S. 379f.
22 *L. Zenetti*, (1971), aus »Das Weizenkorn muß sterben«, GL 620, Vers 4.
23 *M. Quoist*, Herr, S. 160 (1958).

ABKÜRZUNGEN

EB	Ignatius von Loyola, Exerzitienbuch (Geistliche Übungen)
EKG	Evangelisches Kirchengesangbuch
GL	Gotteslob, Katholisches Gebet- und Gesangbuch
Lambert/E.	Willi Lambert SJ, Exzerzitien, unveröffentlicht
Lambert/38	Willi Lambert, Gebet der liebenden Aufmerksamkeit (Korrespondenz zur Spiritualität der Exerzitien, Heft 38)
Lambert/46	Willi Lambert SJ, Mit allen Kräften beten – Gebetsweisen nach Ignatius I (K. d. E., Heft 46)
Lambert/47	Willi Lambert, Mit allen Kräften beten – Gebetsweisen nach Ignatius II (K. d. E., Heft 47)
M. Kl.	Münsterschwarzacher Kleinschriften
ME, T/I	Meister Eckehart, Traktat I (Reden der Unterweisung)
ME, T/II	Meister Eckehart, Traktat II (Buch der göttlichen Tröstung)
ME, P/1	Meister Eckehart, Deutsche Predigt Nr. 1 (Zählung nach J. Quint)
ThWNT	Theologisches Wörterbuch zum Neuen Testament

Verwendete Bibelübersetzungen

Das Neue Testament nach der Übersetzung Martin Luthers, Bibeltext in der revidierten Fassung von 1984, Berlin und Altenburg 1985

Einheitsübersetzung der Heiligen Schrift, Das Neue Testament, Leipzig ^{2}1981

Die Gute Nachricht, Das Neue Testament in heutigem Deutsch, Berlin ^{3}1980

Jerusalemer Bibel, Die Heilige Schrift des alten und neuen Bundes, St. Benno-Verlag, Leipzig; Herder Verlag, Freiburg im Breisgau

Die Psalmen, Ökumenische Übersetzung, Leipzig/Berlin 1976, 1978; Katholische Bibelanstalt, Stuttgart

LITERATURVERZEICHNIS

Augustinus, Aurelius, Confessiones, Kösel-Verlag, München [4]1980

Balthasar, Hans Urs von, Pneuma und Institution, Johannesverlag, Einsiedeln 1974

Ders., Schwestern im Geist: Therese von Lisieux und Elisabeth von Dijon, Johannesverlag, Einsiedeln [3]1978

Bonhoeffer, Dietrich, Nachfolge, Verlag Chr. Kaiser, München [15]1985

Eckhart (Meister), Die gesamten Werke, I–V. Kohlhammer, Stuttgart 1954–1963

Ders., Reden der Unterweisung, Hanser, München 1963

Ders., Das Buch der göttlichen Tröstung, Hanser, München 1963

Ende, Michael, Momo, Verlag Thienemanns, Stuttgart 1974

Ewigkeit inmitten der Zeit: Meister Eckehart, ausgewählt, eingeleitet und kommentiert von Karin Johne, Benziger Verlag, Zürich/Einsiedeln/Köln 1983

Fichtl, Friedemann, Materialien zur Bildmeditation, Herder, Freiburg 1973

Grün, Anselm, Der Umgang mit dem Bösen, Vier Türme Verlag, Münsterschwarzach 1980

Guardini, Romano, Das Gute, das Gewissen und die Sammlung, Grünewald, Mainz 1985 (1929)

Gülden, Josef, Lehre uns beten, Habbelverlag, Berlin 1965

Hotz, Robert, Gebete aus der orthodoxen Kirche, Benziger Verlag, Zürich 1982

Johannes vom Kreuz, Gesammelte Werke, Kösel-Verlag, München 1956

Jungclaussen, Emmanuel, Der Meister in dir: Entdeckung der inneren Welt nach Johannes Tauler, Herder, Freiburg 1975

Ders., Das Jesusgebet, F. Pustet, Regensburg [4]1985

Lafrance, Jean, Der Schrei des Gebetes, Vier Türme Verlag, Münsterschwarzach 1983

Lambert, Willi, Gebet der liebenden Aufmerksamkeit, in: Korrespondenz zur Spiritualität der Exerzitien, 38 (1978)

Ders., Mit allen Kräften beten: Gebetsweisen nach Ignatius, in: Korrespondenz zur Spiritualität der Exerzitien, 46 (1981) und 47 (1982)

Lasarew, Viktor, Ikonen der Moskauer Schule, Union Verlag, Berlin 1977

Leskow, Nikolai, Der versiegelte Engel, F. Schöningh, Paderborn 1980

Loyola, Ignatius von, Geistliche Übungen (hg. von Peter Knauer), Styria, Graz/Wien/Köln [3]1983

Louf, André, Demut und Gehorsam, Vier Türme Verlag, Münsterschwarzach 1979

Ders., In uns betet der Geist, Johannesverlag, Einsiedeln 1975

Massa, Willi, Kontemplative Meditation: Die Wolke des Nichtwissens, Grünewald, Mainz 1974

Michaëlle, Beten mit Körper, Seele und Geist, Grünewald, Mainz 1979
Moltmann, Jürgen, Theologie der mystischen Erfahrung, in: Freiheit und Gelassenheit (hg. von Udo Kern), Verlag Chr. Kaiser / Grünewald, München/Mainz 1980
Onasch, Konrad, Ikonen, Edition Tusch, Wien 1980
Ders., Altrussische Ikonen, Union Verlag, Berlin 1977
Quoist, Michel, Herr da bin ich, Styria, Graz/Wien/Köln [61]1986
Ruppert, Fidelis, und *Grün, Anselm*, Bete und arbeite, Vier Türme Verlag, Münsterschwarzach 1982
Dies., Christus im Bruder, Vier Türme Verlag, Münsterschwarzach 1979
Silesius, Angelus, Cherubinischer Wandersmann, Walter Verlag, Olten [2]1976
Tauler, Johannes, Sämtliche Predigten, I–II, Johannesverlag, Einsiedeln 1976
Teresa von Avila, Gesammelte Werke, Kösel-Verlag, München [3]1960
Dies., Die Seelenburg, Diogenes Verlag, Zürich 1967
Tillich, Paul, Systematische Theologie III, Evangelisches Verlagswerk, Stuttgart 1966
Ders., In der Tiefe ist Wahrheit, Evangelisches Verlagswerk, Stuttgart [8]1982
Tilmann, Klemens, Die Führung zur Meditation, Benziger Verlag, Zürich 1982
Tilmann, Klemens, und *Peinen, Hedvig von*, Die Führung zur Meditation II, Benziger Verlag, Zürich 1978
Volk, Georg, Entspannung, Sammlung, Meditation, Grünewald, Mainz [4]1983

BILDLISTE

Hinweis auf die *Verwendung der Bilder in diesem Buch.* Die angegebenen Zahlen bedeuten jeweils die Woche und die Übung, in der das Bild zum Meditieren angeboten wird, kursiv gedruckte Zahlen bedeuten, daß sich dort Anregungen zum Meditieren des Bildes finden:

BILDNACHWEIS

Andrei Rubljow, »Heilige Dreifaltigkeit«, Repro: Sächsische Landesbibliothek Abteilung Deutsche Fotothek, Dresden

Andrei Rubljow, »Der Erlöser«, Repro: Sächsische Landesbibliothek Abteilung Deutsche Fotothek, Dresden/Großmann

Naumburger Meister, Johannes, Foto: Ute Löffler, Markkleeberg

Josef Hegenbarth, »Kreuzigung«, »Berufung des Mose«, »Fußwaschung«: mit Genehmigung von Johanna Hegenbarth, Dresden

Josef Hegenbarth, »Mose und das Goldene Kalb«, »Versuchung Jesu«, Repro: Sächsische Landesbibliothek Abteilung Deutsche Fotothek, Dresden, Genehmigung: Johanna Hegenbarth, Dresden

Michelangelo Buonarroti, »Die Erschaffung des Adam«, Repro: Sächsische Landesbibliothek Abteilung Deutsche Fotothek, Dresden

»Wiener Genesis«, »Verheißung an Abraham«, Repro und Genehmigung: Österreichische Nationalbibliothek, Handschriften- und Inkunabelsammlung, Wien

Hitda-Codex, »Sturm auf dem Meere«, Repro: Sächsische Landesbibliothek Abteilung Deutsche Fotothek, Dresden, Genehmigung: Hessische Landes- und Hochschulbibliothek Darmstadt, Hs 1640 (Hitda-Codex)

Ernst Barlach, »Selig sind die Barmherzigen«, »Hoffnung und Verzweiflung«, Repro: Sächsische Landesbibliothek Abteilung Deutsche Fotothek, Dresden, Genehmigung: Ernst Barlach Nachlaßvertretung GmbH, Hamburg

Werner Juza, »Heimkehr des verlorenen Sohnes«, Repro und Genehmigung: Autor

Albrecht Dürer, »Ritter, Tod und Teufel«, Repro: Sächsische Landesbibliothek Abteilung Deutsche Fotothek, Dresden/Kramer, Genehmigung: Staatliche Kunstsammlungen Dresden, Albertinum

»Höllenfahrt Christi«, Repro und Genehmigung: Nationalmuseum, Stockholm

Bild 1

Bild 2

Bild 3

Bild 4

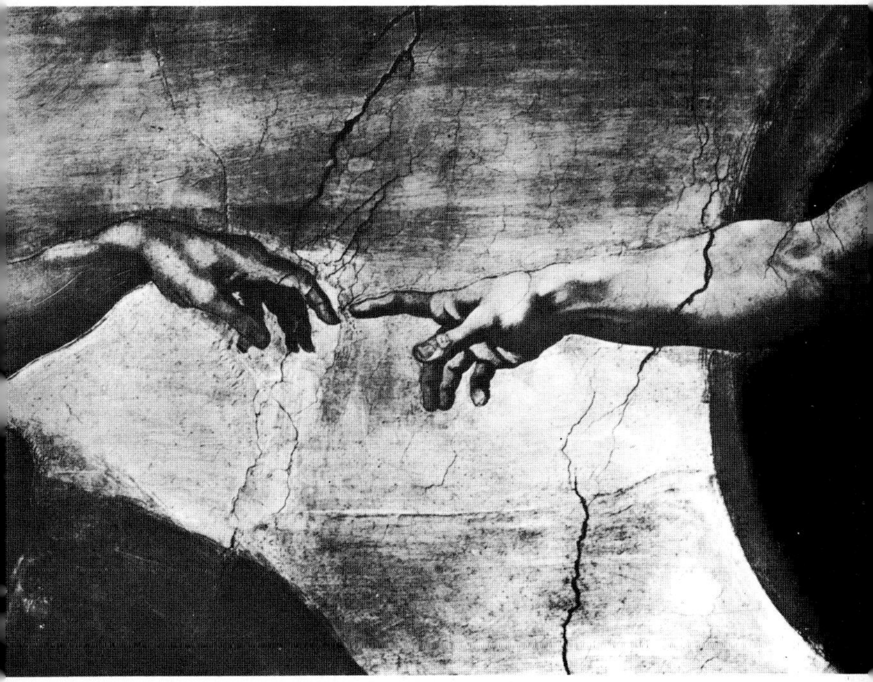

Bild 5

Bild 6

Bild 7

Bild 8

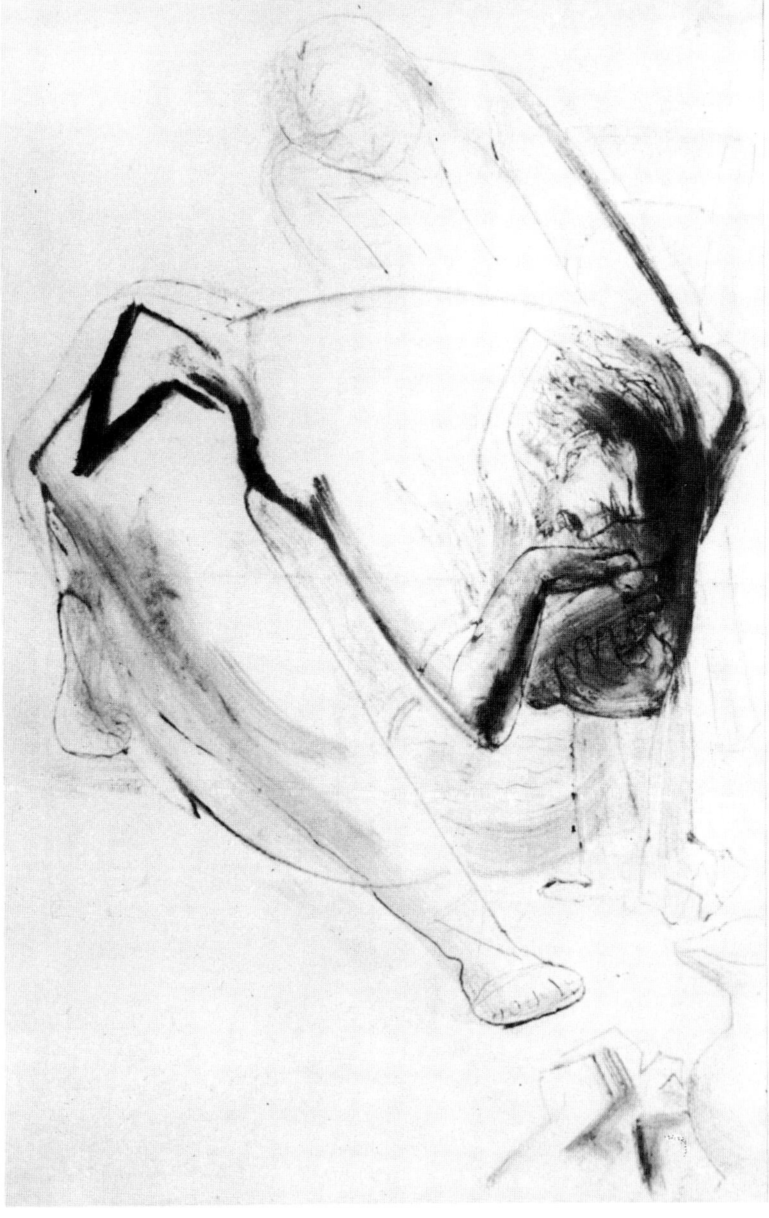

Bild 9

Bild 10

Bild 11

Bild 12

Bild 13

Bild 14

Bild 15

Bild 16